사장학 수업 III

사장학 수업 III

실패 없는 비즈니스 게임의 법칙

김형곤 지음

A BUSINESS
ADMINISTRATION
CLASS

다산북스

들어가는 글

'이기는 게임'을 할 수 있는 태도와 역량을 갖추었는가?

사업을 시작한다는 것은 비즈니스 게임에 참여하겠다고 선언하는 것이다. 그리고 사장이 된다는 것은 비즈니스 게임의 리더로 나서는 것이다. 이때 스스로에게 냉정하게 물어야 한다.

"나는 회사를 대표하는 리더로 나서기에 적합한 태도와 역량을 갖추었는가?"

비즈니스 게임의 세 가지 규칙

비즈니스는 일종의 게임이다. 그래서 규칙이 있다. 누구든지 규칙을 어기면 퇴장당한다. 레드카드를 받는 사장은 본인의 의

지와 관계없이 더 이상 게임을 계속할 수 없다.

첫째, '들어오는 돈이 나가는 돈보다 많아야 한다.' 누구나 알고 있는 상식이지만, 비즈니스 게임에 참여한 사람의 절반 이상이 이 규칙 때문에 어려움을 겪는다.

둘째, '돈을 벌게 해주는 것은 상품이 아니라 고객이다.' 좋은 상품을 가졌다고 해서 무조건 성공하는 것은 아니다. 돈을 지불하는 고객을 확보해야 한다. 고객을 확보하지 못하는 비즈니스는 취미 생활로 끝난다.

셋째, '오늘 성공해야 하고 내일도 성공할 수 있어야 한다.' 오늘의 성공이 저절로 내일로 이어지는 것은 아니다.

이 세 가지 규칙을 알고 실행하는 사람만 계속해서 게임에 참여할 수 있다. 그래서 경쟁자와의 관계에서 경쟁우위를 갖추고, 사업 조직을 통해 비즈니스 게임의 핵심인 고객을 확보하고 유지하는 효과적인 전략을 수행해야 한다. 그 과정에서 사장은 기업 운영의 지속성과 연속성을 유지하면서 동시에 자신의 성장을 도모해야 한다. 사장이 성장하지 않으면 기업도 성장하기 어렵기 때문이다. 기업의 성장과 사장의 성장은 궤軌를 같이한다.

리더leader란 존재적 의미다. 따르는 사람이 있으면 그 사람은 자신의 의지와 관계없이 리더가 된다. 사업을 시작한 사장은 비즈니스 게임의 리더다. 그리고 자신의 사업을 통해 성공 공식을 만들고 쌓고 검증한다.

'김형곤의 기초 사장학' 세 번째 책

이 책은 '김형곤의 기초 사장학' 시리즈의 세 번째 책이다. 2010년에 출간했던 『초보 사장 빨리 벗어나라』와 『첫 사업 기필코 성공하라』의 내용을 정돈하고 입체성을 더해서, 사업을 준비하고 진행하는 사장이 비즈니스에 대한 생각과 행동의 골격을 명확히 확립할 수 있게 종합했다.

1부에서는 비즈니스 자체에 대한 객관적인 이해를 통해 사장이 성과에 접근하는 통찰력을 제공한다. 그리고 거래를 시작하고 유지하는 실전 방식에 관한 공식을 구체적이고 명쾌하게 알려준다. 지금 사업을 하는 사장은 자신의 성공 또는 실패의 이유를 알 수 있고, 새롭게 사업을 시작하려는 예비 사장은 어디에서 어떻게 시작하면 좋을지 알게 될 것이다.

2부는 경험 없는 사업에서 성공 확률을 높이는 구체적인 방식으로서 '비즈니스 프로세스 10단계'를 설명한다. 그리고 전체의 내용을 세 영역으로 구분해서 'Before' 세 단계와 'Do' 다섯 단계 그리고 'After' 두 단계를 3+5+2로 종합해서 중요한 핵심과 초점을 놓치지 않도록 설명한다.

3부에서는 실패를 피하고 성공 확률을 높이는 전략적 접근 방식을 알려준다. 비즈니스에서 성공이란 실패하지 않는다는 전제에서 가능한 것이며, 특히 경험 없이 시작한 사업에서 실패하지 않는 습관과 성공 확률을 높이는 접근 방식에 익숙해져야 한다. 무엇보다 '효과'의 시기와 '효율'의 시기를 구분해서 지혜롭게 행동함으로써, 성과를 반복하는 사장이 되기 위한 내공을 쌓는 다수의 힌트를 얻을 수 있다.

자신의 비즈니스 성공 공식을 찾아라

비즈니스는 일종의 미로 게임이다. 분명히 출구는 있는데 찾아내기가 쉽지 않다. 처음 그곳에 들어선 사람들은 상상력에 의지해서 출구를 찾아 나선다. 주변에 그럴듯해 보이는 사람이 있으면 그 뒤를 쫓기도 한다. 그러나 대부분 출구를 찾지 못하고 제자리를 빙빙 맴돈다.

몇 번의 실패를 겪으면서 점차 진지함을 갖추고 연구하기 시작한다. '과연 이 미로는 어떤 구조로 되어 있을까?' '어떻게 하면 출구를 찾아낼 수 있을까?' 여러 번의 시도 끝에 드디어 출구를 찾아낸다. 그렇게 몇 번의 성공을 반복하다 보면 그 길은 더 이상 미로가 아니다. 다른 사람에게는 여전히 미로지만 자신에게는 다소 복잡한 길일 뿐이다.

'김형곤의 기초 사장학' 시리즈 『사장학 수업』 총 세 권의 책으로 사업에 관한 생각과 관점의 틀을 만들고, 시중에 나와 있는 성공한 사장들의 자전적 경험을 그 틀에 담아서 자기 사업과 비즈니스에 적용한다면 당신은 곧 성공 사장의 대열에 함께 서게 될 것이다.

2024년 12월

CEO 가정교사 김형곤

차례

2부
비즈니스 프로세스: 3+5+2=10단계

5장 사업의 결과를 성공으로 이끄는 10단계 프로세스

3부

경험 없는 사업에서 성과 만들기

1부

비즈니스 패러다임 :6.6.3+3의 이해

A BUSINESS ADMINISTRATION CLASS

1장

사장이 유의해야 할 여섯 가지 비즈니스 고유의 특성

비즈니스 자체의 고유한 특성과
메커니즘에 대한 객관적인 이해가 필요하다.
사장은 다음 여섯 가지 관점을 자기 것으로 소화해야 한다.

1. 비즈니스는 불연속 형태로 성장한다
2. 비즈니스에서는 씨 뿌린 곳과 열매 맺는 곳이 다를 때가 많다
3. 양이 쌓이면 질적인 전환은 저절로 이루어진다
4. 효과의 시기를 넘어서 효율의 때에 돈을 벌 수 있다
5. 진실의 사실화가 필수적이다
6. 사장이 넘는 다섯 개 산의 실체를 이해해야 한다

01 비즈니스는 불연속 형태로 성장한다

: 연속 vs. 불연속

비즈니스는 기본적으로 확장성을 갖는다. 작년보다 올해 더 발전해야 하고 내년에는 올해보다 더 나아가야 한다. 만약 성장이 답보 상태에 있거나 마이너스 상태라면 경영진이 교체된다.

실제로 비즈니스를 한다는 것은 흐르는 강물을 거슬러 나룻배를 타고 가는 것과 같다. 현재에 만족하고 노 젓기를 멈추면 거기서 멈추는 것이 아니라 아래로 떠내려가게 된다. 현재의 상태를 유지하기 위해서라도 계속해서 노를 저어야 한다. 따라서 모든 비즈니스 조직은 기본적으로 성장 계획을 갖는다.

그림 1-1

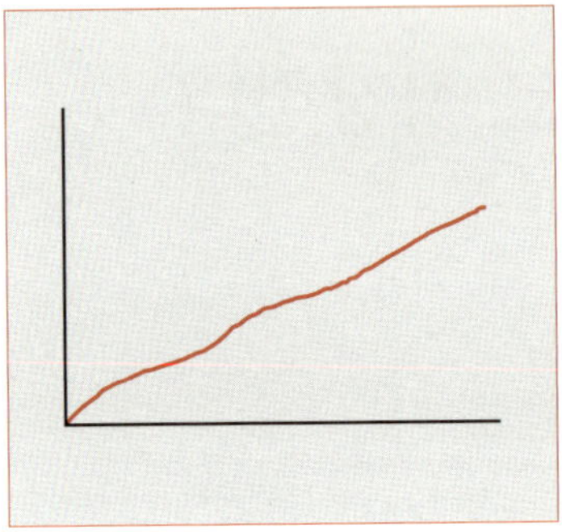

그림 1-2

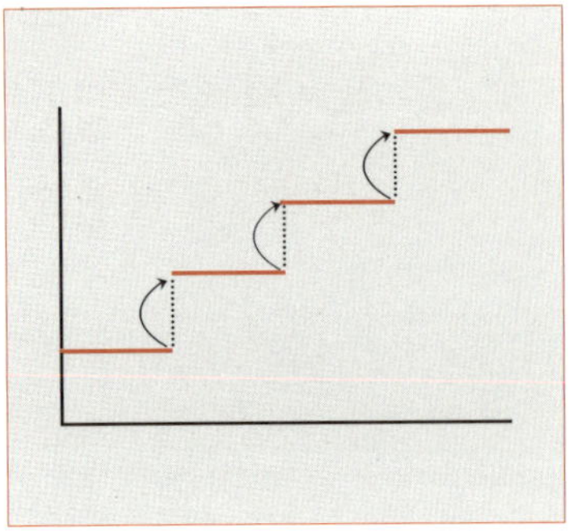

보통의 성장 계획은 연속성을 가정하고 세워진다(그림 1-1). 그러나 비즈니스를 해본 사람들은 공통적으로 비즈니스는 연속이 아닌 불연속의 성향을 띠고 있다고 말한다(그림 1-2). 시간의 흐름에 비례해서 지속적으로 성장하는 것이 아니라, 적절한 상황과 환경이 주어졌을 때 일정 위치에서 다음 위치로 점핑하면서 성장한다.

이는 비즈니스에만 국한되는 말이 아니다. 사람들의 학습 과정에서도 유사한 현상이 나타난다. 학습의 성과는 하루하루 연속적으로 나타나는 것이 아니라 일정한 시기에 한 번씩 점핑하는 형태로 확인된다. 사람 사이의 관계도 그런 식으로 발전한다. 일정 수준의 관계를 유지하다가 어떤 계기나 상황 속에서 점핑하는 형태로 발전한다.

아이들의 키가 크는 과정도 유사하다. 열 살에서 열다섯 살 사이에 키가 20센티 컸다고 해서 그 아이가 매년 4센티씩 자랐다고 말할 수 없다. 분명 그 아이는 어느 기간에 몇 센티씩 불쑥 자라는 과정을 거쳤을 것이다. 대부분의 성장은 불연속적인 형태로 진행된다. 불연속적 성장을 쉽게 이해하기 위해 나비의 성장 단계를 살펴보도록 하자.

나비로 거듭나기까지의 단계적 성장

알 나비는 장차 애벌레가 먹고 자랄 식물의 잎이나 줄기, 가지, 눈, 꽃봉오리 같은 곳에 알을 낳는다. 어떤 것들은 알의 상태로 월동하기도 하는데, 그 때문에 나비들은 대개 식물의 눈밑 부분에 알을 낳아 이듬해 움이 트자마자 애벌레가 곧바로 연한 새 잎을 먹을 수 있게끔 한다.

애벌레 알에서 부화한 애벌레는 빠른 속도로 자란다. 애벌레는 허물을 벗으면서 자라며, 보통 네 번의 탈피를 한다. 허물을 한 번 벗을 때마다 일령씩 더해지는데 종령이 될 때까지 크기만 커지는 것이 아니라 색채와 무늬도 변한다.

번데기 종령의 애벌레가 번데기가 되기에 적당한 자리를 찾으면 배의 끝을 식물의 가지나 잎에 고정시키고 매달리거나, 허리에 실을 둘러 머리 부분을 위로 향하게 하거나, 낙엽 밑이나 갈

라진 나무껍질 속으로 들어가 번데기가 된다.

성충(나비) 나비들은 대부분 번데기 상태로 겨울을 나고 봄이 되면 아름다운 나비로 우화羽化한다. 나비는 교미하고 알을 다 낳을 때까지 필요한 영양분을 얻기 위해 이리저리 꽃을 찾아다니고 물도 마시고 나무 진액도 빨아 먹는다.

나비는 왜 알에서 성충으로 바로 성장하지 않고 애벌레와 번데기 단계를 거쳐야 할까? 그 이유를 자세히 규명하기는 어렵지만, 자연의 법칙을 따라 활동하는 존재인 나비에게 반드시 필요한 과정임은 분명하다. 나비의 단계적인 성장과 유사한 행동은 높은 산을 오르는 산악인에게서도 찾아볼 수 있다.

베이스캠프와 1, 2, 3캠프

세계 최고봉인 에베레스트산을 오르려는 산악인들은 처음부터 산 정상을 공략하지 않는다. 반드시 일정 거리를 두고 여러 개의 캠프를 설치한 후 주변의 상황과 환경을 살피면서 단계적으로 접근한다.

단계별로 준비하고 집중해야 할 포인트가 다르고, 신체의 적응 상황에 따라 머물고 전진하는 기간도 차이 난다. 날씨나 신체의 적응도를 무시하고 진행했다가는 목숨을 잃을 수도 있다. 전문가들로만 구성되었느냐, 초보자가 섞여 있느냐에 따라서도 준비와 진행 방법이 달라진다.

에베레스트산 등반에서는 해발 4000~5000미터 부근의 지점에 베이스캠프를 설치한다. 베이스캠프에는 각종 시설, 특히 연락 시설을 갖추고 대원들이 휴식할 수 있도록 준비한다. 베이스캠프까지는 포터가 짐을 나르고 그다음부터는 대원들과 셰르파sherpa들이 다음 전진기지(1, 2, 3캠프)에 물자를 중계한다. 베이스캠프와 달리 전진기지에는 최소한의 시설만 갖춘다. 특히 정상에서 가장 가까운 마지막 기지에는 눈보라를 피할 수 있는 최소한의 장비만 둔다.

약간씩 차이는 있지만 대규모 등반과 탐험은 대부분 이와 같은 방식으로 이루어진다. 그 이유는 무엇일까? 그렇게 하는 것이 현실적이고 효과적이기 때문일 것이다.

점핑하면서 성장한다

비즈니스도 연속적인 형태로 성장하지 않는다. 연속적인 성장이란 허구에 가깝다. 실제로 비즈니스는 불연속적인 형태로 점핑하면서 성장한다. 비즈니스가 이루어지는 모든 곳에서 그런 현상이 반복된다. 여기서 점핑이란 우리의 눈과 감각으로 확인할 수 있는 발전된 상태를 말한다.

수학 시간에 배웠던 가우스 함수 $y=[x]$의 그래프를 떠올려

보자. x의 값이 1.3이든 1.7이든 1.9든 y의 값은 1이다. 소수점 앞자리가 2가 되지 않는 한 아무리 숫자가 커져도 결과치는 1에서 벗어날 수 없다. 기본적으로 점핑의 앞 단계는 점핑에 필요한 힘을 축적하는 과정으로 이해하는 것이 타당하다. 3일 차 번데기와 10일 차 번데기의 형태는 같아도 점핑, 즉 우화에 필요한 에너지의 크기가 다른 것과 같다. 우리 눈으로 확인되지 않았을 뿐이지 내재적으로는 성장이 지속되고 있는 것이다.

하지만 알에서 막 부화한 애벌레나 번데기가 되기 직전의 애벌레는 모두 같은 애벌레로 평가된다. 비즈니스도 현상(성과)에 의해 평가된다. 따라서 비즈니스는 연속이 아닌 불연속 형태로 성장한다는 것이 객관적인 사실이다.

비즈니스의 확장이 연속이 아닌 불연속의 형태를 띤다는 점을 이해하면서 다음 세 가지 적용점을 생각해 보자.

첫째, 시작점을 최대한 높여라

어떤 일을 새로 시작하는 것은 쉽지 않다. 기존의 상태에 변화를 주어야 하기 때문이다. 투자할 재원을 마련해야 하고 이전에 하지 않던 노력을 기울여야 한다. 게다가 주변 환경이 자신이 의도한 대로 반응하지 않는 경우가 많다. 새로운 일을 시작한다는 것은 힘들고 지치는 과정이다. 그래서 많은 사람이 애초의 계획과 달리 적당한 수준에서 바로 일을 시작하기도 한다. '조금씩 발전시키면 되지' 하고 스스로 합리화하면서 말이다. 그러나 이때가 바로 비즈니스 성장이 연속이 아닌 불연속으로 이뤄진다는 점을 상기해야 하는 순간이다.

시작할 때 집중적으로 투자하는 것이 효과적이다. 일단 시작한 후에 조금씩 발전시키겠다는 생각은 현실적이지 않다. 오늘 10의 위치에서 시작했다면 당분간은 10이라는 수치를 넘어서기 어렵다. 조금 무리가 되더라도 15의 위치에서 시작한다면 훨씬 바람직한 결과를 얻을 수 있다.

시작점을 높이라는 말이 경험 없는 일에 처음부터 올인all-in 하라는 뜻은 아니다. 그 일의 성과에 영향을 미치는 변수와 초점을 분명히 알고 있다면 가능한 초기에 집중적으로 투자하라는 것이다. 초점이 분명하지 않을 때는 오히려 탐색하는 시간과 과정을 두어야 한다.

초점이 분명하다면 초기에 집중적으로 투자하는 것이 목표에 훨씬 효과적으로 도달하는 방법이다. 무언가를 시작하고 나면 현재의 상태를 유지하기 위해서 에너지를 소모하게 된다. 그러나 시작하기 전에는 현상 유지를 위해 에너지를 사용하지 않아도 된다.

시작하는 시기에는 기회가 있다. 최대한 시작점을 높게 잡아야 그다음 단계로 나아가기 용이하다. 시작점이란 높은 산을 오를 때 설치하는 베이스캠프와 같다. 베이스캠프를 너무 낮게 설치하면 전진기지를 하나 이상 추가해야 한다. 그렇다고 베이스캠프를 무작정 높은 곳에만 설치할 수도 없다. 앞서간 사람들의 성공과 실패 경험을 통해 적절한 위치를 설정해야 한다.

물론 자신의 능력과 가용 자원이 얼마인가에 따라서도 시작점은 달라진다. 그러나 무리하지 않는 한도 내에서 시작점을 높이기 위해 투자한다면 몇 배 이상의 의미 있는 결과를 낼 수 있을 것이다.

여러 그룹으로 이루어진 조직에서 전체적인 성장을 계획할 때도 유사한 개념이 활용된다. 모든 그룹을 평균적으로 발전시키려는 노력은 별로 효과를 거두지 못한다. 가장 가능성 있어 보이는 그룹을 하나 선정하고, 그 그룹에 집중적으로 투자해서 일정 이상의 성과를 먼저 얻는 것이 더 효과적이다. 그 이후에는 희한하게도 나머지 그룹의 성과도 모델 그룹과 비슷해진다. 자연스럽게 전체적인 성과는 점핑할 수밖에 없다.

둘째, 목표에 도달하기 위해 적절한 점핑 포인트를 설정하라

축구에서는 수비수가 최종 공격수에게 곧바로 긴 패스를 하기보다는 미드필더를 거쳐서 공격을 진행하는 것을 더 바람직하게 본다. 최종 목표를 바라보며 중간 포인트를 두는 것이다. 수비진과 미드필더 사이의 간격, 최종 공격수를 뒷받침하는 미드필더 등 수비와 공격을 모두 고려할 때 그렇게 하는 것이 더 효과적이기 때문이다.

비즈니스의 목표에 접근할 때도 몇 개의 점핑 포인트를 설정하는 것이 좋다. 적절한 점핑 포인트를 설정하기 위해서는 경험과 지식이 필요하다. 프로 비즈니스맨이란 최종 목표에 도달하기 위해 어느 곳에 점핑 포인트를 설정해야 하는지 아는 사람이다. 왜 그래야 하는지 잘 이해하지 못한다 해도 그들의 계획에 맞추어 행동하면 대부분 좋은 결과를 얻는다. 점핑 포인트 설정의 중요성을 이해할 수 있어야 한다.

어떤 일을 시작하기 전에 그 일과 관련한 지식을 쌓고 전문가를 모으는 이유 중 하나는 최종 목표에 도달하기 위해 몇 개의 점핑 포인트를 설정해야 하는지 알기 위해서다. 보통은 두세 개의 점핑 포인트가 설정되는 것이 일반적이나, 정해진 답은 없다. 도달하려는 목표의 크기와 높이, 자신의 경험과 역량, 주어진 자원의 크기에 따라 점핑 포인트는 모두 다르게 설정된다. 점핑 포인트를 설정한다는 것은 기업의 성장 전략을 수립하는 것과 같다.

셋째, 점핑 포인트에서는 힘을 집중하라

단번에 목표에 도달하는 경우란 거의 없다고 보아도 좋다. 보통은 한 번의 점핑을 위해 몇 년 동안의 준비 기간을 거쳐야 한다. 점핑 포인트에서 그 힘이 폭발할 수 있도록 자원을 비축해야 한다. 특히 함께 일하는 사람들이 점핑 포인트를 알고 행동할 수 있으면 좋다. 사장의 위치에 있는 사람에게는 점핑 포인트가 도약과 성장의 순간이지만, 그 외의 사람들에게는 견디기 힘든 고통의 시간이 될 수 있음을 기억하자. 따라서 함께 일하는 사람들에게도 그 시간이 도전과 발전의 계기가 되도록 동기를 부여해야 한다.

그러려면 사전에 각각의 점핑 포인트를 넘기 위한 전략을 명확히 세워야 한다. 함께 일하는 사람들이 전략의 이유와 실행 방법을 더 잘 이해할수록 효과는 더욱 커진다. 한 지점에서 다른 목표 지점으로 이동하는 과정에는 반드시 갈등이 발생한다. 외적 장애물뿐 아니라 조직 내부의 저항이 있는 경우도 많다.

따라서 현재 상황을 고려한 현실적인 전략이 준비되어야 하고, 그 전략을 공유해야 한다. 선한 의도든 악한 의도든 어떤 시도를 했다가 물러설 때는 그에 상응하는 대가를 지불해야 한다. 점핑을 위한 시도도 마찬가지다. 성공했을 때는 축배를 들 수 있지만, 실패했을 때는 어떤 형태로든 대가를 지불하게 된다. 점핑 포인트는 기회의 순간이기도 하지만, 동시에 위험한 고비가 될 수도 있음을 기억하라.

일단 점핑이 이루어지고 난 후에는 그 의미를 명확히 하고 성과의 열매를 나누어야 한다. 전쟁에 승리한 왕이 장수들에게 전리품을 나누어주는 것과 같다. 수고한 만큼의 분배가 이루어지지 않으면 조직원들은 다음 점핑에 적극적으로 응하지 않는다. 또한 승리를 축하하고 나면 조직원들의 시선이 다음 점핑 포인트로 향하게 해야 한다. 그러지 않으면 과거를 바라보면서 자만에 빠지기 십상이다. 사장은 다음 점핑을 위해 조직적으로 에너지 비축을 시작해야 한다. 마지막 목표에 도달할 때까지 이런 과정은 반복된다.

비즈니스는 불연속 형태로 성장하므로 시작점을 최대한 높여야 한다는 것, 목표에 도달하기까지 적절한 점핑 포인트를 설정해야 한다는 것, 각 포인트에서 힘을 집중해야 한다는 세 가지 적용점을 잘 기억하길 바란다.

02 씨 뿌린 곳과 열매 맺는 곳이 다를 때가 많다

: 씨와 열매

한 농부에게 날마다 황금알을 한 개씩 낳아주는 거위가 있었다. 거위가 알을 낳을 시간이 되면 농부는 모든 일을 제쳐두고 거위가 있는 곳을 찾았다. 농부는 거위 덕분에 부자가 될 수 있었다. 그러던 어느 날 농부는 기발한 상상을 했다. '저렇게 매일 황금알을 낳는 걸 보면 거위의 뱃속에는 분명 큰 황금 덩어리가 들어 있을 거야.'

농부는 과감히 거위의 배를 갈랐다. 그러나 거위의 뱃속에 황금 덩어리 따위는 없었다. 농부는 땅을 치며 후회했지만 이미 거위는 죽은 뒤였다. 이제 더 이상 황금알을 얻지 못하게 된 것이다. 농부가 해야 할 일은 거위가 병이 나지 않도록 먹이를 주고 보살피는 일이었다. 그렇게만 했다면 평생 황금알을 얻을 수 있었을 것이다.

겉으로 드러난 것이 전부가 아니다

우리나라의 대표 할인점인 E사는 전반적으로 상품 가격이 저렴하다는 이미지가 강하다. 특히 공산품의 가격 경쟁력이 높은 편이다. 그들의 자신감과 의지는 '최저가격 보상제'와 같은 정책 시행을 가능하게 했다. 조직적인 부담감을 감수하면서도 그런 정책을 세운 이유는 고객을 모으기 위해서였다.

E사는 신규 점포를 출점할 때 기존의 번화한 상권을 선택하지 않았다. 현재는 상권이 형성되어 있지 않지만 장기적으로 봤을 때 상권 형성이 가능한 지역의 땅을 매입해서 할인점을 오픈했다. 실제로 그들의 집객集客 능력은 해당 점포 주변을 높은 가치가 있는 상권으로 탈바꿈시켰다. E사가 입점하고 나면 해당 지역의 땅값이 몇 배로 상승하는 것이다. 아마 E사는 물건을 팔아서 내는 이익보다는 지가地價 상승으로 얻는 이익이 훨씬 클 것이다. 저렴한 가격을 무기로 한 E사의 집객 능력이 지가 상승이라는 황금알을 낳는 것이다.

미국에서 맥도날드는 햄버거 회사가 아니다. 오히려 부동산 회사로 보는 것이 더 타당하다. 맥도날드는 본사에서 점포를 열 땅을 선정한 후 사거나 빌려서 프랜차이지에게 임대(매출액의 일정 퍼센트를 임대료로 책정)하는 기본 방침을 유지하고 있다. 1982년 당시 맥도날드는 시어스Sears, Roebuck and Company(미국의 다국적 유통업체)를 따돌리고 소매 업계에서 세계 최대의 부동산 소유 회사가 되었다. 맥도날드가 업계 제일의 식품으로 막대한 이익을 올리는 것도 사실은 방대한 부동산을 가졌기에 가능한 일이다.

씨 뿌리는 곳과 열매 거두는 곳이 다를 때가 많다

씨를 뿌려야 열매를 거둘 수 있다는 진리는 자연의 세계뿐 아니라 비즈니스의 세계에서도 그대로 통용된다. 그러나 비즈니스 세계에서는 씨를 뿌리는 곳과 열매를 거두는 곳이 다를 때가 많다는 사실에 유념해야 한다. 씨를 뿌린 곳에서 열매를 거둘 때도 있고, 전혀 거두지 못할 때도 있다. 혹은 엉뚱한 곳에서 열매를 거두는 경우도 있다.

우리나라 유명 호텔 중 한 곳은 전체 수익의 60퍼센트 이상을 면세점에서 거둔다. 그러나 호텔 운영비용의 80퍼센트 이상이 객실 관리에 사용되고 있다. 호텔 브랜드와 객실 관리에 주로 비용을 사용하고 면세점에서 수익을 얻는 것이다. 만약 이 호텔이 비용 대비 수익만 생각해서 객실 운영 없이 면세점만 운영한다면 어떻게 될까? 곧 망하게 될 것이다. 호텔 브랜드의 힘이 사라지기 때문이다. 씨앗을 뿌리는 곳과 열매를 거두는 곳이 다른 대표적인 경우다.

중고차를 판매하는 후배를 통해 알게 된 이야기가 있다. 중고차 비즈니스를 잘하기 위해서 가장 필요한 능력은 무엇일까? 바로 좋은 중고차를 저렴하게 사는 능력이다. 기존의 신차 비즈니스가 잘 파는 것에 초점을 두는 것과 달리 중고차 비즈니스의 초점은 잘 사는 것에 있다.

그런데 중고차 비즈니스에서 돈을 버는 사람은 따로 있었다. 명의 변경을 대행하는 사람이다. 중고차 매매를 위해서는 반드시 명의 변경이 필요한데, 몇몇 중고차 센터의 업주가 직원 몇 명을 고용하여 그 일을 독점하고 있었다. 중고차 세일즈를 하는 입장에서는 얼마 되지 않는 돈을 위해 자신의 시간을 쓰기보다는 대행을 맡기는 것이 훨씬 싸기에 이를 이용한다. 그러나 명의 변경이라는 길목을 차지한 업체는 소소한 수익을 모아 큰 수익을 만들어낸다.

성공적으로 지속되는 대부분의 비즈니스는 직접 얻는 열매 외에 경쟁자가 쉽게 파악하기 어려운 제3의 장소에서 열매를 얻는 경우가 많다. 다른 사람의 눈에 보이는 곳과 실제 열매를 거두는 곳이 다르면 경쟁자의 공격으로부터 훨씬 안전하게 자신을 보호할 수 있다. 씨 뿌리는 곳과 열매 거두는 곳이 다른 경우가 훨씬 많다는 것은 비즈니스가 가진 독특한 특징이다.

눈에 보이지 않는 연결이 있다

자연의 세계에서는 언제나 씨를 뿌린 자리에 열매가 맺히지만, 비즈니스의 세계에서는 그렇지 않을 때가 많다. 오히려 씨를 뿌린 곳이 아닌 주변의 다른 곳에 열매가 맺히는 경우가 더 흔하다. 그러나 씨를 뿌린 곳에서 열매가 열리지 않는다는 이유로 씨 뿌리기를 멈춘다면 어느 곳에서도 열매를 거둘 수 없다. 열매를 거둔 곳과 씨를 뿌린 곳 사이에는 우리 눈에는 잘 보이지 않는 어떤 연결이 있기 때문이다(그림 2-1).

이는 비즈니스 세계에 우연하게 이루어지는 성공이 많다는 점에서도 검증할 수 있다. 이미 성공한 사장은 자기 성공의 절반 이상이 의도적인 계획이 아닌 우연에 의해 이루어졌다고 말한다. 그러나 그들이 말하는 우연한 성공들은 우연처럼 보이는 필연이었다고 해석해야 한다. 다른 곳에 뿌렸던 씨앗들이 우연이라는 형태로 열매를 맺었을 뿐이다.

씨를 뿌리는 일은 수면 아래의 빙산을 키우는 작업과 같다. 또는 『사장학 수업』에서 강조했던 'Before-Do-After'의 단계에서 'Before' 과정인 준비 단계로 이해하는 것이 더 적절하다. 빙

그림 2-1

산의 아랫부분이 커지면 당연히 수면 위로 윗부분이 더욱 드러난다. 그러나 빙산의 윗부분에만 주목하여 강제로 그것을 키우려고 하면 대부분 실패한다. 수면의 아래의 빙산을 키우지 않는 한 수면 위의 빙산도 커질 수 없기 때문이다.

씨 뿌리기를 멈추어서는 안 된다

이제 몇 가지 적용점을 알아보자. 먼저 비즈니스 씨앗을 어디에 뿌려야 하고, 어떤 열매를 어디에서 수확할 수 있을지 생각해 보자.

첫째, 씨를 뿌린 자리에서 얻을 수 있는 열매가 무엇인지 생각해본다. 씨 뿌린 곳에서 바로 많은 열매를 거둘 수 있다면 행복한 일이다. 그러나 곧바로 강력한 경쟁자가 나타날 것을 예상하고 대비해야 한다. 달콤한 열매는 다른 사람들도 탐을 내기 때문이다. 눈에 보이는 성공에는 거의 도적 떼처럼 경쟁자들이 들러붙는 것이 비즈니스의 현실이다.

둘째, 씨 뿌린 곳이 아닌 다른 곳에서 열매를 거둘 수 없는지 살펴본다. 실제로 성공을 반복하는 기업들은 씨를 뿌린 자리보다는 다른 영역에서 열매를 취하는 경우가 더 많다. 따라서 비즈니스 아이템을 진행하면서 다른 사업자들의 눈에 띄지 않는, 자신이 가진 무형 자산의 존재 여부를 살펴야 한다. 그 형태를 잘 살펴서 개념과 접근 방법을 'Before-Do-After'의 관점으로 정돈하면 그것이 자신의 비즈니스 모델을 세워가는 과정이 되고, 경험 없는 영역에서 실패를 피하고 성공의 열매를 거두는 중요한 요령이 될 수 있다.

셋째, 현재의 비즈니스를 바탕으로 또 다른 비즈니스 결과를 얻을 가능성을 상상해 본다. 모든 일을 처음부터 다 알고 시작할 수는 없다. 그리고 비즈니스를 시작한 후에 새로운 깨달음을 얻었다고 해서 기존의 일을 다 접을 수도 없다. 그러나 현재 진행된 비즈니스를 기반으로 새롭게 접근할 수 있는 일을 찾아볼 수는 있다.

생활 필수품인 정수기의 필터는 원단을 연구하는 과정에서 부산물로 얻어진 것이고, 통상 포스트잇으로 불리는 3M의 접착식 메모지는 강력한 접착제를 얻고자 실험하는 과정에서 나온 실패작이 모티브가 되었다. 치과에서 쓰이는 마취제는 외과 수술에 쓰기에는 마취 효과가 너무 짧아서 실패로 치부된 제품을 발전시킨 것이다. 한 영역에서 실패로 규정된 것이 다른 영역에서 새로운 아이디어와 혁신 제품으로 사용된 사례는 주변에서 어렵지 않게 찾아볼 수 있다.

당장 열매를 거둘 수 없다고 해서 씨 뿌리는 일을 멈춰서는 안 된다. 열매를 얻고자 한다면 계속해서 씨를 뿌려야 한다. 성공의 절반 이상이 우연에 의해 이루어졌다는 증언은 진실인 동시에 허구이기도 하다. 눈에 보이는 것은 우연일지 모르지만 실제로는 우연으로 보이는 필연이기 때문이다. 씨를 뿌린 곳과 열매가 열리는 곳 사이의 보이지 않는 연결을 상기할 필요가 있다. 일단 비즈니스를 시작한 사람은 쉬지 않고 씨를 뿌려야 한다. 씨 뿌리기를 멈추는 순간 더 이상의 우연한 성공은 기대하기 어렵다.

오늘 거두지 못했더라도 계속해서 씨를 뿌려야 한다

어떤 일이든 처음 시작할 때가 가장 힘들다. 오늘 거두지 못할 열매의 씨앗을 계속해서 뿌려야 하기 때문이다. 따라서 씨를 뿌린 후에 열매를 따기까지의 시간을 계산하고 그 시간을 버틸 수 있게 미리 준비해 두어야 한다. 업종의 특성에 따라 3개월에서 6개월, 어떤 것은 5년 이상 투자해야 비로소 열매를 맺기도 한다. 만약 그 기간이 지났음에도 열매가 맺히지 않는다면 포기할 줄도 알아야 한다. 그것이 현명한 행동이다.

비즈니스 조직의 리더는 씨를 뿌릴 곳과 열매를 거둘 곳을 구분할 줄 알아야 한다. 그렇지 않으면 자기 조직은 고생만 시키고 남 좋은 일만 하는 결과를 낳기도 한다. 사장이 유능해야 하는 것도 바로 그 때문이다.

씨와 열매의 관점으로 생각해 보면 '오늘'이란 '어제 뿌린 씨앗의 열매를 거두는 동시에, 내일의 열매를 기대하면서 씨를 뿌리는 시간'이라고 정의할 수 있다. 일반적으로 열매를 거두는 데 70퍼센트, 씨를 뿌리는 데 30퍼센트의 힘을 사용하라고 말하지만, 수치는 그다지 중요하지 않다. 중요한 것은 열매를 거두고 씨를 뿌리는 일이 동시에 이루어져야 함을 알고 실행하는 것이다.

만약 미래에 대한 기대가 없다면 열매를 거두는 데만 100퍼센트의 힘을 사용하는 것이 오히려 현명하다. 그리고 비즈니스를 처음 시작하는 사람이라면 100퍼센트의 힘을 씨 뿌리는 데 쓰는 것을 당연하게 여기면서, 힘들고 외로운 시간을 견뎌낼 줄 알아야 한다.

03 양이 쌓이면 질적 전환이 저절로 이루어진다
: 양질전환

회의할 때의 적정 인원은 5~7명이다. 그 정도의 인원으로 진행되는 회의가 가장 효과적이다. 그 이상 모이면 팀이 아닌 군중이 되어버린다. 한두 동의 아파트가 모여 있으면 그냥 아파트라고 하지만 일정 규모 이상이 되면 단지가 된다. 단지가 되면 법적으로 갖추어야 할 요건들이 생기고, 거래할 때는 개별 아파트보다 매매가가 더 높아진다. 대한민국 국회에서 원내교섭단체를 구성하려면 20명 이상의 국회의원을 확보해야 한다. 19석과 20석은 교섭단체를 구성하느냐 못 하느냐를 가름한다. 20이라는 숫자는 당의 존폐를 결정짓는 양질전환의 분

수령이다.

양이 쌓이면 어느 순간 질적인 변화가 생긴다

'양量이 쌓이면 어느 순간 질質적인 변화가 일어난다.' 이것이 양질전환量質轉換의 개념이다. 일정한 규모 이상의 양이 축적되면 인식의 변화, 물리적 변화, 화학적 변화가 일어난다는 뜻이다. 자연계에서도, 한 개인에게서도, 일반 사회에서도, 비즈니스에서도 이런 변화는 예외 없이 일어난다. 중요한 것은 양질전환의 결과는 이전의 상태와는 크게 다르다는 점이다.

컴퓨터는 양질전환을 만들어낸 대표적인 도구다. 컴퓨터 안에서 처리되는 모든 논리logic는 인간이 주입programming한 것이지만, 처리 속도가 빨라지면서 컴퓨터 스스로 생각하고 판단하는 것이 아닌가 싶은 착각을 불러일으킨다. 빠른 처리 속도를 가진 컴퓨터라는 도구 덕분에 과거에는 불가능했던 일이 지금은 가능한 일로 바뀌었다.

양질전환의 포인트가 존재한다

전국적인 유통망을 가진 회사에서 한 지역의 매출이 20퍼센트 이상을 차지하면, 보통은 그 지역을 독립시켜서 운영한다. 하나였던 본부가 두 개가 되는 것이다. 예전과 같은 시스템으로 운영하면 발생하는 비용이 더 커지기 때문이다. 반대로 매출이 일정 규모 이하로 줄어들면 다시 통합하기도 한다. 매출 규모가 운영 시스템이라는 질적인 변화를 불러오는 것이다.

군에서는 특수부대를 제외하고는 보통 아홉 명을 한 개 분대로 구성한다. 그리고 네 개 분대를 합쳐서 소대라 부른다. 이런 방식으로 중대, 대대가 구성된다. 훈련 시에는 분대 전투, 소대 전투, 대대 전투 등에서 구사하는 전술이 달라진다. 단지 인원이 더 늘어났을 뿐인데 말이다. 인원이 늘어나면 구성이 달라지고, 운용하는 방법도 달라진다. 질적인 변화가 생기는 것이다.

중소기업의 운영 시스템과 중견기업, 대기업의 운영 시스템이 차이 나는 이유는 단 하나다. 규모가 다르기 때문이다. 규모가 달라지면 운영 방식도 달라져야 한다. 그렇지 않으면 어려움을 겪는다. 그래서 사장은 자기 영역에서 양질전환의 포인트를 알아야 하고, 그에 맞춰 적절하게 대응할 줄 알아야 한다.

마법을 일으키는 숫자들

'3'이라는 숫자는 완성을 의미한다. 세 명으로 구성된 팀, 세 개의 예, 세 가지 강점 등을 생각해 보자. 가장 강력한 힘을 발휘하는 팀의 구성 인원은 세 명이라고 한다. 어떤 것에 대해 예를 들 때는 세 가지면 충분하다. 두 가지 예는 어딘가 부족한 듯하고 네 가지 예는 부담스럽게 느껴진다. 어떤 사람이나 조직에 관해 설명할 때도 세 가지 강점으로 요약해서 설명하는 것이 적절하다. 그 이상이나 이하는 넘치거나 모자라다는 느낌을 준다.

'7'이라는 숫자는 인간의 수용 및 구분의 한계를 의미한다. 그 이상을 사람들이 받아들이려면 다른 보조 수단을 통해 보충 설명이 이루어져야 한다. 3과 7은 양질전환을 일으키는 숫자다.

일반적으로 공감 집단의 크기는 '12'이다. 개인적으로 수용할 수 있는 한계이자 친밀감을 느낄 수 있는 사람의 수도 12명까지다. 그래서 예수님도 직계 제자의 수를 12명으로 정하지 않았을까?

'150'의 법칙도 있다. 하나의 목소리로 통제할 수 있고 최적의 관리가 가능한 집단의 크기는 150명이라고 한다. 150은 메시지나 사상의 감염 잠재력을 확대하는 힘을 가진 집단의 단위 크기를 의미한다. 이 숫자 안에서는 쉽게 파벌이 조성되지 않는다고 한다.

한 사장은 이 숫자에 착안해 회사의 직원 주차장을 딱 150대만 들어올 수 있게 만들었다. 시간이 지나 주차장이 꽉 차 직원들이 잔디밭이나 길가에 차를 세워둔 것을 보면 '아! 회사를 나누어야 할 때가 되었군' 하고 판단해 실제로 그렇게 했다는 것이다. 이처럼 12와 150이라는 양질전환을 일으키는 숫자의 의미를 기억하고 활용할 수 있다.

49퍼센트와 51퍼센트의 차이

질적인 변화가 일어날 때까지 투입되는 자원과 시간은 투자의 개념으로 이해해야 한다. 스타가 될 때까지의 무명 시절, 나비가 되기 전까지의 알과 애벌레 그리고 번데기로 존재하는 기간, 지진이 발생할 때까지의 에너지 축적 등 눈에 보이는 결과는 모두 일정 기간의 양적인 축적을 바탕으로 한다.

대가를 지불하지 않고 얻을 수 있는 결과는 없다. 따라서 의도했던 결과가 아니라고 성급하게 화를 내거나 포기할 것이 아니라, 기대하는 결과를 이끌어낼 만큼 충분한 양의 축적이 있었는지 살펴야 한다. 그러면 기다려야 할 때와 조치를 내려야 할 때를 구분할 수 있다.

양질전환이 발생하는 포인트를 정확히 아는 사람을 우리는 전문가라고 부른다. 얼마의 잉태 기간이 있어야 새끼를 낳을 수 있는지 아는 수의사, 멈추어 있는 물체를 움직이는 최대 마찰력의 크기를 계산할 수 있는 물리학자, 몇 번의 적절한 노출이 있어야 사람들에게 의도한 메시지를 전달할 수 있는지 아는 광고 전문가 등이 그렇다. 이들은 의도한 결과를 얻을 수 있는 양질전환의 포인트를 알고 있다. 그래서 지금이 투자해야 하는 때인지 아니면 포기해야 하는 때인지 구분할 수 있도록 도와준다.

모든 사장은 자신의 비즈니스에서 전문가가 되어야 한다. 그 비즈니스에 대해서 속속들이 알아야 한다는 의미가 아니라, 언제 양질전환이 일어나는지 구분하고 알아챌 수 있어야 한다는 뜻이다.

사장 외에 조직의 구성원들이 양질전환의 포인트를 인식하고 공유할 수 있으면 성과에 도달하는 시간이 더 빨라진다. 지금이 더 쌓아야 할 때임을 아는 조직원이라면 현재 열매가 없다고 불평하기보다는 일정 시간 후에 열릴 열매를 기대하며 희망을 갖고 더 노력할 것이다. 열매가 열리는 양질전환의 시기에는 열매를 하나라도 더 따기 위해 노력할 테고, 조직 내에는 활기가 넘칠 것이다. 양질전환의 때를 인식하고 구분할 줄 아는 사람은 조직의 어느 위치에 있더라도 귀하게 대접받을 자격이 있다.

의도했든 의도하지 않았든 이미 많은 양을 쌓은 곳에는 기회가 있다. 양질전환까지의 시간을 단축할 수 있기 때문이다. 개인이 기존에 해오던 일에서 쉽게 벗어나지 못하는 이유는 이런 개념을 본능적으로 알고 적용하기 때문이다. 조직이 다각화를 진행할 때는 이미 어느 정도의 규모로 성장했음에도 질적인 전환을 일으키지 못한 기업을 인수합병M&A하는 것도 좋은 전략이다. 아무리 뛰어난 개인이나 자금력을 갖춘 조직이라도 양질전환이 일어나기까지는 절대적인 시간이 필요하기 때문이다.

과반수라는 개념이 있다. 51퍼센트와 49퍼센트는 분명 다르다. 51퍼센트를 갖고 있다는 것은 전체를 대표할 수 있다는 뜻이다. 따라서 100퍼센트 중 50퍼센트라는 수치는 양질전환의 포인트가 된다. 만약 의사결정에 절대적인 영향력을 발휘하려면 49퍼센트가 아닌 51퍼센트라는 숫자를 얻도록 노력해야 한다. +2퍼센트를 만드는 노력은 지금까지의 모든 노력보다도 더 큰 변화를 일으킨다. 49퍼센트에서 51퍼센트로 수치가 바뀌는 순간, 새로운 신분이 주어지는 것과 동시에 더 많은 책임을 감당해야 하는 상황으로 들어가게 된다. +2퍼센트의 의미를 알고 상황을 맞으면 기회가 되겠지만 아무 생각이 없으면 재앙이 될 수 있다.

양질전환의 시기에는 기회와 위험이 공존한다

테이블이 5~6개 정도였던 작은 음식점이 넓은 공간으로 이전해서 규모를 키우면 음식 맛이 떨어지고 서비스가 나빠지는 경우가 있다. 이전에는 주인이 직접 음식을 만들고 서빙을 했지만, 규모가 커져서 종업원들을 두면서 가게의 유지비용이 늘어나고, 손익분기점을 맞추기 위해 더 많은 손님을 응대하려다 보니 맛과 서비스에 소홀해지는 것이다.

주인 부부의 넉넉한 마음만으로도 유지되던 음식점이 이제 시스템을 갖추어야 하는 상황에 놓였다. 양질전환의 상황에 대비해 적절한 준비를 했다면 이전보다 더 많은 돈을 벌겠지만, 그렇지 않다면 오히려 가게 문을 닫아야 하는 상황에 몰릴 수도 있다.

작은 기업으로 시작해서 어느 정도 규모 이상으로 성장할 때도 같은 상황이 벌어진다. 중소기업 사장은 모든 부서의 부서장이다. 각 부서에서 일어나는 일을 잘 알고 있고, 본인이 가장 능숙하게 처리하는 실무자이기도 하다. 그래서 중소기업의 사장은 정말 바쁘다. 일주일 이상 회사를 비운다는 것은 상상도 할 수 없다. 기업의 매출이 늘어날수록, 또 직원의 수가 늘어날수록 사장의 역할은 더 커진다. 양질전환의 순간이 다가오는 것이다.

그래서 일정 규모 이상의 중견기업이 되면 기업을 운영하는 시스템이 달라져야 한다. 가장 먼저 사장의 마인드가 바뀌어야 한다. 주요 부서마다 사장의 마인드를 갖고 전문적으로 일을 처리할 수 있는 책임자를 세워야 하기 때문이다. 사장이 오랜 시간 자리를 비워도 회사가 정상적으로 운영될 수 있는 시스템을 마련하는 것이다. 이를 위해서는 사장의 기업 운영 방식이 바뀌어야 한다. 몇 가지 적용점을 정리해 보자.

양질전환이 언제 이루어지는지 알아야 한다

일정 크기 이상이 되면 질적 변화가 일어난다는 개념을 이해하고, 자신의 비즈니스에서 양질전환의 때가 언제인지 생각해보자. 중요한 것은 그 상황이 예고되지 않는다는 것이다. 사장의 시각으로 그때가 언제인지 구분해야 한다. 이를 위해서는 경험도 필요하고 어느 정도의 감각도 필요하다.

사장이 현장의 분위기를 놓치지 말아야 하는 중요한 이유가 여기에 있다. 고객들을 직접 접하는 현장에서는 양질전환의 징후가 쉽게 포착된다. 그것은 마치 화산 폭발이 일어나기 전에 포착되는 징후와 같다. 문제는 그 징후를 이해하고 소화할 수 있는 시각과 능력을 갖추었느냐는 것이다. 기업이 발전하는 일반적인 프로세스나 기업 규모에 따른 경영 전략 등을 공부해야 하는 이유다.

무조건적인 성장은 위험할 수 있다. 앞에서 언급한 숫자들(3, 7, 12, 150 등)을 이해하고, 현장의 변화를 포착할 수 있는 감각을 기르고, 다른 기업의 역사에서 배울 수 있다면 자신의 비즈니스에서 양질전환의 포인트를 찾아가는 일은 매우 재미있는 경험이 될 것이다. 앞서 설명한 '불연속 형태의 성장'에서 점핑 포인트를 설정할 때, 양질전환의 개념을 병합해서 이해하면 시너지 효과를 얻을 수 있다.

양질전환의 시기를 기회로 활용하라

양질전환이 일어나는 때는 기회이자 위험이 될 수 있는 시기임을 알고, 변화를 적극적으로 수용하는 자세가 필요하다. 변화의 시기에는 늘 위험이 함께한다. 위험을 적극적으로 수용하면 그것은 기회로 바뀐다. 반대로 기회가 주어졌을 때 적절하게 수용하지 못하면 기회는 위험 상황으로 바뀐다. 따라서 변화의 시간을 예측하고 적극적으로 반응해야 한다.

사장이 적극적이고 능동적인 마인드를 갖도록 노력해야 하는 이유도 여기에 있다. 부정적이고 소극적인 사람들은 양질전환의 시기를 기회가 아닌 위험의 시간으로 받아들일 가능성이 높기 때문이다.

기업에서 확장을 계획할 때마다 양질전환의 프리즘으로 상황을 살펴볼 필요가 있다. '이번 확장 결정이 질적인 변화를 초래하는 것은 아닐까?'를 묻고 확인하는 것이다. 사장이 평상시에 공부해야 하는 이유는 다른 사람들의 기업 경영을 간접적으로 보면서 다양한 상황에 대한 통찰력을 얻어 자신의 기업에 적용하기 위해서다. 또한 조언자mentor의 의견도 경청할 필요가 있다. 특히 양적 확장이 어떤 질적 변화를 가져올 수 있을지 살펴야 한다.

양질전환은 자연의 법칙이다. 또한 개인과 조직을 구분하지 않고 인간 세계에도 그대로 적용되는 원칙이다. 이 원칙을 이해하면 통찰력과 객관성을 얻을 수 있다. 모든 양적 축적은 질적 전환을 가져온다는 것, 양질전환의 포인트가 존재한다는 것, 그것이 기회가 될 수도 있고 위험이 될 수도 있음을 알고 비즈니스에 적극적으로 활용하자.

04 효율의 시기에 돈을 번다
: 효과와 효율

결혼 후 처음으로 집들이를 하는 새댁은 분주하다. 주방은 말 그대로 난리법석인데 준비된 요리는 몇 개 되지 않는다. 결국은 친정엄마에게 SOS를 친다. 그러나 집들이를 두 번, 세 번 반복하다 보면 요령이 생긴다. 처음보다 비용도 아낄 수 있고, 집들이 후 며칠간 남은 음식을 해결해야 하는 고역에서 벗어날 방법도 터득하게 된다. 처음에는 집들이 자체에 초점을 두다가 점차 경험이 쌓이면서 소요 시간과 비용, 손님 변동에 따른 음식의 양도 조절할 수 있게 된다. 효과 중심의 생각과 행동이 점차 효율 중심으로 변화하는 것이다.

효과의 때가 있고 효율의 때가 있다

효과效果, effectiveness란 결과output의 크기가 어떤 기대치나 임계치를 넘어선 상태를 말한다. 투입input의 크기와는 상관없다. 결과가 일정 크기 이상인가 하는 것만이 중요하다. 효율效率, efficiency이란 결과로 나온 것을 투입한 것으로 나눈 수치(비율)다. 같은 결과라면 투입의 크기가 작을수록 효율이 높다. 그리고 투입의 크기가 같다면 결과의 크기가 클수록 효율이 높아진다.

효과를 기준으로 삼아야 할 때와 효율을 기준으로 삼아야 할 때를 구분하지 못하면 낭패를 당할 수 있다. 집에서 음식을 하는 것과 전문 음식점을 운영하는 것은 언뜻 보기엔 비슷해 보여도 완전히 다른 일이다. 전자가 음식이라는 효과 중심의 행동이라면, 후자는 음식이라는 주제를 가지고 경영을 해야 하는 효율 중심의 행동이기 때문이다. 실제로 비즈니스는 효과가 아닌 효율의 게임이다. 효과는 기본적인 요건일 뿐 비즈니스의 성패는 효율에 달려 있다. 비즈니스에서 사장의 역량이 중요한 비중을 차지하는 이유도 여기에 있다. 얼마나 효율을 추구할 수 있느냐가 비즈니스의 성패를 좌우한다.

새로운 분야에서 비즈니스를 시작할 때는 보통 그 분야의 성공 기업을 벤치마킹하기 위해 노력한다. 이때 유의할 점이 있다. 성공 기업을 연구하고 배울 때는 반드시 성공한 후의 모습이 아닌 성공하기 전 모습에 주목해야 한다. 성공한 기업의 현재 모습은 모두 효율 중심의 시스템을 갖추고 있기 때문이다. 그러나 그 기업도 처음에는 효과를 얻기 위해 고생스러운 시간을 거쳤으며, 새롭게 시작하는 우리가 배워야 할 것은 바로 효과의 시기다.

효과의 단계를 넘어야 효율을 추구할 수 있다

전문적으로 산을 다니는 사람과 일반 등산객이 같은 장소에서 산행을 시작한다고 가정해 보자. 첫날의 속도는 거의 같다. 차이는 둘째 날부터 나타난다. 등산 전문가는 계획대로 아침 7시면 다음 목표를 향해서 출발하지만, 일반인은 전날 무리한 데다 늦잠까지 자서 2~3시간 나중에 출발하는 것이 보통이다.

셋째 날의 차이는 더 크다. 결국 3~4일이 지나면서 전문가와 일반인의 차이는 거의 두 배 이상으로 벌어진다. 전문가의 행동 기준은 대부분 '효율'에 맞추어져 있다. 반대로 아마추어는 대부분 '효과'를 기준으로 행동한다. 취미를 비즈니스로 발전시켰다가 실패하는 경우가 많은 것도 이 때문이다. 취미로 할 때는 '효과'가 기준이었지만, 그것이 비즈니스가 되면 '효율'로 기준을 바꿔야 한다.

처음부터 효율을 추구할 수 있다면 더 바랄 것이 없겠지만, 효율은 효과의 단계를 지난 후에야 추구할 수 있음을 기억해야 한다. 대부분의 비즈니스에서 처음부터 효율을 추구하기란 거의 불가능하다. 효율을 얻기 위해서는 일단 효과의 단계를 거쳐야 한다. 따라서 자기 일에서 효과의 포인트를 예상할 수 있어야 한다. 그리고 각 효과의 포인트를 넘을 수 있는 자기 나름의 방법을 모색해야 한다.

비즈니스에서 첫 번째 효과의 포인트는 대부분 손익분기점(BEP, break even point)이다. 손익분기점이란 수입과 지출이 같아져서 이익이 없으나 손실도 없는 상태를 말한다. 손익분기점을 넘기지 못하면 운영을 위해서 비용을 차입해야 한다. 따라서 비즈니스를 시작하고 일정 기간이 지난 후에도 손익분기점을 넘기지 못하면 사업을 접어야 할지도 모른다. 일단 비즈니스를 시작했다면 가능한 한 빨리 손익분기점을 넘기 위해 노력해야 한다.

경영학 교수, 경영 컨설턴트 등 대부분의 경영 이론가는 효율을 연구하고 추구한다. 그래서 이미 존재하는 (효과의 단계를 넘어선) 기업에게는 도움을 줄 수 있지만, 아직 효과의 단계를 넘어서지 못한 기업에게는 큰 도움이 되지 못한다. 많은 것을 알고 있는 경영 이론가들이 자신의 기업을 일구지 못하는 이유도 여기에 있다. 그들은 효율을 추구하는 데 익숙하지만, 효과를 만들어내는 데는 익숙하지 않다. 새로운 아이디어가 아무리 많아도 그것을 비즈니스로 만들어내는 역량이 없다면 실제로는 어떤 상황도 만들어낼 수 없다. 먼저 효과를 얻을 수 있어야 비로소 효율을 추구하는 것이 가능하기 때문이다.

효과를 추구하는 시기는 효율을 추구하는 시기에 비해 에너지를 많이 써도 돈은 벌리지 않는 시기다. 그저 생존할 수 있을 뿐이다. 눈사람을 만들 때 가운데 덩어리를 만드는 시간에 해당한다고 할 수 있다. 어떤 일을 새로 시작하기가 어려운 것도 같은 이유에서다. 효과를 추구하는 시기에는 부가가치를 만들어내기 어렵다. 많은 사람이 처음부터 효율을 추구하려고 욕심내지만 아무리 숙달된 사람도 처음에는 모두 효과의 범위 안에서 행동할 수밖에 없다. 그렇게 효과를 얻은 후에야 비로소 효율을 추구하는 것이 가능해진다.

효율을 추구하는 시기에 돈을 벌 수 있다

비즈니스의 성공은 효율에 달려 있다. 실제로 비즈니스는 효율의 게임이다. 그래서 사장은 반드시 적절한 지식과 전문성을 추구해야 한다. 이때 자기 일에서 핵심 변수가 무엇인지 파악해야 비로소 효율을 추구할 수 있다. 돈을 좇거나 유행 아이템을 좇는 비즈니스가 위험한 이유도 여기에 있다. 어떤 일이든 그 일의 효과를 얻기까지는 절대적인 시간과 노력을 지불하는 과정을 거친다.

또한 기억할 것은 어떤 일에서든지 지식과 전문성 없이 성공하기란 어렵다는 사실이다. 그 일에 대해 최소한의 효과를 얻을 수 있는 지식과 지속적으로 효율을 추구할 수 있는 전문성을 갖추었을 때 성공을 기대할 수 있다. 혹시라도 지식이나 전문성이 없는데 비즈니스가 지속되고 있다면 그것은 누군가의 보이지 않는 보살핌이 있기 때문이라고 생각해도 좋다.

효과를 얻은 후에는 반드시 효율을 추구하는 노력이 뒤따라야 한다. 이전에는 절대우위에 있는 것을 중심으로 활동했다면 이제는 상대우위에 있는 것을 중심으로 활동해야 한다. 이전에는 사장이 모든 부서의 업무를 관장했다면 이제는 각 부서를 책임지고 경영할 수 있는 부서장을 육성하는 데 힘을 기울여야 한다. 만약 효율을 추구해야 하는 시기에도 여전히 효과만 추구한다면 그 비즈니스는 크게 성공할 수 없다.

직원들도 효과에서 효율로 바뀌는 때를 알아야 한다

효과에서 효율로 성과의 포인트가 바뀔 때 또는 효과에서 효율로 의사결정 기준이 바뀔 때 사장은 반드시 같이 일하는 직원들에게 그 기준을 알리고 공유해야 한다. 효과에서 효율로 기준이 바뀐다는 것은 직원의 입장에서는 이전보다 상황이 좀 더 빡빡해지는 것을 의미하고, 이전과는 다른 공헌을 요구받는 일일 수도 있기 때문이다. 효과를 추구하는 시기에 중요한 역할을 담당했던 사람들이 효율을 추구하는 시기에는 오히려 큰 방해가 될 수도 있다.

역사적으로 개국공신들이 나라가 안정된 후에 토사구팽을 당하는 이유도, 성과의 기준이 바뀌었음에도 자신에게 유리한 과거의 기준을 강하게 요구했기 때문이다. 기업의 의사결정 기준이 효과에서 효율로 바뀌는 시점에는 조직의 각 구성원이 해야 할 역할에 대해서 스스로 조정할 수 있는 분위기를 만들어야 한다.

인사관리에서 중요하게 다루는 적재적소適材適所와 권한위임權限委任, empowering을 '효과와 효율'의 관점으로 생각해 볼 수 있다. 적재적소란 그 사람이 효과를 추구하는 성과지향형인지 아니면 효율을 추구하는 관리지향형인지 사전에 파악하여, 기업 운영의 필요에 맞추어 중심적인 활동을 할 수 있도록 역할을 부여하는 것이다.

그렇다면 권한위임은 언제 이루어져야 하는가? 그 사람이 효과를 추구할 때와 효율을 추구해야 할 때를 스스로 알아서 그에 맞는 역할을 감당할 때 비로소 권한을 위임할 수 있다.

효과를 얻으려는 사람에게 효율을 제공하라

효과를 원하는 사람에게 효율을 제공할 때 비즈니스 성과가 가장 커진다. 결혼식장, 장례식장 등을 떠올리면 쉽게 이해할 수 있다. 사람들은 대부분 일생에 한 번 경험하는 이런 일에 효과를 중시할 수밖에 없다. 그런 상황에서 업자들은 효율을 추구한다. 폭리나 바가지가 성행하는 것도 그런 이유다.

전쟁 등 위기 상황에서도 사람들은 대부분 효과를 추구한다. 수요보다 공급이 절대적으로 부족하기 때문이다. 실제로 전쟁이나 천재지변 등 사회적 패러다임이 효과를 추구하는 시기에 부를 구축한 사람들의 이야기는 너무나 많다. 일반적으로 선진국보다 후진국에 시장 기회가 많은 이유도 여기에 있다. 선진국보다는 후진국에 효과를 지향하는 영역이 더 많기 때문이다.

인터넷 비즈니스 모델로 정착된 '티끌 모아 태산'도 같은 맥락에서 생각할 수 있다. 클릭하는 사람에게는 500원, 1000원이 부담 없는 돈이지만, 10만 명, 100만 명이 모이면 수천만 원에서 수십억 원이 될 수 있기에 비즈니스가 성립하는 것이다. 한 통에 수천 원 하는 ARS 전화가 기부 문화의 한 축이 된 것도 효과를 얻으려는 사람에게 효율을 제공한 데서 바탕이 된 것이다.

자신의 사업이 효과의 단계를 넘어섰다고 생각한다면 스스로에게 질문해 보라. '나는 효율을 제공할 수 있는 기반을 갖추었는가?' 만약 그렇다면 그 영역에서 효과를 얻으려는 사람들을 찾으려고 노력해야 한다. 거기에 비즈니스 기회가 있기 때문이다.

성공을 거둔 사람들의 삶 속에는 효과를 원하는 사람들에게 효율을 제공한 이야기가 무수히 많이 담겨 있다. 실제로 혼돈과 변화의 시기는 준비된 사람에게는 매우 유용한 비즈니스 기회다. 한국전쟁이라는 혼돈의 시기에 일본은 경제 부흥의 기초를 마련했고, 인터넷이라는 변화의 상황에서 빌 게이츠는 거부가 될 수 있었다. 요즈음 AI(인공지능) 분야가 과거 인터넷의 시작 시기와 유사하게 기회의 영역으로 다가오고 있음을 느낀다. 그러나 그것은 기회를 활용할 준비가 된 사람에게만 적용되는 이야기다.

비즈니스는 효율의 게임이다

'효과와 효율'의 관점에서 몇 가지 적용점을 정리해 보자.

첫째, 효과를 추구해야 할 때와 효율을 추구해야 할 때를 구분해야 한다. 효과를 추구해야 할 시기에는 효과를 중심으로 의사결정 하고, 효율을 추구해야 할 시기에는 효율을 중심으로 의사결정 해야 한다. 다시 한번 강조한다. 효과를 추구할 때와 효율을 추구할 때를 구분하는 것은 매우 중요한 일이다.

둘째, 효과를 달성하고 난 후에 효율을 추구할 수 있다. 그리고 효과라는 고지를 넘은 사람만이 효율의 게임에 참여할 수 있다. 아무리 급하게 서둘러도 곧바로 효율을 얻을 수는 없다. 우리가 할 수 있는 것은 효과의 기간을 최대한 단축하는 것뿐이다.

셋째, 효과를 얻은 후에는 효율을 추구하는 시스템으로 전환해야 한다. 효과의 고지를 넘었다면 이제 전체적으로 체질을 바꾸어야 한다. 의사결정 기준이 효과에서 효율로 바뀌었음을 조직 전체에 알리고, 그에 맞추어 행동하게 해야 한다.

넷째, 효과를 원하는 사람에게 효율을 제공하라. 효과를 원하는 사람에게 효율을 제공할 때 가장 많은 돈을 벌 수 있다. 스스로 효율을 제공할 수 있는 상황을 유지하면서 효과를 원하는 사람들을 찾아야 한다.

사장은 늘 자기 일에서 효율을 추구하기 위해 노력해야 한다. 기회란 자신의 의도대로 다가오는 것이 아니라 전혀 생각하지 못할 때 갑자기 나타나기 때문이다.

05 '진실-사실-지각'의 구분
: 진실의 사실화

당신은 단 2주 만에 인정받는 주식 전문가가 될 수 있다. 주식에 대한 지식이 전혀 없어도 상관없다. 지금부터 이 방식대로만 하면 된다.

먼저 주식에 관심이 있는 200명의 주소를 알아내라. 그리고 첫 번째 편지를 보내라. 100명에게는 A 회사의 주식 가격이 오를 것이라고 쓰고 나머지 100명에게는 A 회사의 주식 가격이 떨어질 것이라고 써라.

이제 첫 번째 예상이 맞은 100명에게 두 번째 편지를 보내라. 50명에게는 B 회사의 주식 가격이 오를 것이라고 쓰고, 나머지

50명에게는 B 회사의 주식 가격이 떨어질 것이라고 말이다. 당신의 예상이 연속으로 적중한 50명을 25명씩 두 그룹으로 나눠 다시 세 번째 편지를 보내라. 이제 C 회사의 주식 가격에 관해서 쓰면 된다.

처음에 편지를 받은 사람들은 장난 편지라고 생각할지 모른다. 그러나 연속해서 두 번이나 내용이 적중하면 세 번째 편지를 받은 25명은 묘한 기대감을 갖게 될 것이다. 그래서 C 회사의 주식 가격 변동에 대한 당신의 의견을 쉽게 무시하지 못한다. 그들에게 당신은 주식 전문가다.

'진실'과 '지각된 진실'은 다르다

1998년에 개봉된 〈왝 더 독wag the dog〉이라는 영화가 있다. 개봉 후 벌어진 클린턴 전前 미국 대통령의 섹스 스캔들과의 유사성으로 더욱 유명하다. 대통령 선거를 2주 앞두고, 백악관을 방문한 소녀를 성추행했다는 혐의를 받게 된 대통령의 불리한 입장을 방어하기 위해 참모들이 대중을 상대로 고난도의 사기를 치는 것이 주된 내용이다.

그들은 매스컴이 대통령의 성추행 혐의를 주된 이슈로 다루지 못하도록 다른 굵직굵직한 사건을 연이어 만들어낸다. 있지도 않은 알바니아와의 전쟁을 매스컴을 통해서 알리고, 폭파된

마을에서 탈출하는 소녀의 가짜 영상을 특종 형태로 방송에 내보낸다. 가짜 포로의 귀환 사건도 꾸며내고, 그것을 많은 사람의 이야깃거리로 만들기 위해 낡은 구두라는 상징물을 등장시키고, 노래를 만들어서 사람들이 포로의 귀환과 노래 내용을 관련짓도록 꾸민다.

이들의 전략은 주효하게 작용하여 매스컴이 대통령의 성추행 혐의를 다룰 겨를도 없이 선거일을 맞이하게 되고, 대통령의 인기는 오히려 80퍼센트 이상으로 치솟는다.

이 영화를 통해 세 가지를 생각해 볼 수 있다.

첫째, 일반 대중은 진실과 관계없이 이 세상 어딘가에 존재할 법한 그럴싸한 이야기에 웃기도 하고 울기도 하는 존재이며, 자신이 듣고 싶고 상상할 수 있는 이야기라면 수용하는 성향이 매우 강하다는 것이다.

둘째, 신문과 방송 등의 매스컴은 자신들의 이익을 추구하기 위해 대중이 관심을 가질 만한 '거리'에 초점을 맞춘다는 것이다. 그들은 사람들이 주목할 만한 것을 주된 이슈로 다루고자 끊임없이 노력하며, 그것은 사람들의 인식을 강화하는 촉매제 역할을 한다.

셋째, 사람들의 머릿속을 읽어낼 수 있는 사람이 존재하며, 자금과 기술을 동원하면 일정 기간 대중의 머릿속을 장악할 수 있다는 것이다. 이 영화는 그것이 가능하다는 결론으로 끝을 맺는다. 다소 허망하기는 하지만 현대사회와 비즈니스를 이해하는 데 상당한 도움이 된다.

세상에는 '진실眞實'이 있고 '사실寫實'(지각된 진실)이 있다. '진실'이란 진짜 존재하는 어떤 것을 의미하며, '사실'[음은 같아도 '일 사事' 자를 쓰는 사실과 뜻이 다르다. 여기서는 '베낄 사寫' 자를 쓴다]이란 사람들에게 지각된 진실, 즉 투영된 진실을 말한다.

대부분의 사람들은 실제 존재나 진실에 의해서 영향받고 행동하는 것이 아니라 진실에 대한 각자의 지각에 따라 판단하고 행동한다. 일단 진실이라고 지각하고 나면 그것의 진위를 따지지 않고, 최소한 그 사람에게는 온전한 진실이 되어버리는 것이다.

매스컴이 현대사회에서 권력을 갖는 것도 이 때문이다. 대중에게 진실을 사실화寫實化해서 이해시키는 가장 효과적인 사회적 위치를 차지하고 있기 때문이다. 사람들은 전문가인 의사의 소견보다도 신문이나 잡지에 나온 의료 기사의 내용을 더 신뢰하는 경향이 있다. 작은 사건도 주요 매스컴에서 크게 다루면 큰 사건이 되어버린다. 반대로 중요한 문제도 매스컴이 다루지 않으면 현대사회에서는 큰 문제 없이 지나쳐간다.

방송에서 인기를 얻은 사람이 각 정당의 구애를 받는 것도 그런 이유에서다. 일단 호의적인 분위기에서 매스컴에 얼굴을

노출한 사람은 생소한 사람보다 대중에게 훨씬 우호적인 평가를 받는다. 사람들은 진실이 아닌 자신의 지각知覺, perception에 영향을 받고 행동한다.

사람들을 움직이는 것은 진실이 아니라 지각이다

'지각이 사람들에게 영향을 주고 행동하게 한다.' 사장들은 이 점을 매우 중요하게 생각해야 한다. 좋은 상품을 갖추는 것만으로는 부족하다는 뜻이다. 반드시 그것을 사실화寫實化하는 과정이 필요함을 깨달아야 한다.

저렴한 가격이 가장 큰 경쟁력이라면 그저 "가격이 저렴합니다!"라고만 외칠 게 아니라, 사람들이 '아! 저기는 가격이 정말 싼 곳이야'라고 지각할 수 있는 어떤 장치를 마련해야 한다. 많은 할인점이 어려움 속에서도 최저가격 보상제를 시행하는 것이 바로 그 때문이다.

제품의 질이 우수하다면 사람들이 그것을 지각하도록 어떤 '거리'를 제공해야 한다. 많은 업체에서 KS, ISO, HACCP 같은 뭔가 있어 보이는 인증 마크를 사용하고 강조하는 것도 그런 이유에서다. 또 전문가의 의견을 첨부하기도 하고 제품을 일정 기간 써볼 기회를 제공하기도 한다. 필요에 따라서는 이미 경험한 사람들의 신뢰할 만한 증언을 전달하기도 한다.

오랫동안 사람들의 머릿속에 기억시키기 위해 그들이 받아들이기 쉬운 방법을 사용하기도 한다. CM송(광고용 노래)이 대표적인 예다. 맛동산, 부라보콘, 새우깡 등의 CM송은 이미 그 제품을 오래전에 사용한 사람도 쉽게 잊지 못한다. '국물이 끝내줘요' '여러분 모두 부자 되세요' 등의 슬로건도 사람들의 머릿속에 쉽게 각인된다. 광고하는 사람들이 노래, 슬로건, 음률을 이용하여 제품, 기업, 대통령 후보를 알리는 것은 자신들이 가진 '진실'을 사람들의 머릿속에 '지각'시키는 효과적인 수단이기 때문이다.

단순히 진실의 내용을 알려주는 것만으로도 효과적인 경우도 있다. 감추어진 진실을 공개하는 청문회가 대표적인 예다. 방문을 유도하여 직접 경험하게 하는 것도 한 방법이다. 상대방이 이미 신뢰하는 사람을 내세워 설명할 수도 있다. 신문, 잡지, 방송 등 매스컴의 보도를 이용할 수도 있다.

방법이야 얼마든지 달라질 수 있다. 그러나 꼭 기억해야 할 것이 있다. 진실을 지각으로 연결하는 사실화의 징검다리가 필요하다는 것이다.

사람들은 자신의 관심거리만 받아들인다

내가 대학을 졸업하고 10년간 일했던 회사는 기독교 문화가 강한 곳이었다. 그래서 한때 통일교와 관련되어 있다는 소문이나돌기도 했다. 짧은 시간에 급성장을 이룬 점, 매주 예배 시간이 있고 직원들이 회사에 헌신적이었던 점 등이 소문의 근거가 되었다. 회사에 대해 잘 아는 사람에게는 우스갯소리로 들렸지만, 막연하게 알고 있던 사람에게는 상당히 심각한 문제였다. 실제로 한 기독교 잡지가 통일교 관련 기업들에 대해 불매운동을 전개하면서 이 회사의 이름을 잘못 집어넣어서 그것을 해명하느라 매우 고생했던 기억이 난다.

그 소문이 잘못된 것임을 알리기 위해 기존에 진행하던 회사 광고의 맨 아래에 '○○회사는 통일교와 관련이 없습니다'라는 문구를 삽입했다. 그러나 얼마 후 결국 그 문구를 빼기로 결정했다. 왜냐하면 사람들이 '통일교와 관련'까지는 기억하는데 그다음의 '이 없습니다'까지는 기억해 주지 않았기 때문이다. 그 짧은 문구에서도 사람들은 이야깃거리가 될 만한 부분만 기억한 것이다. 다행히 그 소문은 매출에 큰 영향을 미치지 않았고 시간이 지나자 저절로 사라졌다.

그 사건을 회상하면서 진실을 사실화(지각)하는 사람들의 습성에 대해서 다시금 깨닫게 되었다. 사람들은 진실과 관계없이 자신이 이해하고 받아들일 수 있는 기존의 지각 범위 내에서만 사실화하려고 한다. 상식의 중요성과 '고객보다 반걸음만 앞서가야 한다'라는 비즈니스의 진리를 다시 되새길 수 있었다.

사람들의 행동에서도 유사한 행태를 발견할 수 있다. 어떤 사람이 설악산을 등반한다고 하자. 재미있는 것은 성인이 되어서도 학생 때 갔던 코스로만 다닌다는 점이다. '예전에는 이 코스를 가봤으니 이번에는 저 코스로 가보자'라고 할 것 같지만 실제로는 그렇지 않다. 사람들은 대부분 자신에게 익숙한 코스를 반복한다. 중국집에 가서 무엇을 먹을까 메뉴판을 한참 뒤적이다가 결국 항상 먹는 "자장면 주세요!"라고 하는 것과 같다.

사람들은 새로운 것을 보면 호기심을 느끼지만 크게 반응하지는 않는다. 그래서 새로운 개념의 비즈니스가 시장에서 자리를 잡기까지는 일정한 시간이 걸리는 것이다. 그리고 새로운 개념을 설명할 때는 기존에 이미 형성되어 있는 머릿속 개념(상식)을 활용해서 설명하는 것이 효과적이다. 외국 사람에게 제주도를 '한국의 하와이'로 설명하고, 한국 사람에게 하이난海南島을 '중국의 제주도'로 설명하는 식이다.

사람들은 자기가 지각하는 사실에 근거해서 생각하고 행동한다는 것, 그래서 내가 가진 진실을 다른 사람에게 지각시킬 방법을 연구해야 한다는 것은 비즈니스에서 중요한 모티브가 된다. 좋은 상품이라는 진실만으로는 부족하다. 돈을 지불하고 구매해 줄 사람들이 그 진실을 지각해야 한다. 사람들이 진실을 지각할 방법이 무엇일까 고민하고, 적절한 방법을 찾아내야 한다.

진실과 지각의 크기에 따라 다른 노력이 필요하다

다음 세 가지 상황을 상상해 보자.

1. 진실 > 지각: 자신이 가진 진실보다 사람들의 지각이 부족한 경우
2. 진실 < 지각: 실제 가진 것보다 부풀려져서 사람들에게 알려져 있고, 그래서 더 많은 기대를 받는 경우
3. 진실 ≒ 지각: 자신이 가진 진실과 사람들의 지각이 비슷한 경우

당신이 생각하기에는 어떤 경우가 가장 바람직할 것 같은가? 결론부터 말하면 세 상황 모두 의미 있다.

보통은 세 번째 경우가 바람직한 상황이라고 생각하겠지만, 비즈니스에서는 이것이 정체된 상황을 의미할 수 있다. 안정적인 상태를 박차고 진실을 키우려는 조직적 노력이 필요한 상태로 보는 것이 객관적이다.

두 번째 경우는 위험해 보이기는 하지만 기회가 있는 경우다. 사실을 만들어내는 데 필요한 노력과 비용을 줄일 수 있기 때문이다. 단, 빠르게 진실의 크기를 키우지 못하면 사기꾼 취급을 당할 수도 있음을 유념해야 한다.

첫 번째 경우는 적절한 방법만 찾는다면 짧은 시간 안에 비즈니스를 성장시킬 수 있는 상황이다. 그러나 적극적인 사실화 작업을 하지 못하면 경영의 비효율성으로 인해 경쟁 상황에서 어려움에 처할 가능성이 높다.

내가 기업의 초청을 받아서 컨설팅이나 서포팅 의뢰를 받을 때는 해당 기업의 진실과 지각의 크기가 어떠한가에 따라 대답을 달리한다. 첫 번째 경우처럼 진실이 지각보다 큰 경우라면 제안을 적극적으로 받아들인다. 적절한 방법을 찾아내 실행하면 짧은 시간 안에 성과를 만들어낼 수 있기 때문이다.

반대로 진실이 지각보다 작은 경우에는 어떻게든 핑계를 대고 그 자리를 피한다. 진실을 키우는 작업은 기업 내부의 일이기 때문에 외부에서 참여해 성과를 얻기는 거의 불가능하다. 진실과 지각의 크기가 비슷한 경우에는 결과를 명확히 평가받을 수 있는 기능적인 일을 선호한다. 전체 성과에 관여할 때는 투여한 힘에 비해 더 좋은 성과를 내기 어려운 경우가 많기 때문이다.

아이디어를 현실로 만드는 공식

좋은 제품과 서비스라는 진실을 만들었는가? 그렇다면 당신의 잠재 고객이 그 진실을 이해할 수 있도록 효과적으로 사실화하는 방법을 연구하라. 진실을 갖고 있을 때와 적절하게 지각되었을 때의 비즈니스 성과는 뚜렷하게 차이가 난다. 또한 진실을 만드는 일만큼 효과적인 사실화 작업을 위한 노력도 중요함을 꼭 기억하자.

사람들은 자기가 지각하고 있는 사실에 근거해서 생각하고 행동한다. 따라서 자신이 가진 진실만으로는 부족함을 명심해야 한다. 그 진실이 잠재 고객에게 지각되도록 진실과 지각 사이에 공들여 다리를 놓아야 한다. 현실에서 진실과 지각의 크기가 서로 다르다면 그것을 전략적으로 활용할 수 있다.

만약 지각의 크기가 진실보다 더 크다 해도 두려워할 필요는 없다. 진실의 크기를 키울 좋은 기회이기 때문이다. 자신이 가진 진실의 크기가 지각보다 크거나 비슷하다고 안도해서도 안 된다. 현재 비즈니스가 비효율적으로 운영되고 있거나 정체된 상태일 수 있기 때문이다.

자신이 가진 진실을 잠재 고객에게 지각시키려는 노력은 사장에게 끝없는 도전이다. 진실을 키우려는 조직적인 노력을 하고, 그에 걸맞게 사실화시키는 전문적인 기술을 배워야 한다. 이 두 가지를 조화롭게 잘 진행하는 사람을 우리는 비즈니스 전문가라고 부른다.

06 사장이 넘는 다섯 개 산의 실체

: 세 개의 원

비즈니스를 계획하고 실행할 때 성과의 초점을 잡는 데에도 순서가 있다. 첫 단계는 실패하지 않는 것(생존)이고, 둘째 단계는 성공 확률을 높여가는 것이다. 비즈니스에서 성공이란 생존이 전제돼야 하기 때문이다. 그리고 셋째 단계는 자신의 성공 공식 기초를 만들고, 보완하고 수정하며 완성해 가는 것이다. 먼저 '세 개의 원' 개념을 이해하자.

비즈니스 게임의 세 주체

비즈니스 게임의 주인공은 셋이다. 첫째는 소비자consumer(C1),

둘째는 경쟁자competitor(C2), 셋째는 기업company(C3)이다. 이 세 주인공이 시장market이라는 무대에서 어떻게 활동하고 엮이느냐에 따라 게임의 양상이 달라진다(그림 6-1).

그림 6-1

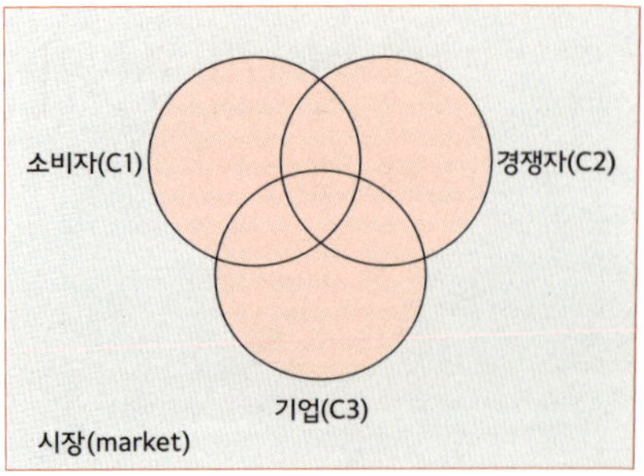

그림 6-2

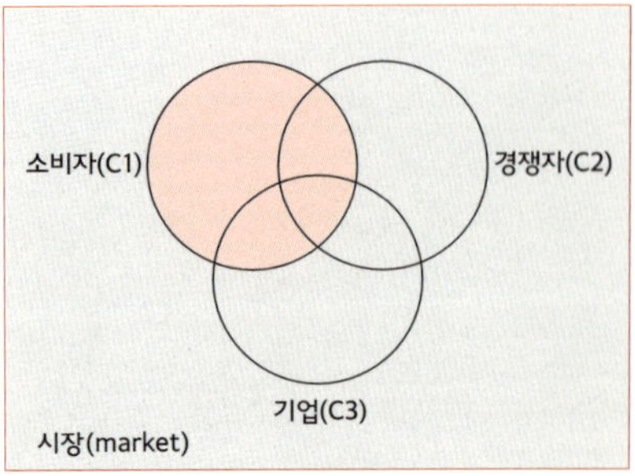

먼저 자신의 비즈니스가 소비자의 원(C1)에 속해 있어야 한다. 소비자가 비용을 치를 만한 가치가 있어야 한다는 뜻이다. 기존 소비자들이 어떤 이유로 돈을 내어놓는지 파악하고, 자신의 상품에 기꺼이 돈을 내어놓을지 확인해야 한다(그림 6-2).

그다음은 경쟁자의 원에 속한 경쟁자(C2)가 누구인지 알고 피할 수 있는 방식으로 사업을 세팅하는 것이 좋다. 자신이 아무리 좋은 상품을 제공해도 경쟁자가 더 저렴한 가격에 같은 상품을 제공하거나 같은 가격에 더 질 좋은 상품을 제공한다면 소비자들은 경쟁자의 편으로 돌아설 것이 뻔하기 때문이다. 만약

그림 6-3

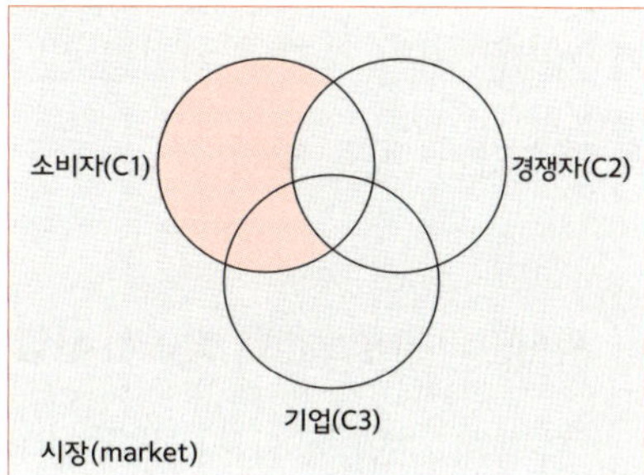

그림 6-4

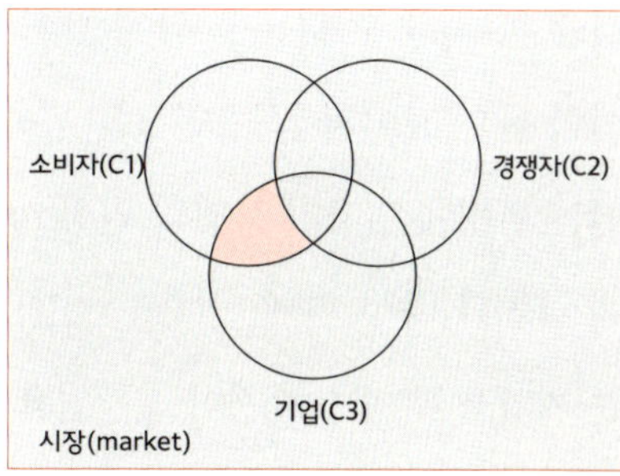

기존의 경쟁 상황 그대로 게임에 참여해야 할 때는 소비자 관점에서 의미 있는, 경쟁자와의 분명한 차별점이 있어야 한다(그림 6-3).

비즈니스에서 실패하지 않으려면 소비자의 원과 기업의 원이 교차하는 부분에서 시작해야 한다. 그리고 기업의 원(C3)에서는 강점을 유효하게 활용하고 단점은 드러나지 않도록 사업 모델을 구축할 수 있어야 한다. 자신의 강점을 활용하고, 변화하는 외부 환경에 능동적으로 대처할 수 있는 조직 체계를 갖추는 것이 가장 좋다. 동시에 그것이 기존 경쟁자와 차별화되어 있다면 의도하는 목표에 더 쉽게 접근할 수 있다(그림 6-4).

위 그림의 방식으로 이해하고 행동할 수 있다면 객관적으로는 경쟁이 존재해도 사업을 실행하는 구체적인 환경에서는 경쟁이 없는 것처럼 기업을 운영할 수 있다. 만약 경쟁자들이 흉내 내기 어려운 자기 강점에 기반을 둔 비즈니스라면 상당 기간 성공을 지속할 수 있을 것이다.

자신만의 블루오션을 찾아서 사업을 시작하라

『사장학 수업』에서 사장이 넘어야 할 다섯 개의 산(생존의 산, 고객의 산, 경쟁의 산, 기업의 산, 자기 자신의 산)이 존재하며, 누구도 그것을 피해 갈 수 없음을 강조했다. 그리고 '생존의 산'과 '자기 자신의 산'이 보이지 않는 연결을 통해 이어져 있으며, 생존의 산을 넘는 과정에서 자기 사업의 원형原型, prototype이 만들어짐과 동시에 마지막 다섯 번째 산(자기 자신의 산)을 성공적으로 넘을 수 있는 씨앗을 뿌리는 과정이 진행됨을 강조했다.

『사장학 수업 Ⅱ』에서는 '생존의 리더십'을 설명하며 실제로는 경쟁이 존재하지만 마치 경쟁이 없는 것처럼 사업을 진행하는 방식이 가능하다고 강조했다.

자기 사업의 방향과 구체적인 사업 아이템을 결정했다면 이제 경쟁과 다툼이 치열한 레드오션red ocean을 당연한 것으로 생각하지 말고, 경쟁이 존재하지만 실제로는 영향을 받지 않는 방식으로 사업을 시작하고 지속할 수 있는 방식을 고민해야 한다.

쉽고 재미있는 와인의 탄생

호주의 카셀라 와인즈사는 '옐로테일'이라는 새로운 브랜드를 통해 와인 시장의 블루오션blue ocean을 찾아냈다. 블루오션에 접근하는 방식은 다음과 같다.

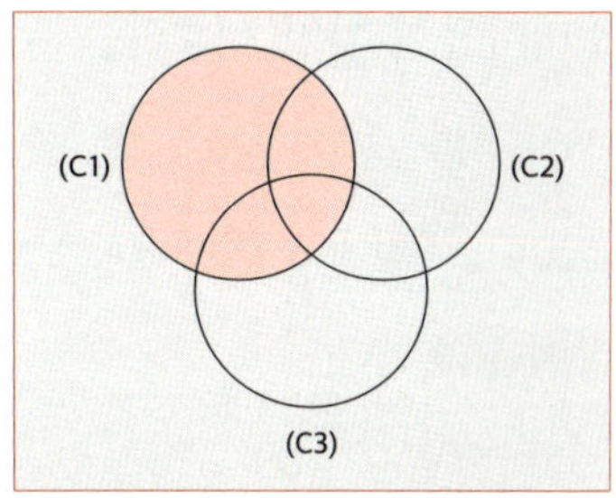

1단계 소비자(C1)들은 기존의 와인을 어려워했다. 전문 용어와 산지별 특성, 다양한 종류, 복잡한 맛은 소비자들이 와인에 쉽게 다가설 수 없는 방해 요인이었다. 와인의 고급 이미지도 대중이 소화하기에는 부담스러웠으며, 맥주나 칵테일처럼 친숙한 느낌을 갖기 어려웠다.

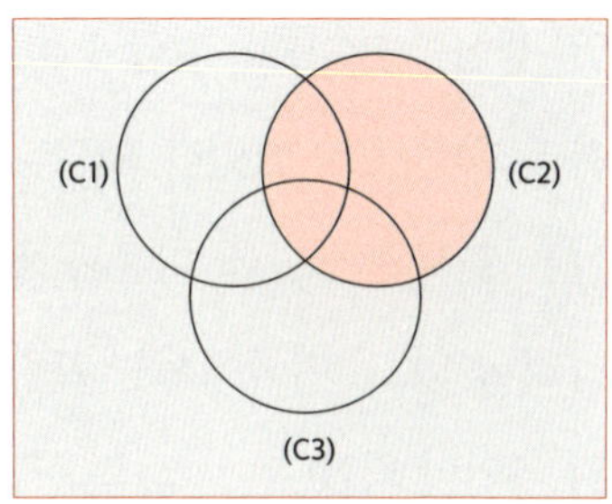

2단계 그러나 기존의 와인 공급업자들(C2)은 소비자들의 부담에 아랑곳하지 않고, 복잡함이 와인의 특성임을 강조하면서 소비자들을 가르치려고만 했다.

3단계 카셀라 와인즈사(C3)는 쉽게 선택해서 즐겁게 마실 수 있는 와인을 제공하면 소비자들의 호응을 얻을 수 있으리라고 생각했다. 포도의 품종도 소비자들이 가장 선호하는 두 가지(레드와인은 시라즈shiraz, 화이트와인은 샤르도네chardonnay)로 줄이고, 와인병에 적힌 전문 용어도 없앴다. 대신에 오렌지색과 노란색 캥거루가 그려진 밝고 간결한 라벨을 붙였다.

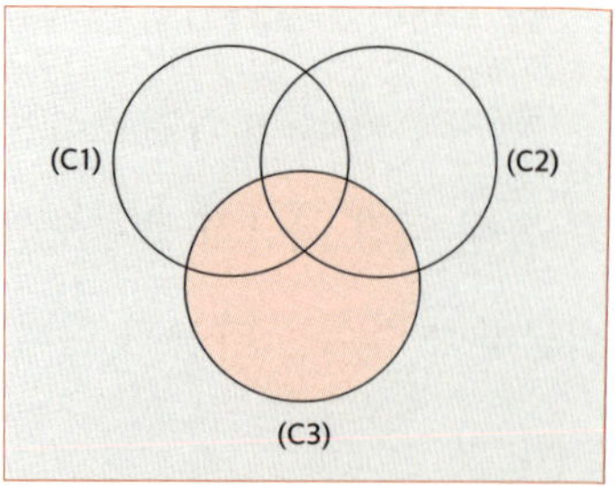

4단계 그 결과, 와인의 숙성 과정이 대폭 감소했기 때문에 필요한 운영 자본이 줄었고, 와인 생산에 투자한 원금을 더 빨리 회수할 수 있었다. 옐로테일은 출시 2년 만에 미국과 호주에서 가장 인기 있는 브랜드로 자리 잡았고, 미국에서는 프랑스와 이탈리아를 제치고 최다 수입 와인이 되었다.

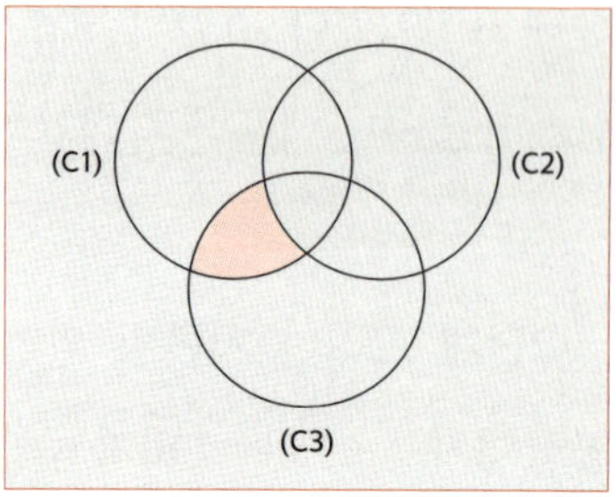

비즈니스를 성공적으로 이끌어가는 비결이 세 개의 원 안에

숨겨져 있다. 고객의 원에 속하면서 업계 경쟁자들이 접근하지 못하는(그림 6-3, p.71), 그리고 자신의 핵심 역량을 바탕으로 고객의 숨겨진 욕구wants와 필요needs를 채워줄 수 있도록 사업화(그림 6-4, p.71)하는 것이다. 현재 구상하고 있는 사업을 '세 개의 원' 그림에 대입해서 평가해 보고, 적절하게 궤도를 수정할 수 있길 바란다.

2장

비즈니스를 풀어가는 여섯 가지 생각의 방식

비즈니스를 준비하는 과정이 아무리 치밀해도
구체적인 실행 과정에서는
늘 장애물을 만나고 어려움을 겪는다.

사장이 비즈니스를 진행하면서 맞닥뜨리는
문제들을 풀어가는 생각의 방식들이 있다.

자신이 통제할 수 있는 형태로 문제 바꾸기,
알아도 못 하는 것에서 기회 찾기,
작은 가게의 경영에 적합한 1+1+1 성공 공식,
성과에 도달하는 단계별 스텝을 밟기 위한 '비즈니스 밤 까기',
인내의 가치를 알고 경험하는 '비즈니스 숨 참기'
그리고 실행을 위한 준비 단계의 마지막 요건인 'Simple & Powerful'
의 관점과 요령을 습득함으로써

'기회'에 초점을 두고
생각하고 행동하는 사장으로 발전하자.

07 문제를 통제할 수 있는 형태로 전환하기
: 변수변환

주말 오후에 일곱 살 조카를 돌봐야 했던 삼촌이, 어떻게 하면 자기 시간을 방해받지 않을 수 있을까 생각했다. 그래서 조카에게 세계 지도 퍼즐을 주면서 "이걸 다 맞추면 밖에 나가서 축구를 하자!"라고 약속했다. 최소 2~3시간은 걸릴 것이라는 삼촌의 생각과 다르게 조카는 10분 만에 퍼즐을 완성하고 빨리 밖에 나가자고 재촉했다.

의외의 결과에 당황한 삼촌이 어떻게 그렇게 빨리 맞추었냐고 묻자, 조카는 "응, 뒤에 공룡 그림이 있었어~" 하고 대답했다. 삼촌은 세계 지도를 주었는데 조카는 자신에게 익숙한 공룡 그림 퍼즐을 맞춘 것이다.

주어진 문제를 기회로 전환하는 방식, 변수변환

나는 1984년 8월에 군대 훈련소에 입대해서 4주간 기초 군사 훈련을 받고, 9월 말에 자대 배치를 받아 이등병으로 첫 겨울을 보냈다. 40년 전의 군대 문화는 지금과 달리 졸병에게 선택의 여지가 없는 일방적인 요구를 하곤 했다. 특히 저녁 자유 시간에 고참병들의 피엑스 심부름은 일상이어서 하루에도 두세 번씩 피엑스를 오가곤 했다.

추운 겨울 저녁, 심부름을 할 때마다 나는 전력 질주 했다. 당시 이등병에게는 피엑스 출입을 내무반 규율로 금했는데, 고참의 심부름을 기회삼아 200원짜리 소시지를 사 먹을 수 있었기 때문이다. 나는 고참의 짜증나는 심부름을 합법적(?)으로 소시지를 먹는 기회로 변수변환시켰다.

비즈니스를 진행하는 과정에서는 늘 장애물을 만나고 어려움을 겪는다. 이때 맞닥뜨리는 문제를 풀어가는 생각의 방식 중에서 가장 유용한 것이 '변수변환變數變換'이다.

변수변환이란 자신에게 주어진 문제가 해결하기 어렵거나 힘든 것일 때, 그 문제를 자신이 통제할 수 있는 형태로 바꾸어서 해결하는 개념이다. 또한 요구받은 현상 속의 숨겨진 본질에 집중하여 문제를 해결한다는 의미이기도 하다. 자신에게 주어진 상황과 문제를 기회로 전환하는 구체적인 방법과 방식을 소개한다.

이유 있는 바겐세일

'불량품 세일'을 하는 한 백화점에서 고객이 스웨터 한 장을 앞뒤로 살피며 10분 이상 서 있었다. 흠이 있는 것을 알면서도 싸니까 사려고 했지만, 그러면서도 자신이 보지 못한 또 다른 흠집이 있을까 봐 살피고 또 살피는 것이다.

이때 흠이 있는 곳마다 표시해서 왜 값이 싼지 분명히 알게 해주면 어떨까? 백화점 입장에서도 고객이 살지 말지를 빨리 결정하는 것이 더 이익이다. 그렇게 하면 피차 시간도 절약되고 고객 회전율도 높아질 것이다. 만약 가구라면 "이 찬장에는 한 군데 흠이 있습니다만, 벽에 붙여놓은 상태에서는 보이지 않습니다. 그런데 50퍼센트 할인이라면 싸지 않습니까?" 하는 식으로 알려주는 것이다.

'마네킹에 입혀놓았던 여성복 40% 할인' '지난해 골프채 60% 할인' 등 이유가 있는 바겐 세일은 판매자와 구매자 모두에게 이득이 된다. '고객이 이해할 만한 이유'에 '싸다·맛있다·좋다·가볼 만하다 등'이 더해져 약점이 장점으로 바뀌는 것이다.

이때 중요한 것은 누구나 고개를 끄덕이며 이해할 만한 설명을 하는 것이다. 공급자는 모든 정보를 갖고 있다. 좋은 정보도 있고 고객이 알면 안 될 것 같은 정보도 있다. 그러나 자신의 약점을 고객 입장에서 장점으로 바꾸는 관점을 가지면 새로운 설명이 가능해진다.

기업 중심에서 고객 중심으로 관점을 달리하라

마케팅 행동에서 제품product, 가격price, 유통place, 촉진promotion 등 네 가지를 묶어서 4P 또는 마케팅 믹스marketing mix라고 부른다. 이것은 기업과 공급자 관점에서 정리된 것이다.

마케팅 학자 필립 코틀러Philip Kotler는 4P를 고객의 관점인 4C로 바꾸어야 한다고 주장한다. 즉 제품이 아니라 고객 효용customer value이고, 가격이 아니라 고객이 지불하는 총비용cost to the customer이고, 유통이 아니라 고객 편의성convenience이며, 촉진이 아니라 고객과의 의사소통communication이라는 관점에서 이해해야 한다는 것이다.

특히 유통을 장소의 개념이 아닌 고객 편의성이라는 관점에서 생각하면 로드 숍 같은 유형뿐 아니라 카탈로그 숍, 사이버 숍, 인적 판매 등 다양한 유통 형태를 생각해 낼 수 있다. 실제로 고객이 이해하고 받아들일 수 있는 모든 접촉점이 유통으로 활용될 수 있다. 기업 중심의 관점(4P)에서 고객 중심의 관점(4C)으로 바꾸면 새롭고 다양한 접근 방법을 생각할 수 있다.

수익을 올리는 다섯 가지 접근 방법

상품을 유통하는 곳에서 수익을 높이는 방법을 찾기 위해서 다음 두 가지 공식을 생각해 보자.

수익 = 매출 × 이익률 – 손실 및 비용

매출 = 방문 고객 수 × 구매율 × 객단가

두 가지 공식을 조합한 최종 공식은 다음과 같다.

수익 = (방문 고객 수 × 구매율 × 객단가) × 이익률 – 손실 및 비용

이 공식을 기준으로 하면 수익을 높이는 다섯 가지 접근 방법을 생각할 수 있다.

1. 방문 고객 수를 늘린다.
2. 방문 고객의 구매율을 높인다.
3. 구매 고객의 객단가를 올린다.

4. 이익률을 높인다.

5. 손실 및 비용을 줄인다.

사업을 시작한 비즈니스 초기에는 방문 고객의 수를 늘리는 데 초점을 맞추는 것이 효과적이다. 고객과의 관계가 어느 정도 안정적으로 구축되면 구매율과 객단가를 높이기 위해 노력할 수 있다.

사업이 궤도에 올라서고 전체 사업에 대한 통제력을 충분히 갖추고 나면 이익률을 높이려는 노력과 동시에 손실 및 비용을 줄이려는 노력을 병행해야 한다. 다섯 가지 변수 중 한 가지만 개선되어도 매출이 높아지고 수익이 커진다.

사람들은 종종 문제를 한꺼번에 해결할 수 있는 빅big 아이디어를 찾는다. 그러나 아쉽게도 의도적인 빅 아이디어란 존재하지 않는다. 현실적이고 효과적인 접근 방법은 가장 두드러지게 성과를 올릴 수 있는 영역에 힘을 집중하는 것이다. 가장 중요한 것과 실현 가능한 것에 힘을 집중하다 보면 빅 아이디어와 유사한 결과를 만들어낼 수 있다.

관점을 바꾸면 새로운 해결 방법이 보인다

변수변환은 협상의 영역에서도 활용된다. 두 사람이 사과 한 개를 나누어야 하는 상황이라면 접근 방식을 바꿈으로써 두 사람 사이에 생길 수 있는 갈등을 방지할 수 있다. 한 사람은 사과를 자르고 다른 한 사람은 조각난 사과를 먼저 선택하게 하는 것이다. 그러면 더 이상 어느 것이 큰지 생각하지 않고, 어떻게 하면 정확히 나눌지 고민하게 된다. 욕심을 생산적 관계로 변수변환하는 것이다.

토론을 시작할 때, 서로 다른 입장을 가진 사람들에게 "만약 자신이 미처 생각하지 못했던 점이나 새로운 사실을 상대방을 통해 알게 된다면 당신은 현재의 입장을 바꿀 수 있는가?"라고 물었을 때 "그렇다"라고 대답하는 사람과는 생산적인 토론이 가능하다.

그러나 문제에 대한 본질적인 접근이 아닌, 자기 입장만 강조하는 사람과는 토론이 이루어지지 않는다. 서로 감정의 골만 깊어질 뿐이다. 관심의 초점을 상대를 쳐부수는 것에서 문제를 쳐부수는 것으로 바꾸지 않는 한 토론은 무의미하다. '상대방'에서 '문제'로 변수변환 할 수 있을 때 비로소 생산적인 토론이 가능하다.

모든 문제에는 해결책이 존재한다

어떤 문제든 해결책이 존재한다고 먼저 믿으라. 당장은 불가능해 보이더라도 그 문제가 요구하는 본질적인 면을 찾기 위해 노력하자. 그러기 위해서는 문제의 핵심을 이해하려 노력하고 문제를 해결할 수 있다는 믿음을 가지고 집중해야 한다. 그러면 머리와 마음속에서 저절로 변수변환이 이루어진다. 그리고 어느 순간 적합한 답을 얻을 수 있다.

타성과 관념에 잡혀 있는 주변 사람들의 비난에 주눅 들 필요도 없다. 오히려 그들의 부정적인 평가를 활용하여 부족한 면을 보완하는 지혜를 발휘하자.

관점을 바꾸는 연습을 자주 하자. 공급자 관점에서 소비자 관점으로, 분배의 크기라는 관점에서 파이를 키우는 관점으로, 제한된 현상이 아닌 본질적인 해결책을 찾는 관점으로 시각을 전환하는 것이다. 그러면 전에는 불가능해 보이던 문제가 가능한 문제로 점차 바뀌어간다.

변수변환의 패턴을 생활화하는 가장 좋은 방법은 현상이 아닌 본질에 집중하는 연습을 하는 것이다. 그러려면 'why'에 대한 이해가 선행되어야 한다. 습관적이고 관행적으로 이루어지는 상황들을 'why'의 관점에서 질문하고, 스스로 납득할 수 있는 답을 통해 자기 생각을 정리정돈 할 수 있어야 한다.

다른 사람이 그렇다고 하니까 나도 그렇게 생각하고, 지금까지 그렇게 해왔으니까 나도 그렇게 한다는 방식으로는 변수변환의 패러다임을 소화하기 어렵다. 'why'에 대한 근본적인 이해를 바탕으로 주어진 상황의 본질(what)을 명확히 할 수 있으면, 문제의 새로운 해결책(how)이 저절로 나타난다.

08 알아도 못 하는 것에서 기회 찾기

: 예측과 통제

많은 사람이 멋진 아이디어 또는 빅 아이디어를 찾기 위해 노력한다. 그러나 사업의 성패는 아이디어에 의해 좌우되지 않는다. 오히려 작은 아이디어라도 자신의 의도대로 현실화시킬 수 있는 실행력이 더 중요하다. 굳이 수치로 표현하자면 아이디어가 10, 실행력이 90이다. 실제화하는 능력이 그만큼 중요하다는 의미다. 다른 이가 몰라서 못 하는 것은 대부분 아이디어 차원의 기회다. 실제 비즈니스 기회는 다른 사람이 알아도 못 하는 것을 능숙하게 처리할 수 있을 때 생긴다.

다윗은 어떻게 골리앗을 쓰러뜨렸는가

다윗과 골리앗의 대결은 약자와 강자의 대결을 설명할 때 가장 많이 인용되는 말이다. 성경 속 이야기지만 내용은 일반인에게도 잘 알려져 있다. 전쟁터에 나간 형들을 위문하러 전투 현장을 찾은 15세 홍안의 소년 다윗은 하나님의 군대를 모독하는 2.4미터의 거인 골리앗에게 맞서려고 나선다.

당시 이스라엘의 왕이었던 사울이 다윗을 말리지만, 다윗은 "아버지의 양을 지킬 때 사자의 발톱과 곰의 발톱에서 나를 구해주신 하나님께서 이자의 손에서도 나를 구하실 것입니다"라고 말하며 담대하게 나선다. 다윗을 말릴 수 없다고 생각한 사울왕은 다윗의 머리에 자신의 놋 투구를 씌우고 갑옷을 입힌다. 다윗은 왕이 입혀준 갑옷 위에 칼을 차고 걸으려 했으나 불편함을 느낀다. 그리고 "이것들이 내게 익숙지 아니하므로 입고 가지 않겠습니다"라고 말하며 벗어놓는다.

이제 다윗은 손에 막대기를 들고 시냇가에서 매끄러운 돌 다섯 개를 골라 허리춤 자루에 넣는다. 골리앗이 다윗에게 가까이 오자, 다윗이 그에게 달려가며 자루에서 돌 하나를 꺼내 물매를 날린다. 그 돌은 골리앗의 이마에 깊숙이 박히고 골리앗은 바닥에 쓰러진다. 다윗이 달려가 골리앗의 칼을 뽑아 그의 목을 벤다. 이스라엘 군대는 이 전투에서 대승을 거둔다.

여기서 주목할 부분은 다윗의 담대함(무모함)이 아니다. 중요한 것은 다윗이 어떤 무기로 골리앗을 쓰러뜨렸는지다. 바로 '물매'이다. 물매는 긴 가죽끈의 중간에 돌멩이를 넣고 돌려서 그 회전력으로 멀리 있는 목표물을 맞히는 무기다. 집안의 막내였던 다윗은 양치기 일을 하면서 물매와 막대기를 이용해 양을 공격하는 맹수들을 물리친 경험이 많았다. 그래서 왕이 제공한 칼과 방패가 아닌, 자신에게 익숙한 막대기와 물매를 들고 골리앗 앞에 선 것이었다.

기독교인이 아닌 사람들도 이 이야기에 열광한다. 약해 보이는 존재가 훨씬 더 거대한 존재에 대항하여 승리한 것을 높이 평가하기 때문이다. 그러나 목숨을 걸고 나선 다윗에게는 그 나름의 필승 전략이 있었다. 다윗의 눈에 골리앗은 이전에 물리친 경험이 있는 맹수들과 크게 다르지 않아 보였고, 자신이 능숙하게 다룰 수 있는 물매가 있었던 것이다.

자신이 능숙하게 다룰 수 있느냐가 중요하다

만약 다윗 대신 당신이 그 자리에 서게 된다면 당신은 어떤 무기를 가지고 나가겠는가? 창에 능숙한 사람이라면 창을 들 것이고, 단검에 능숙한 사람이라면 단검을 들 것이다. 타임머신을 통해 총을 공수할 수 있다면 총을 들고 골리앗의 머리를 겨냥했을지도 모른다. 중요한 것은 어떤 무기냐가 아니다. 얼마나 능숙하게 사용할 수 있느냐다.

골리앗과의 싸움에서 승리한 다윗은 사람들에게 널리 알려지고, 결국 이스라엘의 왕이 된다. 하지만 이후 다윗은 더 이상 물매를 무기로 사용하지 않는다. 다윗은 전장에서 한 손에는 방패를 들고 다른 손에는 칼을 들고 싸운다. 멀리 있는 사람을 공격할 때는 창을 던져서 공격했다. 성인이 된 후에는 칼과 창을 더 효과적으로 사용할 수 있게 되었기 때문이다.

비즈니스를 할 때도 마찬가지다. 어떤 일이든 정답이 하나만 존재하는 경우는 없다. 목표는 같아도 그 목표에 도달하는 접근 방법은 자신이 능숙하게 사용할 수 있는 것이 무엇이냐에 따라 달라진다.

예측하고 통제할 수 있어야 한다

지난 30여 년간 우리나라의 인접국인 중국이 거대한 소비 시장으로 부각되면서 어떤 사람들은 이런 말을 했다. "중국 사람들에게 볼펜 한 개씩만 팔아도 13억 개 이상이다. 그것을 돈으로 환산하면…!" 이론상으로는 맞는 말이다. 그러나 자신에게 중국 시장에 접근할 수 있는 능력과 그들의 구매를 끌어내는 방법이 있는지 생각해 보면 13억 개가 아니라 단 13개도 팔기 어렵다는 것을 어렵지 않게 확인할 수 있다.

어떤 환경이나 상황이 자신의 비즈니스 기회가 되려면 두 가지 요건이 갖추어져야 한다. 예측할 수 있어야 하고, 자신의 힘으로 통제할 수 있어야 한다. 두 가지 요건 중 더 중요한 것은 통제다. 아무리 그럴듯한 기회처럼 보여도 자신이 원하는 때와 장소에서 구현해 내지 못하면 그것은 자기 비즈니스가 될 수 없다.

사람들은 아이디어만 있으면 모든 것이 해결될 것처럼 생각한다. 그러나 가능성만 갖고는 아무것도 할 수 없다. 필요한 것은 실행 능력이다. 시장을 예측할 수 있는 능력과 자신이 원하는 대로 시장의 반응을 이끌어내는 능력을 갖추어야 한다. 다른 사람에게 기회인 것이 자신에게는 전혀 관계없는 일이 될 수도 있고, 반대로 다른 사람들과는 관계없는 일이 자신에게는 좋은 기회가 될 수도 있다. 자신의 관점으로 예측하고 자신의 능력으로 통제할 수 있을 때 그것이 자신의 기회가 된다.

나만의 시장 기회 찾기

모든 비즈니스는 시장 기회를 포착하는 것에서 시작한다. 시장에서 어떤 것을 필요로 하지만 충분한 공급이 이루어지지 않을 때, 이전에는 없었던 새로운 개념의 상품을 제안할 수 있을 때, 그리고 경쟁자들이 제공하는 상품을 조금 더 나은 방법이나 새로운 방식으로 전달할 수 있을 때 기회가 생긴다.

첫 번째 경우를 만난다면 가능한 한 신속하게 행동해야 한다. 상품을 공급하는 만큼 돈이 되기 때문이다. 그러나 독점으로 상품을 공급하는 상황은 전쟁이나 재난 같은 경우를 제외하고는 쉽게 생기지 않는다.

두 번째 경우의 예시로 과거에는 '워크맨'이나 'mp3' 같은 상품이 있었고, 최근에는 '아이폰'이나 '전기차' '챗GPT' 같은 인공지능을 활용하는 새로운 개념의 상품이 시장에서 폭발적인 반응을 얻고 있다. 그러나 그런 성공을 얻기 위해서는 개인이나 평범한 조직은 감당하기 어려운 수많은 실패를 겪으며 대규모 마케팅 비용을 부담해야 한다.

가장 현실적으로 활용할 수 있는 기회는 세 번째 경우다. 기존에 존재하는 상품(개념)을 새로운 방식이나 더 나은 방식으로 제안하는 것이다. 주로 유통 부문을 중심으로 기회가 만들어지는 경우가 많다. '델 컴퓨터'를 창업한 마이클 델이 그랬다. 기존의 상품 전달 프로세스에서 빈틈을 찾아 자신이 잘할 수 있는 부분과 연결해서 소비자들에게 새로운 제안을 한 것이다. 팩스로 주문을 받아 부품을 조립하는 수준으로 시작한 비즈니스가 지금은 IBM 다음으로 영향력 있는 기업으로 성장했다.

'남이 알아도 못 하는 것'을 실행할 수 있다면 그 기회는 오랫동안 유지된다. 그것이 원가 절감의 역량이든, 새로운 기술이든, 아이디어든 상관없다. 다른 사람이 카피하기 힘들거나 아니면 아주 큰 비용을 들여야 흉내 낼 수 있는 것일수록 더욱 그렇다. 그래서 비즈니스를 시작할 때는 자신의 강점이 무엇인지를 객관적으로 분명히 아는 것이 중요하다.

논리적으로 생각하면 외부의 시장 기회를 찾아 그것에 적합한 자신의 강점을 만드는 것이 순서다. 그러나 현실에서는 자신의 강점을 객관적으로 파악해서 강점이 무기로 활용될 만한 외부의 기회를 찾는 것이 훨씬 효과적이다. 순서야 어떻든 비즈니스에서 성공하길 원한다면 객관적인 시장 기회를 찾아내고, 그것을 자신이나 자기 조직의 강점과 연결할 수 있어야 한다.

다른 사람이 몰라서 못 하는 일은 위험하다

30년 전으로 돌아가게 된 한 사람이 있었다. 그는 자신이 가진 재산을 모두 팔아 사람들이 거들떠보지도 않던 황무지를 매입했다. 30년 후에 그 땅에서 석유가 나온다는 사실을 알고 있었기 때문이다. 석유가 나올 때의 가치와 비교하면 거의 공짜나 다름없는 가격으로 땅을 매입한 후 그는 큰 파티를 열었다.

그러나 그 자리에서 새로운 사실을 알게 되었다. 그 땅에 석유가 묻혀 있다는 사실은 이미 다른 사람도 알고 있었지만, 당시의 시추 기술로는 경제성이 없어서 땅의 가치가 낮게 평가되었다는 점이다. 30년을 앞서 산 자기만 아는 줄 알았던 비밀이 실은 웬만한 사람은 다 아는 공개적인 사실이었던 것이다. 이는 어떤 영화의 내용 중 일부다.

이제 석유가 주목받던 시절도 저물어가고 있다. 지금은 반도체의 재료나 전기차 배터리의 재료로 사용되는 희토류가 석유를 대신해 높은 위상을 차지하고 있다.

만약 당신이 그 영화의 주인공이라면 제일 먼저 무엇을 하겠는가? 여전히 압구정동이나 개포동의 땅을 사기 위해 노력할 것인가, 아니면 세계 지도를 펼쳐서 미래에 발굴할 수 있는 희토류가 매장된 땅을 찾아 비행기를 탈 것인가? 하지만 그런 일은 영화에서나 존재한다. 실제로는 다른 사람이 모르는 나만의 기회란 존재하지 않는다.

다른 사람이 알아도 못 하는 일에 기회가 있다

다른 이들이 생각하지 못하는 독특한 아이디어가 있으면 얼마든지 성공할 수 있다고 생각하는 사람들이 많다. 그러나 그것은 대부분 착각이다. 내가 생각할 만한 것은 다른 사람도 생각한다. 설령 처음에는 알려지지 않았던 아이디어도 다른 사람이 알게 되면, 나보다 더 나은 방법으로 그 기회에 접근할 것이다. 이

점을 염두에 두고 비즈니스를 준비해야 한다.

대부분의 비즈니스 승자들은 시장에 처음 진입한 사람이 아니다. 기회를 나중에 알았어도 치밀하게 준비하여 뒤따른 사람이다. 조직적 강점과 실행력을 갖춘 사람이 승자가 되는 것이다. 그래서 자신의 강점을 기반으로 하는 것과 자신이 정말 중요하다고 생각하는 것에 더 많은 기회가 존재한다.

비즈니스는 실행력의 싸움이다

성공적인 비즈니스를 위해 실행력을 갖추려면 다음 순서로 접근해야 한다.

첫째, 자신의 핵심 역량을 충분히 구축하라.

역량이 충분하지 않은 상태에서 외부 기회가 주어질 때는, 돈을 벌려고 하지 말고 그 기회를 통해 자신의 역량을 강화하는 쪽에 초점을 두는 것이 현명하다.

둘째, 함께 움직일 수 있는 팀이나 시스템을 확보하기 위해 노력하라.

자신의 강점과 역량을 쉽게 반복할 수 있는 시스템을 구축하고, 그 시스템을 이해하고 운영할 수 있는 사람을 한 명 이상 확보할 수 있으면 좋다. 그리고 외부의 제안에 손쉽게 응대할 수 있도록 효과적인 매뉴얼을 준비해 두면 더욱 좋다.

셋째, 객관적인 시장 기회를 탐색하라.

새로운 수요가 생겨나고 있거나 자신의 핵심 역량이 프로세스상 꼭 필요한 상황이 될 때가 좋은 기회다. 이미 구축된 시스템을 70~80퍼센트 이상 활용할 수 있는 경우라면 더욱 바람직하다. 최소의 비용으로 참여할 수 있기 때문이다.

그러나 핵심 역량이 구축되지 않은 상태에서 만난 외부 기회는 오히려 재앙이 될 수 있다. 그래서 핵심 역량은 있으나 시스템을 구축하지 못한 경우라면, 그 기회를 활용하여 시스템 정립에 초점을 두는 것이 바람직하다.

다른 사람이 알아도 못 하는 것을 할 때 성공할 가능성이 높다. 자신이 1등이 될 수 있는 영역을 찾아라. 만일 작은 가게를 운영하고 있다면 '나는 어떤 면에서 이 거리의 가게 중 1등인가?'를 묻고 답하라. 그리고 그 강점을 반복한다면 어떤 아이템을 진행해도 성공 가능성을 높일 수 있다.

단기적인 성과뿐 아니라 긴 인생에서 성공을 거두기 위해서는 자신의 삶에서 중요한 가치를 지니는 일을 하는 것이 바람직하다. 자신이 중요하게 생각하는 일은 중간에 여러 번의 실패를 거듭해도 다시 일어설 수 있다. 가치를 지향하는 과정에서의 실패는 대부분 성공을 일구는 밑거름이 된다. 그리고 그 과정에서 역량이 축적되고 사업 내공이 증진된다.

비즈니스는 아이디어가 아닌 실행력의 싸움이다. 남이 알아도 못 하는 자신만의 강점을 바탕으로 계획하고 실행하라. 당신은 곧 비즈니스의 승자로 인정받게 될 것이다.

09 작은 가게의 경영
: 1+1+1 성공 공식

일본의 어느 역 앞 쇼핑센터 건물이 4층에서 8층으로 증축되었다. 매장의 크기는 두 배로 늘어났는데 매상은 10% 정도밖에 늘지 않았다. 이유를 조사해 보니 4층 건물에 익숙해진 고객들이 5층 이상으로 올라가려 하지 않았기 때문이었다. 어렵게 매장을 두 배 크기로 늘린 만큼 어떻게든 고객들이 5층 위로 올라가게 할 방법을 찾아야 했다.

쇼핑센터는 신문 전단 광고를 기획했다. "전단 뒤쪽에 10개의 스탬프를 모두 찍어 온 분에게 1000엔 상품권을 드립니다." 전단지에는 스탬프를 처음 찍어주는 장소만 표시되어 있었으며 다음 장소가 어디인지는 쇼핑센터의 첫 스탬프를 찍는 장소에 가야만 알 수 있었다.

직원들과 달리 고객인 주부들이 1000평이나 되는 매장 안을 모두 돌아보기란 어려운 일이다. 아마 고객 대부분이 평소에는 한정된 단골 코너만 방문했을 것이다. 그러나 이 행사가 진행되는 동안 아이를 업은 엄마들은 어디서 입수했는지 7~8장의 전단을 손에 들고 점포의 이곳저곳을 다니는 모습이 자주 눈에 띄었다. 매출은 당연히 크게 증가했다. '스탬프 랠리'라고 부르는 이 단순한 이벤트는 유사한 상황에서라면 그대로 반복해서 사용해도 효과를 얻을 수 있는 아이디어다.

1981년에 나온 포스터 시리즈에 파리 시민들이 들썩였다. 첫 번째 포스터에는 "9월 2일, 나는 윗부분을 벗겠습니다"라는 선언과 함께 비키니를 입은 매력적인 여성이 웃고 있었다. 9월 2일에 두 번째 포스터가 나왔는데 정말로 윗부분을 벗은 모습이었다. 그리고 포스터에는 "9월 4일에는 아랫부분도 벗겠습니다"라는 약속이 적혀 있었다. 파리 시민들은 그 여자가 정말로 약속을 지킬지 궁금해했다. 9월 4일에 나온 세 번째 포스터에서 그 여자는 약속을 지켰다(벗긴 벗었는데 바다를 바라보며 뒤돌아 서 있었다).

'좋은사람들'이라는 패션 속옷 회사를 차린 주병진 씨는 '제임스딘'이라는 브랜드를 알리기 위해 이 포스터 광고 아이디어를 차용했다. 다른 점이 있다면 당시 개그맨으로 활약하고 있던 자신이 직접 모델로 나섰고, 포스터가 아닌 신문 광고를 이용했다는 점이다.

주병진 씨는 약속한 그날 자신의 벌거벗은 정면 모습을 보여주었다. 그런데 사람들이 관심을 가졌던 '그 부분'은 벌거벗은 어릴 때 사진으로 가리고 특유의 환한 미소를 짓고 있었다.

어떤 일을 오랫동안 성공적으로 해온 조직이나 사람들은 나름의 성공 공식을 가지고 있다. 주어진 상황이나 환경이 이전과 같을 때는 그 방법을 똑같이 반복하고, 상황과 환경이 다를 때는 원리를 적용한다. 실제로 광고와 홍보 영역에서는 이런 모방과 적용이 수시로 이루어진다. 비즈니스에서도 누구나 쉽게 따라서 반복할 수 있는 성공 공식이 있다.

누구나 흉내 낼 수 있는 1+1+1 성공 공식

여러 횟집이 몰려 있는데 그중 한 집에만 유난히 사람들이 많이 몰린다. 20여 군데의 고깃집 중에서 두세 집에만 손님이 몰린다. 10여 개의 순두부 가게 중에서 원조를 표방하는 곳이 다섯 곳이 넘는데 그중 한 곳에만 차들이 빽빽하게 주차되어 있다. 이는 우리 주변에서 흔히 볼 수 있는 모습이다.

사람들이 몰리는 데는 몇 가지 공통된 이유가 있다. 특히 원

조라고 인정받는 음식점에는 늘 사람들이 몰린다. 그 집의 벽면에는 이름만 들으면 알 만한 유명 인사나 연예인의 한마디와 사인으로 장식되어 있다. 이런 음식점은 별다른 노력을 기울이지 않아도 장사가 잘된다. 방문하는 고객이 실망하지 않도록 음식의 질을 유지하고, 평균적인 친절만 제공하면 된다. 나머지는 고객 스스로 긍정적으로 받아들인다. 오랜 시간 기다려도 불평하지 않고 오히려 그런 경험을 자랑스럽게 생각한다. 매우 유리한 포지션을 차지한 경우다.

음식을 다 먹은 후 제공되는 후식이 특별한 경우에도 사람이 몰린다. 어느 고깃집에서는 얼음이 동동 떠 있는 식혜를 준다. 고기 맛이 비슷하고 가격에 차이가 없으면 사람들은 그 집을 다시 찾는다. 어느 횟집에서는 후식으로 브랜드 아이스크림을 제공한다. 직접 떠먹는 재미도 있어서 아이뿐 아니라 어른도 흐뭇해한다. 죽통밥을 전문으로 하는 인사동의 한 식당에서는 조리 후 필요 없게 된 대나무 통을 손님에게 선물로 주기도 하고, 어떤 커피 전문점에서는 커피 찌꺼기를 탈취제로 사용하도록 예쁘게 포장해서 선물로 준다.

당연히 모두 공짜다. 후식이나 공짜로 제공되는 선물이 주메뉴와 직접적인 관련이 있으면 더 좋겠지만 꼭 그럴 필요는 없다. 다른 곳에서는 경험하기 힘든 차별화된 경험을 제공하면 된다.

물론 공짜라고 해서 질이 떨어지거나 무성의한 선물을 제공하면 의도한 효과를 거두지 못할 수도 있다.

입구를 전시관처럼 럭셔리하게 꾸며서 성공한 칼국숫집도 있다. 가격은 일반 칼국수에 비해 1000원 정도 비싸지만 늘 사람들로 붐빈다.

음식 맛은 평범하지만 가격이 훨씬 저렴한 경우에도 사람들이 몰린다. 생산지에서 직접 원재료를 조달하거나 중간 유통 단계를 줄여서 판매 가격을 낮추는 경우도 있지만, 보통은 일단 매력적인 가격으로 손님들을 모은 뒤 주메뉴 외에 다른 메뉴를 동시에 판매해서 수익의 부족분을 메우는 방식으로 운영된다. 음식점에서는 술이 그런 경우에 해당한다. 그래서 음식을 저렴한 가격에 판매하는 음식점에서 술을 주문하지 않으면 주인의 표정이 일순 어두워지기도 한다. 어떤 가게는 역발상으로 술값을 절반 이하의 가격으로 싸게 제공하고 안주를 추가로 주문받는 방식으로 수익을 올리기도 한다.

앞의 세 가지 접근을 한마디로 요약하면 '차별화'이다. 주메뉴의 질로 차별화하고, 무료로 제공하는 후식이나 선물로 차별화하고, 저렴한 가격으로 차별화하는 것이다.

그런데 이 세 가지 방식을 적절하게 조합하면 아주 멋지고 단순한 성공 공식을 도출할 수 있다. 고객이 이해하고 반응할 수 있는 명확한 이슈 한 가지, 제품과 서비스를 경험하고 난 후 호의적인 인식을 얻을 수 있는 차별화된 경험 한 가지, 그리고 주 아이템 외에 추가로 구매할 수 있는 부가 아이템이 그것이다. 그렇게 하면 첫째 요소로 생존하고, 둘째 요소로 고객의 호의를 얻으며, 셋째 요소로 돈을 벌 수 있다.

첫 번째, 고객의 상식 속 개념에 어필한다

사람들이 모여 사는 곳마다 병존하는 아이템들이 있다. 세탁소, 미용실, 슈퍼마켓, 부동산중개소 등이 그렇다. 중국집이나 제과점은 한두 지역에 한 곳 정도다. 이런 아이템들은 간판만 보이면 사람들이 찾아간다. 그곳이 무엇을 하는 곳인지, 어떤 방식으로 거래하는지, 대략의 상품 가격이 얼마인지 이미 잘 알고 있기 때문이다.

그러나 빵과 케이크를 동시에 판매하는 제과점이 아닌 케이크만 판매하는 케이크 전문점이라면 뭔가 새로운 설명이 필요하다. 세탁소가 아닌 운동화방도 쉽게 와닿지 않는 아이템이다. 중국집이 아닌 탕수육 전문점도 마찬가지다. 고객의 상식 속에 들어 있지 않은, 공통의 인식이 형성되지 않은 아이템인 경우에는 좀 더 구체적이고 적극적으로 어필해야 고객들이 찾아온다. 대부분의 경우에 고객의 지각 속에 개념이 형성되기까지 시간과 비용이 추가로 발생하기 때문에 비즈니스를 하기 더 어렵다.

'고객보다 반보만 앞서가라!'라는 마케팅의 원리는 고객의 지각과 밀접한 관계가 있다. 반보만 앞서가면 신선함으로 받아들여질 아이템이 그 이상 앞서가다가 고객의 방문조차 얻지 못하는 경우가 많다. 반보를 앞서간다는 것은 고객이 '받아들일 수 있는 새로움'을 제안한다는 의미다. 고객의 상식 속에 개념이 정립되지 않은 경우에는 상당한 커뮤니케이션 기술을 가지고 비용과 시간을 투자해야 한다.

성공 공식의 첫 번째는 '이미 사람들의 상식 속에 명확히 개념화되어 있는 것을 표방하라'이다. 만약 개념이 정립되지 않은 아이템을 다루고자 한다면 그 개념을 목표 고객에게 지각시키는 작업을 병행해야 한다. 그러나 커뮤니케이션에 충분한 비용을 사용할 수 있는 대규모 비즈니스라면 몰라도, 일반적인 소규모 비즈니스를 할 때는 실패할 위험성이 높다는 점을 염두에 두어야 한다.

사람들의 인식과 지각을 바꾸는 데는 상상하는 것보다 훨씬 더 많은 에너지가 투입된다. B2Bbusiness to business 비즈니스를 하던 곳에서 B2Cbusiness to customer 비즈니스로 확대할 때 실패하는 이유 대부분이 여기에 있다. B2B 비즈니스에 익숙한 기업들은 소비자에게 자신의 아이템을 적극적으로 어필해 본 경험이 없어서 그 필요에 대해서 둔감하고, 효과적으로 커뮤니케이션하는 방법을 모르는 경우가 많다.

두 번째, 구매 고객에게 차별화된 기억을 제공한다

구매를 마치고 비용을 지불한 고객의 머릿속에는 '괜찮았다'와 '별로였다' 중 하나만이 남는다. 이때 괜찮았다는 만족감 외에 구체적인 이미지(경험) 하나를 더 각인시키기 위해 노력해 보자. 주 아이템과 직접적으로 관련된 것이면 더 좋지만 꼭 그럴 필요는 없다.

보통 향수鄕愁를 불러일으키는 것이거나 새로운 트렌드를 반영한 세련된 품목일 경우 이미지 효과가 크다. 운영자의 강점이 발휘되는 물건이나 퍼포먼스도 좋다. 다른 곳에서는 쉽게 흉내 낼 수 없기 때문이다.

새롭고 센스 있고 진심이 담긴 차별화된 서비스는 고객의 재방문과 호의적인 입소문을 만드는 중요한 변수로 작용한다. 사람들은 고기 먹으러 가자고 하면서 "아, 거기 있잖아. 얼음 동동 뜬 식혜 주는 곳"이라고 설명한다.

대부분의 비즈니스에서 고객 접점에서의 경험이나 친절한 응대 등이 차별화된 지각을 만든다. 어떤 이미지를 의도적으로 설정하고 이벤트나 광고 등을 통해 적극적으로 차별성을 부각시킬 수도 있다. 희한하게도 사람들은 자신이 비용을 지불하고 구매한 제품이나 서비스보다는 부가적으로 제공되는 어떤 것을 기억하는 경우가 더 많다. 그래서 성공 공식의 두 번째는 차별성이 있는 특징적인 '무엇'을 고객의 기억 속에 남기는 것이다.

세 번째, 돈이 되는 부가 아이템을 1개 이상 준비한다

앞서 두 가지가 준비되었다면 생존 이상의 비즈니스가 가능하다. 그러나 거기서 멈추어서는 안 된다. 세 번째로 행동할 것이 있다. 방문 고객 또는 구매 고객에게 유익한 방식으로 더 많은 구매가 이루어지도록 유도하는 것이다. 쉽게 말해서 객단가를 높이는 것이다.

고객이 나를 찾아오게 하는 데는 상당한 수준의 커뮤니케이션 비용이 지출된다. 그러나 이미 찾아온 고객에게 추가로 판매하는 데에는 비용이 더 발생하지 않는다. 추가 매출을 얻을 기회를 놓치지 말라는 뜻이다. 구매 의도를 가지고 방문한 고객의 다음 행동은 현장의 분위기에 좌우된다.

고기만 먹으러 왔다가 주변의 다른 손님이 입가심으로 냉면을 먹는 것을 보고 냉면을 주문하는 경우가 그렇다. 리스트에 적은 물건을 쇼핑카트에 담고 계산대 앞에서 기다리다가 껌이나 건전지를 추가로 담기도 한다. 케이크를 사러 왔다가 예쁜 카드와 샴페인을 함께 사기도 한다.

20만 원짜리 재킷을 할인받아 7만 원에 구매한 고객에게 그 재킷과 잘 어울리는 4만 원짜리 넥타이를 권하면 셋 중 한 명은 받아들인다.

이때 주의할 점이 있다. 고객이 즐겁게 선택할 수 있어야 한다. 그것이 메뉴판이나 진열대 때문이든 아니면 다른 사람의 행동 때문이든 자연스럽게 이루어져야 한다. 세련된 기술과 요령이 요구되는 부분이다. 고객에게 부담을 주어서도 안 된다. 비록 부가 아이템을 판매해서 추가 구매가 생겼다 해도, 고객에게 부정적인 기억을 남기면 그 고객의 다음 방문 자체가 이루어지지 않기 때문이다.

1+1+1 성공 공식은 순서대로 진행되어야 한다

주메뉴 하나만으로 충분히 이익을 낼 수 있다면 가장 쉽고 바람직하겠지만, 대부분의 비즈니스 현실은 그렇지 못하다. 현재 그런 포지션을 가진 곳도 처음부터 그랬던 것은 아니다. 수많은 시도와 고생 끝에 현재의 명성을 얻게 된 것이다.

일단 고객의 상식 속 개념에 부합하는 아이템을 제안할 수 있어야 한다. 그래야 고객의 첫 방문이 이루어진다. 또한 새로움으로 고객을 유도할 때는 반걸음만 앞서가야 한다. 이때의 행동 초점은 '목표 고객이 받아들일 수 있는 새로움'을 제안하는 것이다.

구매 후 돌아가는 고객에게는 차별화된 기억을 심어줄 수 있는 구체적인 경험을 제공할 방법을 고민하자. 그렇게 해서 일정한 고객이 확보된 후에는 고객에게 유익하면서 지속해서 수익을 낼 수 있는 추가 아이템을 더할 방법을 찾아라. 고객의 상식에 어필하는 것 하나, 차별화된 이미지를 만들어낼 수 있는 경험 하나, 돈이 되는 부가 아이템 하나, 이렇게 1+1+1을 비즈니스에 구현할 수 있으면 지속적인 성공이 가능하다.

이 공식을 적용할 때는 순서대로 진행해야 함을 꼭 기억하자. 고객의 상식 속 개념에 부합하는 아이템을 어필하는 행동이 제일 먼저 이루어져야 한다. 일단 고객이 방문해야 구매가 이루어질 수 있기 때문이다. 두 번째 행동은 구매 후 돌아가는 고객에게 호의적인 이미지를 전달하는 것이다. 이때 고객의 재방문이 어느 정도 확보된 후에 추가 매출을 위해 노력하는 것이 효과적이다.

첫 번째 행동과 두 번째 행동이 반복되면서 고객들이 주메뉴와 경험에 충분히 익숙해진 후 세 번째 행동, 즉 돈이 되는 부가 아이템을 제안하는 것이 좋다. 충분한 신뢰가 형성되지 않은 상태에서 고객이 사용하는 총비용이 커지면 자칫 부담과 불신을 야기할 수 있기 때문이다. 그러나 충분한 경험과 호의가 형성된 후의 추가 지출은 고객에게도 만족을 준다.

첫째 방식으로 생존하고, 둘째 방식으로 고객의 호감을 얻고, 셋째 방식으로 돈을 번다. 단순하지만 효과적인 이 방식을 자신의 비즈니스에 적절하게 적용하길 바란다.

10 성과를 이루는 스텝 밟기
: 비즈니스 밤 까기

초등학생인 아들을 데리고 밤 줍기에 나섰다. 1인당 5000원을 내고 자루를 하나씩 받았다. 나무를 흔들고 막대기로 가지를 치자 밤송이가 땅에 떨어졌다. 밤송이를 두 발로 비벼 가시를 제거했다. 윤기 흐르는 암갈색 밤을 자루에 담았다. 밤 자루를 평상에 올려놓고 토실토실한 밤 하나를 꺼내어 껍질을 벗겼다. 딱딱한 껍질 안에는 속껍질이 붙어 있었다.

처음으로 밤을 까보는 아들 녀석은 급한 마음에 이빨로 속껍질을 벗기다가 이내 퉤퉤하며 입술을 문질렀다. 속껍질의 떫은맛을 본 것이다. 내가 주머니칼로 속껍질을 벗기자 먹음직스러운 밤이 알맹이를 드러냈다. 아삭아삭 달콤한 밤 맛에 기분이 좋아진 아들 녀석은 자루에서 다른 밤을 찾아 다시 겉껍질을 벗기고, 내 주머니칼을 가져가서 속껍질을 벗기고 이내 알맹이를 입안에 집어넣었다. 두세 번 같은 과정이 반복되면서 이제 녀석의 동작도 능숙해졌다.

비즈니스는 '밤 까기' 과정과 같은 절차를 치른다

모든 비즈니스는 밤 까기와 아주 유사한 과정을 거친다.

산에 올라가기 → 가시 제거하기 → 딱딱한 겉껍질 까기
→ 떫은 속껍질 벗기기 → 달콤한 밤 알맹이 맛보기
→ 또 다른 밤송이 찾기

사람들은 꿈과 확신을 가지고 자기 사업을 시작(산에 올라가기)한다. 그러나 지식과 경험의 부족으로 실패와 서러움을 경험하고(가시에 손을 찔림), 전혀 예상하지 못했던 장애물(딱딱한 겉껍질)을 만나 큰 고통을 겪는다. 겨우 장애물을 넘어섰나 했더니, 그 일의 결과가 보잘것없고 몸과 마음이 너무 지쳐서(씁쓸한 맛의 속껍질) 또다시 실망한다. 하지만 그 단계를 극복하고 나면 달콤한 성공의 맛(밤 알맹이)을 경험하게 된다. 그 과정이 두세 번 반복되

면 곧 능숙하게 '비즈니스 밤 까기'를 할 수 있다.

대부분 두세 번의 실패를 경험하고 나서야 어렵게 성공에 도달한다. 처음부터 성공하는 사람은 매우 드물다. 처음부터 당연히 성공할 것이라는 생각은 거의 망상에 가깝다. 성공이라는 맛있는 알맹이를 먹기 위해서는 '가시 제거, 겉껍질 까기, 속껍질 벗기기'라는 과정을 거쳐야 한다.

따라서 비즈니스를 처음 시작할 때는 가능한 한 작게 시작하는 것이 좋다. 실패의 경험이 필요하기 때문이다. 그리고 일단 시작한 후에는 포기하지 않아야 한다. 처음의 실패는 다음 도전의 밑거름이 된다.

또한 자신이 추구하는 삶의 방향(소명, 즐거움, 욕구)과 일치하는 일을 사업 아이템으로 정하는 것이 좋다. 아무리 충분한 준비를 했어도 실제 상황에 들어가면 늘 새로운 장애물을 만나기 때문이다. 돈을 좇고 다른 사람의 성공만 뒤쫓아서는 장애물을 넘기 어렵지만, 자신의 강점이 발휘되고 욕구를 충족시키는 일을 할 때는 그 장애물이 의지를 강하게 만들어주는 계기가 된다. 시간이 다소 늦어질 뿐 곧 달콤한 성공을 경험할 수 있다. 가끔은 그 과정 자체가 성공으로 평가되기도 한다.

세상에는 공짜가 없다. 눈물과 노력 없이 이루어진 성공은 드라마나 소설 속에만 존재한다. 우리가 사는 현실 세계에서는 '비즈니스 밤 까기'의 과정을 통해 달콤한 성공을 경험할 수 있다.

분명한 자기 의견이 있어야 한다

모든 일은 '자기 의견을 갖는 것'에서 시작한다. 그것이 충분하든 충분하지 않든 자기 의견을 갖지 못하면 어떤 것도 시작할 수 없다. 다른 사람의 경험과 의견도 자신의 관점 안에서 수용해야 한다. 특히 외부의 상황과 환경을 이해하고 시장 기회를 찾을 때는 최대한 객관적인 시각을 유지해야 한다. 이 책의 1부에서 비즈니스의 객관적 모습과 효과적인 접근 방법을 정리한 것도 그 때문이다.

그러나 그것을 소화하여 풀어가기 위해서는 주관적 신념이라는 근간이 필요하다. 여기에는 정답이 없다. 오직 창의적인 접근만이 필요할 뿐이다. 성공의 답이 자기 안에 있다는 말의 근거가 여기에 있다. 장애물과 실패가 성공의 씨앗이 될 수 있다는 말의 배경도 여기에 있다. 그래서 사장은 늘 긍정적이고 적극적이어야 한다. 그리고 전략적이어야 한다. 전략은 긍정을 보는 눈에서 시작되기 때문이다.

성공은 간단히 얻을 수 있는 것이 아니다. 어떤 사람도 피해갈 수 없는 '밤 까기' 과정을 거쳐야 한다. 실제로 눈물과 두려움 없는 성공은 없다. 거기에 더해서 이다음에 설명할 '숨 참기' 과정을 매 순간 견뎌야 한다. 많은 사람이 그것을 두려워하고 피하려고 한다. 그러나 성공을 바라는 사장은 그것을 즐긴다. 절벽 위에 서서 뒤돌아보지 않고 오히려 앞으로 발을 내민다. 그리고 거기에 새로운 길이 있음을 깨닫는다.

11 성공까지는 몇 번의 숨 참기가 필요하다
: 비즈니스 숨 참기

어릴 때 친구들과 했던 놀이 중에 '누가 더 오래 숨을 참나' 겨루는 놀이가 있었다. 허리 높이의 탁자 위에 세숫대야를 두 개 놓는다. 물을 가득 채운 세숫대야 앞에 짧은 머리의 아이 둘이 선다. 주변에는 다른 아이들이 미소를 머금고 둘을 지켜본다.

심판을 맡은 아이가 "하나, 둘, 셋!" 하고 외치면 동시에 물속으로 머리를 담근다. 몸을 떨면서 숨을 참던 아이 중 하나가 먼저 고개를 내밀면 승부가 가려진다. 더 오래 참은 아이가 이긴 것이다. 주변의 아이들이 환호성을 지른다. 게임에서 진 아이가 숨을 씩씩대며 한 번 더 하자고 조른다.

가끔은 아이들이 서로 짜고서 한 아이를 골려먹는 경우도 있다. 물속에 머리를 담근 후 바로 고개를 들었다가 상대 아이가 숨을 못 참고 고개를 들 즈음에 다시 물속에 머리를 집어넣는 것이다. 당연히 게임에서 이길 수밖에 없다. 상대 아이는 그 과정을 볼 수 없기에 자신의 부족함만 탓한다. 장난의 수준이긴 하지만 어린아이들도 자연스럽게 남을 속이면서 쾌감을 경험한다.

마지막 순간을 견뎌내는 사람이 이긴다

모든 성공 뒤에는 보이지 않는 어려움을 이겨낸 사람들의 이야기가 있다. 돈, 사람, 예기치 않은 자연재해, 강력한 경쟁자의 등장, 거기에 개인적인 질병에 이르기까지 어려움의 형태는 다양하다. 장애물을 만나고 실패를 경험할 때 사장은 과연 어떻게 대처해야 할까?

한 수영 강사가 물에 빠졌을 때 어떻게 대처해야 하는지 설명해 준 적이 있다. 수심 3미터 정도의 깊이라면 즉시 숨을 멈추고 바닥까지 내려갔다가 바닥을 차고 올라오라고 했다. 그렇게 하면 수면 위로 머리가 나와서 숨을 쉴 수 있다는 것이다. 바닥을 차고 올라오는 행동을 세 번만 반복하면 정상적으로 숨을 쉴 수 있어서 방향감각을 찾을 수 있다. 생존할 가능성이 높아지는 것이다. 만약 당황하여 허우적대다가는 코나 입으로 물이 들어가 곧 정신이 혼미해져서 생명을 잃는다.

사장이 장애물을 만나거나 실패를 경험하는 것은 수영에 익숙하지 않은 사람이 물에 빠지는 것과 비슷하다. 그런 경우에는 당장의 상황을 모면하기 위해서 성급하게 행동하지 않는 것이 중요하다. 숨을 참고 바닥까지 내려가 보라. 약해지는 마음을 다잡을 수 있는 여유를 얻게 될 것이다. 그리고 현재 겪는 어려움의 원인을 찾고 그에 맞는 근본적인 대응책을 생각하자. '비즈니스 숨 참기'가 필요한 것이다.

앞서 설명한 숨 참기 놀이를 다시 생각해 보자. 초등학생의 경우 보통 10~15초 정도가 지나면 승부가 결정된다. 처음 10초는 누구나 견뎌낸다. 그러나 10초가 넘어가면 가슴이 답답하고 머리가 아득해진다. 결국 마지막 2~3초를 누가 더 참아내느냐에 따라 승부가 갈린다. 다른 경쟁자들도 특별하지 않다. 내가 느끼는 어려움을 그들도 똑같이 느끼며, 내가 만나는 장애물과 실패를 그들도 똑같이 경험한다. 결국에 마지막 순간을 견뎌내는 사람이 승자가 된다.

처음 계획한 대로 사업이 순탄하게 펼쳐지고 있는가, 아니면 여러 장애물과 어려움 속에서 괴로워하고 있는가? 돈에 쪼들리고, 사람에게 치이고, 규제에 휘둘리고, 게다가 몸까지 힘들지는 않는가? 그것은 모든 사장이 겪는 일반적인 과정일 뿐이다. 일단 어렵고 힘든 상황이라고 판단되면 즉시 '비즈니스 숨 참기'를 시도하라. 처음으로 돌아가서 기본부터 다시 생각하고, 어려움의 원인을 진단해야 한다. 그리고 그 문제들을 근본적으로 해결할 수 있는 아이디어와 접근 방법을 고민해야 한다. 일단 생존해야 한다. 그래야 또 다른 방향을 모색할 수 있다.

앞 장에서 강조했던 것처럼 모든 일은 자기 의견을 갖는 것에서 시작한다. 장애물을 만나거나 어려움을 겪는 상황에서도 마찬가지다. 대부분 경우에 사업의 과정에서 맞닥뜨리는 어려움은 '사장의 근육'을 단련시키는 기회가 된다. 그래서 비즈니스에서 성공을 바란다면 눈앞의 어려움을 기회로 전환하는 것에 익숙해질 필요가 있다. 여러 번의 '비즈니스 숨 참기'를 경험하고 극복하며 새로운 길을 찾아나가면 비로소 당신은 모두가 인정하는 멋진 성공을 거두게 될 것이다.

12 실행을 위한 준비 단계의 마지막 요건
: Simple & Powerful

비즈니스에서 실행을 준비하는 마지막 단계는 실행의 방식을 단순하게 정돈하는 것이다. 어떤 일을 되게 하려면 그 일과 관련된 '변수'를 줄이는 것이 효과적이다. 변수가 늘어나면 처음 생각보다 진행이 더디거나 예상하지 못한 어려움을 겪게 되기 때문이다. 변수를 줄이고 실행의 형태가 단순simple할수록 실행의 결과는 강력powerful해진다.

강력하려면 단순해져야 한다

세상의 모든 강력한 것들은 단순한 형태를 띠고 있다. 만약 자기 생각과 계획이 복잡하다면 그것은 아직 완성되지 않은 것이다. 그런데 전체적인 이해가 있어야 단순해질 수 있고, 구체적인 실행 계획이 있어야 그 단순함을 유지할 수 있다. 이 말은 단순하지 않은 것은 강력해질 수 없다는 뜻이기도 하다. 따라서 모든 준비의 마지막 단계는 자신의 계획을 단순한 형태로 정돈하는 것이다.

이때 유의할 것이 있다. 이해하고 받아들이는 관계와 입장에서 단순한 것이 되어야 한다. 대부분의 사람은 한 가지만 기억한다. 두 가지를 말하면 자신이 쉽게 이해할 수 있거나 받아들이기 좋은 것 하나만 수용한다. 보통의 경우 제일 우선순위의 한 가지를 명확히 요구할 때 가장 효과적으로 반응한다. 비즈니스에서도 단순한 것을 반복할 때 돈이 된다. 효과와 효율을 모두 얻을 수 있기 때문이다.

단순한 아이디어가 힘이 있다. 그러나 그 아이디어를 실행하는 과정은 복잡할 수도 있다. 또는 비즈니스 아이디어는 복잡하지 않더라도 그것을 복잡하게 만드는 사람이 다수 존재한다. 본래 의도와 무관하게 각자의 이해관계 속에서 아이디어를 수용하려고 하기 때문이다. 따라서 실행의 단계에서는 처음 의도와 초점focus을 명확히 하는 것이 중요하다.

단순함은 세련됨과 연결된다

세련된 것들은 복잡하지 않다. 글을 잘 쓰는 사람은 평이하고 단순한 단어들로 짧고 간략한 문장을 완성한다. 광고와 홍보 전문가들은 논리적이고 단순한 상식의 언어를 사용한다. 그들이 목적으로 삼는 브랜딩branding은 고객의 상식 속에 자신의 상표brand를 집어넣는 것이다.

조직의 운영에서 기업의 목표, 전략, 전술을 이해하고 활용할 때도 단순한 이해를 바탕으로 해야 한다. 직원들은 경영자의 논리를 묵묵히 받아들이지만 결국에는 자신들의 결정에 따라 행동하기 때문이다. 비즈니스 조직을 효과적으로 집중시키려면 모든 조직원이 성과의 초점을 명확히 공유하고 현재의 자기 강점과 핵심 역량을 중심으로 공헌할 수 있는 환경을 조성해야 한다.

이때 목표는 토씨 하나까지도 똑같은 단어를 사용해야 한다. 전략은 같은 이해를 하고 있는지 수시로 확인해야 한다. 그리고 전술(방법, 실행)은 각 부서의 강점과 담당자의 전문성(핵심 역량)을 바탕으로 다양한 활동이 이루어져야 한다.

비즈니스 패러다임 열두 가지 중간 정리

1부에서 중요하게 설명한 내용을 다시 정리해 보자. '불연속 형태의 성장' '씨 뿌리는 곳과 열매 맺는 곳은 다를 때가 많음'

'효과를 넘어선 이후의 효율 추구', '양적인 쌓음과 질적인 변화의 관계' 등이다.

말 자체는 어렵지 않지만 그것들이 어떻게 작용하는가에 대한 설명에는 수긍할 만한 것도 있고, 생소하게 느껴지는 것도 있을 것이다. 중요한 것은 이런 내용이 사장으로서 자신의 기존 상식과 어떤 관계에 있느냐는 것이다.

우리의 기존 생각(지각)에는 불연속 대신 '연속적인' 성장이, '씨를 뿌린 곳에서만 열매를 얻으려는' 기대가, '처음부터 효율을 얻고자 하는' 욕심이, 그리고 '양적 성장은 무조건 좋은 것'이라는 어긋난 비즈니스 상식이 자리 잡고 있지 않은가?

내가 이 책의 1~2장에서 전하려는 내용의 핵심은 비즈니스에서 '객관적'인 것의 이해다. 객관적이라는 것은 자신이 어떻게 생각하느냐와 관계없이 별개로 존재하고 작용하는 것을 말한다. 따라서 객관적인 것은 평가가 필요한 영역이 아니다. 적극적으로 이해하고 소화하려는 노력이 필요하다. 실패한 비즈니스는 대부분 이미 존재하고 기능하는 비즈니스의 메커니즘을 이해하지 못하고 자신만의 생각과 방법으로 시도하는 데서 기인한다. 비즈니스에 대한 기초적인 이해조차 없는 사람에게 과연 성공을 기대할 수 있을까?

눈이 보이지 않는 사람들이 코끼리를 설명할 때 다리만 만진

이는 기둥 같다고 말하고, 코만 만진 이는 물컹한 호스 같다고 말하며, 코끼리 등에 올라탄 이는 널찍한 평상 같다고 말한다. 코끼리의 전체 모습을 잘 아는 사람에게는 모두 다 옳은 이야기지만, 그렇지 못한 사람에게는 기둥, 호스, 평상이라는 말이 혼란을 불러일으킬 것이다. 따라서 비즈니스라는 코끼리를 다루기 위해서는 이 모든 개념을 조합하여 형상화할 수 있어야 한다. 그래야 비로소 자신이 갈 길을 그려볼 수 있다.

어떻게 비즈니스를 시작할 것인가? 씨를 뿌리는 과정의 필요성과 효과를 얻는 과정의 고단함, 시작점을 높이기 위한 노력의 중요성을 깨달으면서 시작해야 한다.

어떻게 비즈니스를 발전시킬 것인가? 불연속 형태의 성장을 염두에 두면서 점핑 포인트를 설정하고 힘을 집중하도록 준비하며, 효과의 때를 넘어선 순간 효율을 추구하는 조직으로의 전환을 모색해야 한다. 그리고 열매를 거두는 동시에 새로운 씨앗을 뿌리는 것을 조직의 일상적인 활동으로 만들어야 한다. 또한 조직에서 확장 계획을 세울 때는 양질전환의 기회와 함정이 병존한다는 사실을 기억하고, 오늘의 성공을 내일도 반복할 수 있는 시스템과 재생산 구조를 만들기 위해 노력해야 한다.

비즈니스를 객관적으로 이해하는 것은 경험 없는 일에서 실패를 막아주는 데 매우 유용하다. 그리고 성공을 위한 디딤돌 역할을 한다. 그러나 그것이 단순한 지식이나 깨달음에 멈추어서는 안 된다. 자신의 비즈니스를 계획하고 실행함에 있어 구체적인 방식으로 적용할 수 있을 때 비로소 가치 있는 결과로 나타나기 때문이다.

따라서 1~2장에서 정돈된 열두 가지 비즈니스 패러다임을 개별적으로, 그리고 종합해서 자신의 비즈니스에 적용하길 바란다.

3장

비즈니스 진행의 세 가지 핵심

사장은 다음 세 가지 초점에 대해
자신의 실행 방식을 찾으면 된다.

1. 첫 거래를 어떻게 시작할 것인가?
2. 시작된 거래를 반복할 수 있는 구체적인 방법은 무엇인가?
3. 방문 → 구매 → 재방문의 '3단계 마케팅'을 어떻게 정립할 것인가?

구체적인 사업 아이템을 갖고
위 세 가지 초점에 대한 실행 방식을 찾는 것이
사장이 비즈니스를 진행하는 과정이다.

13 목표 고객의 '만족 블랙박스 변수'를 찾아라
: 만족 블랙박스

용변이 아주 급한 사람이 있다. 다행히 화장실은 찾았는데 안에 휴지가 없다. 화장실 입구에서 조그만 휴대용 휴지를 1000원에 팔고 있다. 주유소에서 기름을 넣으면 공짜로 주는 그런 휴지다. 당신 같으면 그 휴지를 1000원을 주고 사겠는가? 나라면 살 것이다. 제품의 가치를 따져본다면 말도 안 되는 가격일지 몰라도 그 순간의 필요를 생각하면 2000원이라도 흔쾌히 지급할 것이다. 물론 일을 다 보고 화장실을 나설 때는 열 개를 1000원에 준다고 해도 거들떠보지 않겠지만 말이다.

확실한 만족 한 가지가 거래를 만든다

사람들은 언제 거래를 시작하는가? 불만족하지 않아서 거래하는 사람은 없다. 모든 면에서 완벽하게 만족해야만 주머니에서 돈을 꺼내는 것도 아니다. 여러 가지 불만 요소가 있어도 명확한 한 가지 만족 요인이 있다면 사람들은 거래를 시작한다. 불만족스럽지 않다는 것은 평판을 좋게 할 수는 있다. 그러나 거래는 이루어지지 않는다. 돈을 지불하는 거래는 오직 명확한 만족 요소가 한 가지 이상 있을 때만 이루어진다.

프레드 크로포드Fred D. Crawford와 라이언 매튜스Ryan Mathews가 쓴 『소비자 코드를 제대로 읽어라』라는 책의 내용 중 일부를 참조하여, 거래를 시작하고 유지하는 전략적 접근 방식에 대한 구체적인 힌트를 얻어보겠다.

소비자 적합성 관점에서 5·4·3·3·3 전략 취하기

한 기업이 모든 분야에서 최고가 된다는 것은 불가능한 일이다. 설사 모든 분야에서 최고가 된다 해도 소비자에게 모든 것을 다 보여줄 수도 없다. '소비자 적합성'이라는 개념으로 기업 운영 방식을 생각해 보자. 구체적인 내용은 다음과 같다.

모든 비즈니스를 가격price, 제품product, 접근성access, 서비스service, 체험experience의 다섯 가지 특성 요소로 구분하고, 특성 요소별로 소비자들의 반응 수준에 따라 점수를 매긴다. '지배' 수준인 경우 5점, '차별' 수준은 4점, 적절한 수준이지만 시장 경쟁력을 가질 정도가 아닌 '보통'의 경우에는 3점을 부여한다. 그리고 이 다섯 가지 기준으로 소비자의 눈을 통해 기업의 비즈니스 수행 능력을 평가한다.

이때 어떤 특성 요소라도 업계 평균인 3점 미만으로 내려가서는 안 된다. 업계 평균 이하의 요소를 가지고 있으면 시간이 지나면서 소비자들의 외면을 받고 결국 도태되기 때문이다. 그러나 한 개 요소를 초과해서 5점이나 4점을 넘길 필요도 없다. 이는 불필요한 차별화를 추구하고 있으며, 자원을 낭비하고 있음을 의미하기도 한다.

소비자 적합성 관점에서 바라본 최고의 기업은 대부분 '5·4·3·3·3' 전략을 취하고 있었다. 다섯 가지 특성 요소 중 한 개는 지배 수준(5점), 다른 한 개는 차별 수준(4점), 나머지 세 개는 평균 수준(3점)을 추구하는 것이다.

모든 분야에서 최고가 되려고 하지 마라

세계적인 유통 할인점 월마트는 '가격'에 초점을 두고 가격에 대해서는 어떤 경쟁자보다도 최고가 되기 위해 끝없이 노력한다. 일본 교토의 MK택시는 '친절함(서비스)'에 초점을 맞추고 최고로 친절한 택시로 인정받기 위해 다른 택시 회사에서는 상상하기 어려운 과감한 시도를 망설이지 않는다. 미국의 패션 백화점 노드스트롬은 '고객과의 친밀감(서비스)'에 초점을 두고 최전방 직원들에게 권한을 집중하는 조직 운영을 하고 있다. 자신들이 초점을 둔 부분에 대해서는 어떤 대가를 치르더라도 최고(5점)를 유지하는 것이다. 그것이 거래를 만들고 강화하는 전략적 행동임을 잘 알기 때문이다.

소비자가 관심을 가지는 모든 분야에서 최고가 될 필요는 없다. 어떤 분야에서는 최고가 되어야 하지만 나머지 부분에서는 평균 이상만 유지하면 충분히 의도하는 목표에 도달할 수 있다.

월마트는 가장 저렴한 가격에 상품을 판매하지만 동시에 제품의 질이 고객이 받아들일 수 있는 허용 범위를 벗어나지 않는다. MK택시는 고객이 감동할 만한 친절한 서비스를 제공하기 위해 다른 택시보다 더 높은 가격을 요구하지 않는다. 노드스트롬은 고객별로 전담자를 두어서 개인에 대한 신상정보가 외부에 노출되지 않도록 조심한다.

비즈니스 거래의 시작과 중단의 이유

사람들은 보통 만족하면 불만족하지 않고 불만족하면 만족하지 않는다고 생각하는 경향이 있다. 그러나 과연 그런가? 만

그림 13-1

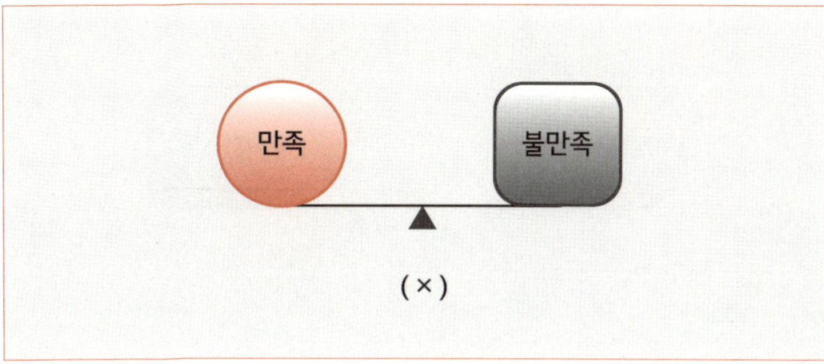

족滿足과 불만족不滿足이라는 단어의 뜻만 보면 만족과 불만족은 서로 반대편에 있는 것처럼 생각된다. 즉 만족하지 못하면 불만족하고 불만족하지 않으면 불불不不만족, 즉 만족하는 것처럼 생각한다(그림 13-1).

그러나 현실 세계에서는 불만족하지 않아도 만족스러운 것은 아니며, 동시에 만족하면서도 불만족을 느끼는 경우가 더 많다. 만족과 불만족을 동시에 느끼는 것이다. 만족과 불만족이 서로 연관되어 있는 것은 분명하지만, 만족하면 불만족하지 않고 불만족하지 않으면 만족한다고 생각하는 것은 잘못이다. 만족과 불만족은 서로 다른 차원에 존재한다. 따라서 만족과 불만족은 별도로 관리되어야 한다(그림 13-2).

그림 13-2

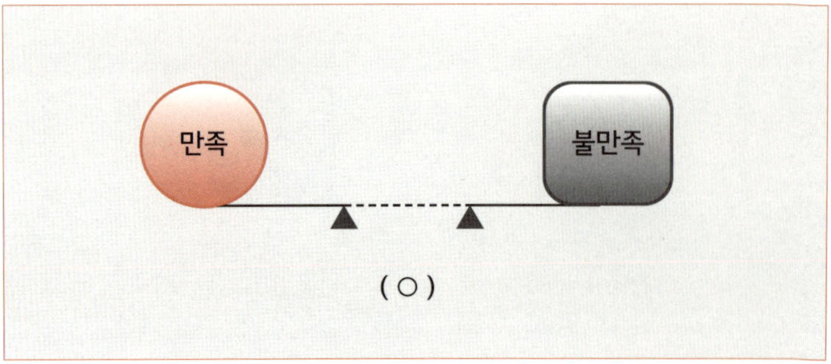

특히 비즈니스 세계에서 '만족'과 '불만족'은 명확히 다른 차원에 존재한다. 불만족스럽게 느끼면서도 한 가지 분명한 만족 요소 때문에 거래가 시작되고, 충분히 만족하면서도 절대적인 불만족 요소 때문에 거래가 중단되기도 한다. 앞서 설명했던 '소비자 적합성'과 연결해서 생각하면 이해가 쉽다. 5점 특성 요소 때문에 거래가 시작되고, 3점 미만의 특성 요소 때문에 기존의 거래가 멈추는 것임을 통찰할 수 있다.

만족 블랙박스 그리고 불만족 블랙박스

먼저 목표 고객의 마음속에 숨겨진 두 개의 블랙박스에서 변수들을 찾아야 한다. 그리고 그 변수들을 '만족 블랙박스' 변수와 '불만족 블랙박스' 변수로 구분할 수 있어야 한다.

이때 자신의 제품과 서비스가 목표 고객의 만족 블랙박스에 담긴 변수를 강하게 건드리면(5점) 거래가 시작되고, 불만족 블랙박스에 담긴 변수가 평균(3점) 미만으로 떨어지면 기존의 거래를 멈추게 된다.

따라서 비즈니스를 준비하고 실행하는 과정에서 자신의 행동 전략을 분명히 해야 한다. 여기서 전략이란 목표 고객의 블랙박스에 어떤 변수가 들어 있는지 알고, 그 가운데 어떤 변수에 초점을 두고 행동할지 결정하는 것을 말한다. 소비자를 구분segmentation하고, 목표 고객targeting의 '만족 블랙박스'에 담긴 변수를 강하게 건드릴 수 있는 구체적인 제안이 담긴 메시지positioning를 방출하는 행동을 조직적으로 진행하는 것이다.

비즈니스에서 성과를 얻으려면 먼저 예상 고객의 '만족 영역'과 '불만족 영역'을 규정하는 데서 시작해야 한다. 문제는 만족의 영역, 불만족의 영역에 어떤 변수들이 담겨 있는지 알기 어렵다는 것이다(그래서 나는 이것을 블랙박스black box라고 부른다). 그래서 고객의 만족 블랙박스와 불만족 블랙박스에 담긴 변수를 찾고 구분하는 일이 꼭 필요하다.

한 가지 강점을 분명히 하라

한 기업이 두 가지 이상의 강점을 갖는 것은 현실적이지 않다. 하나의 기업은 한 가지 강점만 가질 수 있다. 소비자도 한 기업이 가진 두 가지 이상의 강점은 기억하지 못한다. 아무리 많은 강점을 설명하더라도 소비자는 한 기업에 대해서는 한 가지 강점과 특징만을 기억할 뿐이다.

그러므로 효과적인 사업을 위해서는 목표 고객의 만족 블랙박스에 속한 변수 중에서 경쟁자가 갖지 못한, 충분히 규모가 큰 한 가지 변수를 찾아야 한다. 그리고 그러한 변수를 포착했다면 그 부분에 대해서는 어떤 경쟁자도 넘보지 못할 만큼 최고를 추구해야 한다. 그 분야의 최고를 유지하기 위해서라면 어떤 대가라도 지불할 준비가 되어 있어야 한다. 그러나 그 외의 부분은 업계 평균만 유지하면 된다. 더 이상 갖는 것은 조직적인 낭비일 뿐이다. 그 여력을 모아서 자신이 초점을 둔 변수에 투자하는 것이 더 효과적이다.

목표 고객의 만족 블랙박스에 속한 변수 중 하나를 자신의 강점으로 분명히 하라. 고객이 자신의 강점을 지각하는 순간 거래는 저절로 일어난다. 비즈니스맨으로서 사장은 항상 내부적으로는 한정된 자원을, 외부적으로는 경쟁자를 염두에 두어야 한다.

즉 자신이 가진 자원을 전략적으로 분배하고 행동하는 것에 익숙해져야 하고, 현재의 경쟁자 혹은 미래의 경쟁자와 차별화할 수 있는 요소를 갖추기 위해 노력해야 한다. 그 구체적인 방식이 '5·4·3·3·3' 전략이고, 특히 그 전략적 행동의 시작점이 되는 첫 거래는 목표 고객의 '만족 블랙박스'에 담긴 변수를 찾아서 건드리는 것이다.

14 주고받음의 균형을 유지하라
: Give & Take

잠에서 깼을 때 창가에서 새들이 지저귄다면 얼마나 기분이 좋을까. 그렇다면 매일 아침 새들이 지저귀게 할 방법은 없을까? 간단한 방법이 있다. 잎이 무성한 나무를 심어두면 된다. 그러면 새들이 저절로 모여들어 지저귈 것이다. 새들은 우리의 기분을 즐겁게 해주려고 지저귀는 것이 아니다. 자기들이 안전하게 모일 만한 나무가 있으니 모이는 것이다. 그리고 우리는 그 소리를 들으며 상쾌한 아침을 시작할 수 있다. 새들에게 잎이 무성한 나무를 주면(give) 우리는 상쾌한 아침을 맞이할(take) 수 있다.

얻고 싶다면 먼저 주어라

어떻게 하면 아이들과 친해질 수 있을까? 호주머니에 껌과 사탕을 넣고 다니면 된다. 웃는 얼굴로 껌이나 사탕을 내밀면 아이들은 손을 내민다. 거의 예외가 없다. 처음에는 경계하고 꺼리다가도, 내가 재미있는 '거리'를 가진 사람이라는 것을 보여주고 조금 기다리면 아이들은 이내 웃으면서 다가온다. 웃는 얼굴, 껌이나 사탕, 호의적인 느낌을 아이들에게 전하면(give) 아이들과 친해질(take) 수 있다.

어떤 목적이 있는 행사나 이벤트를 진행할 때는 대상이 누구냐에 따라 운영 방법을 달리해야 한다. 대상이 40~50대의 중년 남성이라면 '기-승-전-결'의 흐름을 따라야 한다. 그래야 그들은 체계적이고 잘 준비된 행사라고 평가한다. 중년 여성을 대상으로 하는 행사는 로맨틱한 분위기에서 진행하는 것이 효과적이다. 유명인과의 기념사진이나 자랑할 만한 기념품을 준비하면 더욱 좋다. 행사가 끝나고 집에 돌아가서 동네 친구들에게 자랑할 만한 '거리'가 필요하기 때문이다.

어린아이들을 대상으로 행사를 준비할 때는 아이들의 상상력을 자극할 수 있는 신기한 무언가를 준비해야 한다(일반적으로는 공룡과 같은 소품이 많이 사용된다). 아이들은 자기도 쉽게 할 수 있는 것에는 관심을 두지 않는다. 그러나 새로운 것을 발견하면 호기심이 발동하여 흥미를 잃을 때까지 만져보고 움직여 본다. 아이들에게 일상에서 쉽게 접할 수 없는 것을 보여주면 그 행사는 평균 이상의 성공을 거둘 수 있다.

10~20대를 대상으로 할 때는 행사 초반에 마음을 사로잡는 무언가가 있어야 한다. '기-승-전-결'이 아닌 '승-승-전-결'의 진행이 이루어져야 한다. 처음에 감정을 최고조로 올려놓으면 그다음엔 어떤 내용이 진행되든 별로 상관하지 않는다. 스스로 흥분을 유지하기 때문이다.

얻고자(take) 한다면 먼저 주어야(give) 한다. 비즈니스 세계에서는 먼저 주지 않으면 아무것도 얻을 수 없다. 만약 무언가를 먼저 얻는 상황이라면 긴장해야 한다. 통제할 수 없는 상황에서 자신이 가진 중요한 것을 내놓아야 할 수도 있기 때문이다. 거래를 기본으로 하는 비즈니스 세계에서는 그것이 상식이다.

무언가를 얻을 때는 반드시 줄 것을 생각해야 한다

내가 대학 졸업 후 홍보실에서 막 일을 시작했을 때다. 어떤 기업에 대한 정보가 급하게 필요해서 업계지 기자에게 도움을 청했다. "저, B사의 ○○ 부분의 진행 상황에 대해서 아는 것이 있으면…" 내 말이 떨어지기도 전에 기자는 기다렸다는 듯이 너무나 반갑게 "아! 그럼요. 도와드려야죠" 하고 대답했다. 부담스럽지 않을까 걱정했던 나는 다소 의외라고 느꼈지만 상대가 자발적으로 친절하게 도와주는 것에 감동했다.

그러나 비즈니스 초보자였던 나는 곧 당혹스러운 상황을 맞게 되었다. 비즈니스 프로였던 그 기자가 B사에 대한 구체적인 정보를 제공한 대가로 당시에 금기시되었던 사장님과의 인터뷰를 요청해 온 것이다. 그 상황을 수습하느라 땀깨나 흘렸지만 무언가를 얻고자 할 때는 반드시 줄 것을 각오해야 함을 확실히 배울 수 있었다.

사회생활을 조금 해보니 이것은 비즈니스 세계에서 기초 상식이었다. 실제로 대가 없이 진행되는 거래는 없다. 한 번은 가능할지 몰라도 그 후에는 거래 자체가 불가능해진다. 모든 비즈니스 프로들은 반드시 기브 앤드 테이크를 전제로 거래한다. 그렇지 못한 사람은 아마추어로 취급받고, 곧 비즈니스 세계에서 퇴출되고 만다.

사기를 당하는 이유

사기당할 가능성이 가장 높은 상황은 주는 것 없이 얻고자 할 때다. 만약 당신에게 아무것도 요구하지 않고 무언가를 주려는 사람을 만났다면 99퍼센트 사기꾼이라고 보아도 좋다. 그런데도 넘어가는 사람들이 많다. 그들의 마음속에 조금 주고 많이 얻으려는 욕심이 자리하고 있기 때문이다.

수많은 피해 사례가 나오지만 다단계 판매가 없어지지 않고 활개 치는 이유도 그 때문이다. 무언가를 얻고자 할 때 자신이 감수해야 할 것이 무엇인지 생각한다면 웬만한 사기꾼에게는 넘어가지 않을 것이다(그러나 고단수 사기꾼에게는 아무리 조심해도 당하기 십상이다. 그때는 피해를 줄이는 것이 상책이다). 비즈니스 세계에는 공짜가 없다. 얻은 후에는 반드시 줘야 한다. 그것이 비즈니스의 기본 공식이다.

줄 때는 얻고자 하는 것을 분명히 하라

거래에서 또 한 가지 유의할 점은 상대에게 무언가를 줄 때는 자신이 얻고자 하는 것을 분명히 해야 한다는 것이다. 내가 상대를 살피는 것처럼 상대 역시 내 필요가 무엇인지 살핀다. 그때 상대가 내 필요를 잘못 파악하면 상대는 주었음에도 나는 얻은 게 아무것도 없는 상황을 맞을 수도 있다.

새롭게 일을 시작한 기업들은 보통 실적을 중요시한다. 그래서 어떤 경우에는 큰돈이 되지 않아도 자기 비용을 쓰면서까지 거래를 성사시키기도 한다. 그러나 사업이 어느 정도 궤도에 오르면 이익의 크기가 주된 거래 이유가 되는데, 만약 기업 초기에 거래했던 상대라면 여전히 실적이 될 수 있는 '거리'를 가지고 낮은 가격을 요구해 올 수 있다. 상대가 의견을 제시한 후에 그것을 다른 것으로 바꾸게 하려면 매우 힘든 과정을 거쳐야 한다. 그래서 처음부터 내가 상대에게 얻으려는 것이 무엇인지 분명히 알리는 것이 훨씬 바람직하다.

예의에 어긋나지 않으면서 상대가 적극적으로 내 필요를 이해하고 받아들일 수 있도록 전달하는 방법을 연구해야 한다. 얻고 싶은 것이 있어서 상대와 거래하는 것이지만, 그것을 명확히 밝히는 과정에는 어느 정도 요령이 필요하다. 특히 상대가 자본가이거나 권력자인 경우라면 더욱 그렇다(요즘 대부분의 소비자는 자신을 권력자로 생각한다). 그들은 자신의 힘과 위치를 이용해 상대에게 조금 주고 많이 받는 것에 익숙하기 때문이다.

'주고받음의 균형'이 유지될 때 관계가 유지된다

기브 앤드 테이크의 균형을 유지하면 관계를 지속할 수 있다. 만약 좋은 관계를 유지해 왔던 상대의 반응이 언제부턴가 옛날처럼 적극적이지도 긍정적이지도 않다면, 가장 먼저 기브 앤드 테이크의 균형이 깨지지 않았는지 살펴야 한다. 이것은 비즈니스 외에 다른 영역에서도 마찬가지다. 기존의 좋았던 관계가 멈칫거리는 이유는 단 하나다. 상대방이 주고받음의 균형이 깨졌다고 느끼기 때문이다.

일반적인 비즈니스 거래의 경우 '기대'도 중요한 변수로 작용한다. 상대의 실제 경험이 기대보다 만족스러운 경우(경험>기대)에는 관계가 지속된다. 그러나 실제 경험이 기대에 못 미치거나(경험<기대) 기대하는 수준에서 크게 벗어나지 않는 경우(경험≒기대)에는 관계가 중단될 수 있다. 기대와 비슷한 만족을 얻었을 때는 경쟁자가 없는 경우에만 거래가 유지된다. 새로운 경쟁자가 나타나면 새로움에 대한 호기심만으로도 기존 거래를 빼앗길 수 있다.

배고픈 사람에게는 먹을 것을 주어야 한다. 물에 빠진 사람에게는 옷을 말릴 수 있는 모닥불을 피워줘야 한다. 배부른 사람에게는 아무리 좋은 음식을 줘도 별로 고마워하지 않는다. 겨울철에 여름옷을 선물하고(그것이 브랜드 옷이라 해도) 여름철에 솜이불을 선물해도 마찬가지다.

내가 중요하게 생각하는 것이 아니라 상대가 원하는 것을 줘야 한다. 타이밍도 중요하다. 상대가 원하는 시기에 원하는 것을 제공할 수 있으면 작은 것을 주어도 상대는 큰 것을 얻었다고 생각한다.

100을 얻으려면 120을 줘야 한다

거래에서 기본적으로 유의해야 할 사항이 있다. '내가 100을 얻으려면 상대에게 120 정도를 줘야 한다'는 것이다. 인간은 기본적으로 이기적이어서 100을 받고 100을 주었더라도, 자신이 손해를 봤다고 생각한다. 주고받음의 균형에 관해 판단할 때 비용이나 노력을 객관적으로 보지 않고 자신의 지각에 의존하기 때문이다.

그래서 상대가 더 많이 가져간다는 것을 확인시켜 줄 방법을 생각해야 한다. 공짜가 효과적인 이유가 여기에 있다. 1000원을 내라고 요구할 때와 공짜로 가져가라고 할 때 사람들의 반응은 하늘과 땅만큼 차이가 크다. 상대가 더 많이 가져가고 있다고 지각하게 하고 그것을 유지할 수 있을 때 더욱 효과적으로 거래를 반복할 수 있다.

특히 대중을 상대로 할 때 공짜는 큰 힘을 발휘한다. 직접적인 대가를 지불하지 않아도 된다는 것을 확인시킬 수만 있다면 짧은 시간에 큰 반응을 이끌어낼 수 있다. 그러나 공짜도 자주 반복하면 효과가 떨어진다. 공짜를 당연한 것으로 여기기 때문이다. 상대의 기대치보다 조금 더 높은 것을 제공하는 감각을 발휘하고 유지하는 것이 중요하다.

협상의 정의

상대에게서 내가 원하는 것을 얻어내기란 쉽지 않은 일이다.

그러나 상대가 좋아하고 반응할 만한 것을 줌으로써 내가 원하는 것을 얻어내는 방법이 있다. 통제할 수 없는 '관심의 영역'의 일을 자신의 '영향력의 영역'으로 전환하는 기술이다. 그런 기술을 많이 알고 실행하는 역량을 가진 사람을 비즈니스 전문가라고 부른다.

기브 앤드 테이크 공식을 이용하면 윈윈win-win 개념의 '협상negotiation'을 쉽게 정의할 수 있다. '상대에게는 돈이 되지만 내게는 돈이 되지 않는 것을 주고, 상대에게는 돈이 되지 않지만 내게는 돈이 되는 것을 받는 것.' 단순하지만 명쾌한 정의다.

비즈니스는 거래를 만드는 게임이다. 그런데 대부분의 거래는 협상을 통해 이루어진다. 이때 대부분의 협상은 기브 앤드 테이크의 규칙으로 진행된다. 매우 단순한 이 공식이 비즈니스에서 얼마나 중요한 위치를 차지하는지 기억하길 바란다. 이제 기브 앤드 테이크 공식을 이용해서 거래를 성공시키는 3단계 접근 방법을 정리해 보자.

거래를 성공으로 이끄는 3단계

1단계, 자신의 필요를 분명히 한다.

거래를 시도하는 이유는 필요가 있어서다. 그것이 돈이든 명성이든 아니면 경험이든 자신에게 필요한 것이 있어서 거래하는 것이다. 따라서 성공적인 거래를 위한 첫 단계는 자신이 원하는 것과 필요로 하는 것을 분명히 하는 것이다. 비즈니스 초보자가 흔히 저지르는 실수가 첫 단계를 분명히 하지 않는 것이다.

자신의 필요를 분명히 하지 않은 상태에서 거래에 임하면 조금만 삐끗해도 상대의 첫 반응에 잘못된 대응을 하게 된다. 대부분의 거래 상대들은 처음부터 쉽게 '오케이'하지 않는다. 실제로 상대의 거절이 첫 번째 반응인 경우가 대부분이다. 내 관점에서 상대의 필요를 안다는 것은 상대의 입장에서 내 필요를 아는 것과 마찬가지다. 상대가 필요로 하는 것을 제공하는 이유는 내가 원하는 것을 얻어내기 위해서다. 따라서 성공적인 거래를 위한 첫 단계는 자신의 필요를 명확히 하는 것이다.

2단계, 상대가 원하는 것이 무엇인지 파악한다.

상대도 나와 마찬가지로 어떤 필요가 있으니 거래에 응한 것이다. 상대가 필요로 하는 것이 실적인지 돈인지 아니면 다른 무엇인지 파악할 수 있어야 한다. 『사장학 수업』에서 강조했던 '진짜 필요'를 탐색하는 것이다. 일반적으로 좋은 거래 상대는 자신의 필요가 무엇인지 밝힌다. 그리고 관계의 본질에 적합한 것을 요구한다. 뒷거래를 요구하거나 거래의 핵심과 관계없는 다른 것을 요구하는 경우, 지속적인 거래를 할 상대가 아니라고 판단해도 그 예상은 대부분 틀리지 않는다. 꼭 그와 거래를 해야 한다면 최악의 경우를 상상하면서 방법을 찾아야 한다.

3단계, 상대가 원하는 것을 제공하되 가장 돈이 덜 드는 방법을 찾는다.

상대는 자신의 필요를 해결하는 것이 중요하다. 그것을 위해서 얼마나 힘을 들일지는 전적으로 내 문제다. 늘 최선의 노력을 다해야 하지만, 거래에서 효율성의 가치는 거래의 성사 여부만큼 중요하다. 돈이 남아야 하기 때문이다. 그러나 자신의 돈을 덜 들이기 위해 거래 상대를 불편하게 하지 않도록 주의해야 한다. 한번 아마추어라는 평가를 받으면 다음 거래가 매우 힘들어질 수 있다.

자신의 필요를 분명히 하고 상대가 원하는 것이 무엇인지 파악해서 제공하되, 가장 돈이 덜 드는 방법으로 제품과 서비스를 제안할 수 있다면 성공적인 거래가 될 가능성이 크다.

또한 지불하는 것보다 받는 것이 크다는 상대의 지각이 유지된다면 거래 관계를 지속할 수 있다. 이것이 거래를 시작하고 시작된 거래를 지속하는 핵심 요령이다.

15 사람을 움직이는 네 가지 변수
: 3단계 마케팅 정립

마케팅은 비즈니스를 진행하는 과정에서 취할 수 있는 가장 공격적인 도구이자 접근 방식이다. 누구나 쉽게 이해하고 실행할 수 있는 실전 마케팅 방법을 생각해 보자. 먼저 확인해야 할 세 가지 질문이 있다.

마케팅 실행 전에 확인해야 할 세 가지

첫째, 누가 고객인가?

자신의 고객이 누구인지 분명히 해야 한다. 수많은 사람 중에서 내가 목표로 하는 고객이 누구인지 구분해서 파악해야 한다.

그들이 어디에 있으며, 무엇을 바라고 있고, 무엇을 불편해하며, 어떤 방식으로 구매하길 원하는지 알아야 한다. 구매력의 크기도 알아야 하고, 언제 주머니를 여는지도 알아야 한다. 목표 고객에 대해서 많이 알수록 효과적인 접근을 할 수 있다.

둘째, 그들에게 무엇을 팔 것인가?

고객이 구매하는 것은 단순한 '상품'이 아니라 그들의 필요를 채워줄 수 있는 '가치'임을 명심하자. 프로축구 경기 티켓을 구매하는 것이 아니라 주말의 신나는 경험을 구매하는 것이고, 침대와 매트리스를 사는 것이 아니라 편안한 잠자리를 사는 것이다. 재킷과 셔츠를 파는 것이 아니라 그 사람에게 잘 어울리는 분위기를 연출해 주는 것이다. 고객의 기억 속에 자기 상품의 가치를 지각시킬 수 있어야 한다.

셋째, 어떻게 알릴 것인가?

목표 고객을 정하고 그들에게 제공할 제품과 서비스를 준비한 후에는 반드시 알릴 방법을 찾아내야 한다. 보통은 보다 많은 소비자에게 알리고자 TV나 신문·잡지 광고를 쉽게 떠올리는데, 이 방법은 비용도 많이 들고 준비에도 상당한 전문성이 요구된다. 따라서 자기 사업의 규모와 아이템에 맞는 효과적인 광고 또는 홍보 방식을 찾는 것이 중요하다. 성공한 기업들은 사업을 시작한 초창기에 재미있고 기발한 홍보 방법을 활용했다. 그들의 성공 사례에서 배우거나 평상시에 생각해 두었던 자신만의 아이디어를 활용해 보자.

사장이 연구해야 할 중요한 주제 중 하나는 '사람'이다. 아무리 좋은 제품과 서비스를 준비했어도 사람들이 사줘야 하기 때문이다. 실제로 마케팅은 사람을 움직이게 하는 구체적인 방식이자 기술이다. 사장은 자신이 원하는 시기에 원하는 형태로 사람들을 움직이는 방법을 알고 있어야 한다. 먼저 사람을 움직이는 네 가지 변수에 대해 알아보자.

첫 번째 변수, '돈'과 '이익'이 사람을 움직인다

게임을 주 아이템으로 다루는 한 기업이 홍보 차원으로 서울 종로3가에서 사람들에게 현금을 1만 원씩 나누어 주기로 했다. 반응은 폭발적이었다. 사람들이 대로변까지 길게 늘어서서 교통 흐름을 방해하는 사태가 일어났다. 그 정도까지 반응이 있으리라 예측하지 못한 주최 측은 당황했고 결국 경찰이 개입된 후에야 사태가 진정되었다.

김장철을 앞두고 한 할인점에서 배추를 한 포기에 500원씩 판매했다. 오픈 시간은 10시인데 아침 7시부터 사람들이 모여들기 시작했다. 마침 그날은 비가 와서 한 손에는 장바구니를, 한 손에는 우산을 들고 있어야 했는데도 길게 줄을 선 사람들의 표정은 매우 밝았다. 당시 시중의 배추 한 포기가 2500원이고, 1인당 다섯 포기까지만 판매했으니 한 사람이 얻을 수 있는 최대 이익은 1만 원 정도였다. 그런데도 수많은 사람이 빗속에서 우산을 들고 세 시간 넘게 불평 없이 기다린 것이다. 프리미엄이 높을 것으로 예상하는 아파트 분양이나 공모주 청약의 열기 또한 우리에게 익숙해진 풍경이다.

사람들은 자신에게 돈이 되고 이익이 될 수 있다고 판단하면 적극적으로 반응한다. 기대되는 이익의 크기가 크면 클수록 반응은 더 열광적이다. 상황이나 환경을 아울러서 사람들이 기대하는 최소 이익의 크기를 넘어설 수 있으면, 돈과 이익은 사람을 움직이게 하는 가장 쉽고 효과적인 방법이다.

두 번째 변수, '재미'와 '흥미'가 사람을 움직인다

매년 10월이면 서울 여의도에서는 불꽃놀이 축제가 열린다. 토요일 저녁 8시부터 멋진 불꽃놀이를 보여준다. 행사가 열리는 날 여의도는 인산인해를 이룬다. 차가 꽉 막혀 길에서 몇 시간씩 기다려야 하지만 아무도 불평하지 않는다. 이유는 단 하나다. 감탄과 환호를 일으키는 불꽃놀이를 감상하기 위해서다. 사람들은 재미있다고 생각하거나 흥미를 느끼면 움직인다.

재미와 흥미를 불러일으키는 체험은 사람을 모이게 만든다.

프로야구와 프로축구를 살펴보면 박빙의 승부나 재미를 많이 주는 팀이 경기할 때 관중이 많이 모이는 것을 볼 수 있다. 결승전이나 챔피언 결정전일 때는 더욱 그렇다. 꼴등 팀이면서도 관중을 많이 몰고 다니는 팀이 있는 것은 승부와 무관하게 그 팀의 경기가 사람들에게 재미를 주기 때문이다. 재미를 주고 흥미를 일으키면 사람은 움직인다.

세 번째 변수, '관계'가 사람을 움직인다

혈연, 지연, 학연, 조직 등의 관계가 맺어지면 사람은 움직인다. 처음 매장을 오픈하면 가족이나 친지, 가까운 친구들이 찾아온다. 그들은 꼭 필요하지 않아도 한두 가지씩 물건을 산다. 그래서 오픈 당일의 매출은 평상시보다 두 배 이상 높은 것이 보통이다. 결혼식장이나 장례식장에 가면 관계의 힘이 얼마나 대단한지 쉽게 체험할 수 있다. 대부분 봉투 하나씩을 들고 정장 차림으로 찾아온다. 의례적인 인사와 축하, 격려가 오간다. 매우 형식적이라고 생각하면서도 사람들은 그렇게 행동한다.

인정하고 싶지 않으나 대부분의 조직에는 파벌이 존재한다. 정치는 말할 것도 없고 가장 효율적인 의사결정이 이루어져야 할 비즈니스 조직에도 파벌이 존재한다. 그래서 자신의 라인에 속한 사람을 우선해서 배려한다. 길거리에서 우연히 만난 사람도 고향이 같으면 왠지 동질감을 느끼면서 쉽게 마음을 열게 된다. 그것이 관계의 힘이다.

사람에게는 어딘가에 소속되려는 기본 욕구가 있다. 관계가 형성되지 않으면 불안을 느낀다. 관계가 정체성을 의미할 때도 있다. 누구의 아들, 어디 출신, ○○대학 졸업, △△전우회 등으로 자신을 설명하는 경우를 쉽게 볼 수 있다. 요즘은 어느 기업에 속해 있는지가 그 사람을 평가하고 이해하는 가장 큰 기준이 되고 있다. 사람들은 가능한 한 자신에게 유리한 관계를 맺으려고 노력하고 투자한다. 그리고 그 관계를 최대한 활용하려고 한다. 그래서 관계는 사람을 움직이는 중요한 변수가 된다.

네 번째 변수, '습관'이 사람을 움직인다

우리의 하루 생활은 90~95퍼센트가 습관적으로 이루어진다. 특별한 이유가 없으면 어제의 행동을 오늘도 반복한다. 아침이 되었으니까 일어나고 시간이 되었으니까 출근한다. 12시가 되면 점심을 먹으러 가고 저녁 6시가 되면 집으로 향한다. 습관적으로 TV를 켜고 습관적으로 신문을 읽는다. 공휴일에도 자명종 소리가 들리면 출근 준비를 하기 위해 일어나서 화장실로 향한다. 그러다가 쉬는 날임을 깨닫고 다시 침대로 돌아간다.

넓은 장소에 가도 자기가 주로 앉는 자리가 있다. 같은 종류의 상점이 많아도 자주 방문하는 단골집이 따로 있다. 한 지점에서 다른 지점으로 이동할 때도 언제나 가던 길로 간다. 기존의 인식과 행동을 바꿀 만한 자극이 없으면 사람들은 습관적으로 행동한다. 거기에는 이유가 없다. 단지 관성만이 작용할 뿐이다.

그래서 처음부터 좋은 습관을 형성하는 것이 중요하다. 초보자를 교육하고 훈련할 때는 그 영역에서 가장 바람직한 습관을 만드는 것에 초점을 맞추어야 한다. 한번 형성된 습관은 그것이 부정적이든 긍정적이든 쉽게 바뀌지 않기 때문이다. 따라서 영역의 본질에 집중하는 습관을 만든 사람은 어떤 일을 성취하기 유리한 위치에 있다고 할 수 있다. 다른 사람은 노력해서 행동하는 일을 그 사람은 관성적으로 반복하기 때문이다. 습관은 사람을 움직이는 가장 무서운 힘이다.

대상에 따라 사람을 움직이는 방식이 달라진다

앞에서 언급한 네 가지 변수 중에서 일반적으로 사람을 움직이는 힘은 돈과 이익이다. 특히 가장 영향력 있는 비즈니스 대상인 주부의 경우 이익에 민감하게 반응한다. 그러나 쉽게 움직일 수 있다는 것은 쉽게 떠날 수 있음을 의미한다. 따라서 늘 이익을 중심으로 사람들의 반응을 끌어가는 것은 한계가 있다. 그러나 아직 나를 잘 이해하지 못하거나 내가 제안하는 제품과 서비스를 경험하지 못한 경우, 또는 새로운 제품과 서비스를 제안하는 경우 등 어떤 일의 시작점이나 전환점에서 이익이라는 변수를 활용하면 대부분 좋은 결과를 얻는다.

사람을 움직이는 무기로 이익을 사용할 때는 '최소 이익의 크기'를 알아야 한다. 사람들은 자신이 얻을 수 있는 것이 일정 크기 이상의 가치가 있다고 느껴질 때만 반응한다. 그래서 '무료'나 '공짜'라는 말이 힘을 발휘한다. 자신은 아무 대가도 치르지 않아도 된다고 생각하기 때문이다. 1000원의 값을 치르라고 할 때와 공짜로 준다고 할 때의 반응은 수십 배 이상 차이가 난다. 일회용 봉투나 컵을 50원 또는 100원을 주고 사게 하는 것도 이런 소비자 심리를 활용한 것이다. 최소 이익의 크기만 제대로 파악해도 이익이라는 무기를 효과적으로 사용할 수 있다.

어린아이와 10~20대에게는 재미와 흥미가 이익 못지않게 중요하다. 자기가 좋아하는 가수의 콘서트를 보기 위해 며칠 밤을 새우는 사람들은 모두 젊은 층이다. 아이들은 종일 재미를 찾아다닌다. 그래서 아이들에게 인기를 얻으려면 재미있어야 한다. 유의할 점은 아이들은 뻔한 결과에는 반응하지 않는다는 것이다. 과정과 결과가 모두 가변적일 때 더 열광적으로 반응한다.

반면 성인 남성들은 주로 관계로 움직인다. 보통 남성들은 단골 지향형이다. 동네의 특별할 것 없는 작은 술집들이 망하지 않고 운영되는 이유는 주 고객이 성인 남성이기 때문이다. 이들은 외부의 큰 자극이 없는 한 자신을 기억해 주는 집을 다시 찾는다. 이들은 자신이 사용해 온 브랜드를 쉽게 바꾸지도 않는다. 그래서 남성을 주 고객으로 사업하는 경우에는 그 사람을 기억해 주고 관계 형성을 위한 별도의 노력을 기울여야 한다. 이때 유의할 것이 있다. 첫 거래에 정성을 들여야 한다. 처음이 좋으면 다음 연결이 쉽지만, 첫 경험이 불쾌할 때는 부정적인 태도를 바꾸기가 거의 불가능하다.

습관은 어느 계층의 사람에게나 똑같이 영향력을 발휘한다. 그래서 습관은 사람을 움직이는 가장 강력한 동인動因이다. 알코올 중독, 마약 중독, 흡연 등이 사회적 이슈로 다루어지는 이유는 그 폐해를 심각하게 지각하고 나서도 습관으로 인해 행동을 바꾸지 못하기 때문이다. 사람을 움직이는 무기로서 습관을 갖게 한다는 것은 일종의 중독을 만들어내는 것을 의미한다.

비즈니스에서 가장 강력한 중독은 '브랜드 중독'이다. 많은 사람이 자신이 원하는 브랜드 제품 하나를 사기 위해 한 달 용돈을 다 써도 불평하지 않는다. 어쩌다 그 브랜드가 세일을 한다면 1~2킬로씩 긴 줄을 선다. 이른바 짝퉁 시장이 형성되는 것도 브랜드 중독에 따른 현상으로 이해할 수 있다. 일본을 중심으로 활성화되어 있는 마니아mania 시장도 일종의 습관에 기반한 시장이다. 자신의 제품이나 서비스에 길들여져 있는 고객을 일정 숫자 이상 확보할 수 있으면 그 비즈니스는 유용한 결과를 반복할 수 있다.

변수를 조합하면 더 강력해진다

각 변수를 두세 가지씩 조합해 사용하면 반응은 더욱 증폭된다. 이미 관계가 형성되어 있는 집단에 이익을 더하면 매우 호의적인 반응이 나타난다. 경영 기법 중 하나인 CRMcustomer relationship management이 대표적인 예다. 80퍼센트의 매출과 이익을 만들어내는 20퍼센트의 고객을 구분하고, 그들이 지속적인 고객이 될 수 있도록 특별 관리를 하는 방식이다. 생소한 용어이긴 하나 사실은 관계를 중심으로 이익을 덧붙여서 기존 고객을 유지하고 강화해 기업의 이익을 극대화하는 노력이다.

이익에 재미와 흥미를 더하면 더욱 효과적인 반응을 이끌어낼 수 있다. 그냥 주지 않고 즉석 복권 형태의 상품권을 제공하거나, 다트를 던져서 사은품을 받게 하거나, 돌아가는 통 안에 손을 넣어서 선물 이름이 적힌 공을 잡게 하는 게임이 이런 경우다. 이익이 최종 목적이라 해도 이익 자체만 강조하면 사람들이 천박하다고 느낄 수도 있고 자존심에 상처를 입을 수도 있다. 관계나 재미를 중심으로 진행하고 이익은 당연한 결과인 것처럼 제공하면 사람들은 훨씬 더 호의적으로 반응한다.

습관이 목표다

사람을 움직이는 마케팅의 최종 목표는 습관에 두는 것이 바람직하다. 좋은 의미에서 중독시키는 것이다. 일단 습관이 형성되면 웬만한 힘으로는 바꾸기 어렵다. 이미 자사에 길들어져 있는 고객을 경쟁 상대가 빼앗아 가려면 엄청난 대가를 치러야 한다. 고객과의 관계가 크게 틀어지지 않는 한 현실적으로 한번 습관이 형성된 고객을 빼앗기는 어렵다는 뜻이다. 따라서 이익, 재미, 관계에서 시작되었더라도 마지막은 습관적으로 나를 찾아오도록 시스템화해야 한다.

이전에는 규모가 큰 비즈니스 조직인 호텔이나 항공사 등에서만 진행하던 마일리지나 포인트 제도가 동네 가게나 주유소 등에서 이루어지는 것도 한 번 방문한 고객이 습관적으로 다시 찾아오게 만드는 시스템이 상용화된 경우다. 주변을 세심하게 살펴보면 모든 비즈니스 조직이 고객과의 관계에서 지향하는 바도 결국 습관을 형성하려는 노력임을 알 수 있다. 습관이 사람을 움직이는 가장 효과적이고 효율적인 변수이기 때문이다.

거래의 시작 → 유지 → 효율의 단계로 발전하기

첫째, 첫 거래를 어떻게 시작할 것인가? 둘째, 시작된 거래를 어떻게 지속할 것인가? 셋째, 효과의 범위를 넘어서 효율을 유지하며 거래 관계를 유지할 방법은 무엇일까? 이 세 가지 질문에 대한 답을 찾는 것이 『사장학 수업 Ⅱ』에서 설명하고 강조했던 사장의 '생존의 리더십'을 정립하는 과정이었다.

3단계 마케팅 준비하기

먼저 '3단계 마케팅'에 익숙해져야 한다. 3단계 마케팅은 잠재 고객의 '방문 → 구매 → 재방문'의 3단계 행동을 모티브로 삼아서, 기업과 브랜드 입장에서 구체적으로 실행할 수 있는 접근 방식을 정돈한 것이다. 고객이 방문할 수 있도록 고지하고, 방문 고객이 구매할 수 있는 환경을 만들고, 경험한 고객이 재방문할 수 있는 장치를 마련하는 것이 3단계 마케팅의 골격이다.

1단계는 고객이 방문할 수 있도록 고지하는 것이다. 고지의 내용은 목표 고객의 '만족 블랙박스 변수'를 강하게 건드릴 수 있는 브랜드 약속이 중심이 된다. 2단계는 방문한 고객이 구매할 수 있는 환경을 갖추는 것이다. 성실한 실행이 중요하다. 그리고 방문 고객이 빈손으로 나가지 않도록 한다는 관점에서 구매 환경을 꾸미는 것이다. 3단계는 구매 고객이 재방문할 수 있는 장치를 마련하는 것이다. 재방문이란 본인의 재방문 외에 다른 사람에게 추천하거나 호의적인 입소문을 전하는 것까지 포함한다.

단계별로 영향을 주는 변수가 다르다

제품의 품질은 3단계 중 어디에 가장 큰 영향을 미칠까? 품질은 구매가 아닌 재방문에 영향을 미친다. 첫 구매 시점에 상품의 질을 정확히 알고 구매하는 사람은 많지 않기 때문이다. 이미 사용해 본 경험이 있는 주변 사람들의 평가, 상품을 구매할 때의 현장 분위기, 할인 또는 무이자 할부 등 가격에 관련된 조건 등이 구매에 직접적인 영향을 미친다.

아이템의 특성, 경쟁 상황, 시기 등에 따라 다소 차이가 있으나 고객의 3단계 행동에 영향을 미치는 변수들은 대략 다음과 같다.

'방문'에 영향을 주는 것은 브랜드에 대한 호의적인 인식과 접근성인 경우가 많다. 목 좋은 가게의 권리금이 높은 이유가 여기에 있다. 적극적으로 알리지 않아도 고객들이 움직이는 동선에 위치함으로써 많은 사람이 방문할 수 있는 환경이기 때문이다. 오픈 매장에는 '오픈발'이라는 것이 있다. 새로움에 대한 호기심이 사람들의 발길을 잡는 것이다. 이미 경험한 사람들의 추천도 방문을 유도하는 데 중요한 요소가 된다.

'구매'에 영향을 주는 것은 구매 시 현장 분위기와 관련된 변수가 대부분이다. 판매 직원의 역할이 중요한 이유가 여기에 있다. 재킷을 고른 손님에게 그와 잘 어울리는 셔츠와 타이를 권하면 대부분 받아들인다. 손님이 요구하는 상품이 없어도 대체할 만한 다른 적절한 상품을 소개하면 구매가 쉽게 이루어진다. 비슷한 상품이라면 할인, 무이자 할부 등 부대조건이 유리할수록 쉽게 구매한다. 인터넷 쇼핑몰이나 케이블 TV를 통한 홈쇼핑의 경우 상품에 대한 구체적인 정보와 이미 사용한 사람들의 의견이 영향을 끼친다. 애프터 서비스나 배송 같은 조건이 구매에 영향을 주는 경우도 많다.

'재방문'에 영향을 주는 것은 주로 품질에 대한 평가와 호의적인 구매 경험 여부다. 자신이 구매한 상품에 만족한 경우에는 자연스럽게 주변 사람들에게 호의적인 입소문을 전달하기 마련이다. 자신에게 새로운 필요가 생기면 그곳을 재방문할 가능성이 크다. 판매원의 친절함과 세심한 애프터 서비스도 재방문에 영향을 미친다.

대부분의 고객이 상품 구매 후에는 '괜찮았다'와 '별로였다'의 두 가지 중 한 가지를 기억하는데, '괜찮았다'의 기억이 재방문으로 이끄는 것이다. 마일리지나 포인트 적립 등 금전적 보상을 하거나 고객 관리 등을 통해 특별한 관계를 형성하면 재방문에 긍정적인 영향을 준다.

3단계 마케팅 실행하기

3단계 마케팅을 준비할 때와 실행할 때 순서가 조금 바뀐다. 실행의 첫째 단계는 고객이 구매할 수 있는 환경을 세팅하는 것이다. 둘째 단계는 구매 고객이 재방문할 수 있는 장치를 갖추는 것이고, 준비의 마지막 단계는 고객이 방문할 수 있도록 매력적으로 알리는 방식을 찾는 것이다. 그래서 3단계 마케팅의 실행은 '구매 환경 세팅' → '재방문 장치 갖추기' → '방문할 수 있도록 고지'의 순서가 된다.

실행의 첫 행동은 방문 고객이 적극적으로 구매할 수 있는 적절한 환경을 만드는 것이다. 구매율과 객단가(고객 1인당 평균 매입액)를 높이는 방법을 지속해서 연구해야 한다.

두 번째는 방문한 고객 또는 구매한 고객이 재방문할 수 있도록 장치하는 것이다. 구매 고객 자신의 재방문뿐만 아니라 다른 사람에게 추천하거나 호의적인 입소문을 퍼뜨릴 수 있도록 유도하는 방법을 찾아야 한다.

세 번째는 '방문'할 수 있도록 자신의 존재를 알리는 것이다. 자신의 강점과 차별성을 적절한 메시지와 매체를 통해 목표 고객에게 전달할 구체적인 방법을 준비해야 한다.

방문 → 구매 → 재방문을 단계별로 유도하기 위한 자기 나름의 방법을 정립했다면, 그 중에서 경쟁우위가 있고 차별화시킬 수 있는 효과적인 방법 하나를 결정하고, 그것을 중심으로 다른 방법을 매끄럽게 연결해야 한다. 전달할 메시지와 핵심 방법은 단순할수록 효과적이다. 한 가지 콘셉트concept를 중심에 두고, 단계별로 적절한 방법을 매끄럽게 연계시킴으로써 3단계 마케팅을 더욱 효과적으로 활용할 수 있다.

3단계 마케팅은 한 번으로 끝나지 않는다. 단계별로 가장 효과적인 방식을 찾으려는 노력이 계속되어야 한다. 그렇게 3단계 마케팅을 반복하면서 고객나무가 자란다.

자기만의 무기 만들기

이 장의 주제가 '3단계 마케팅'이면서도 '사람을 움직이는 네 가지 변수'에 더 많은 내용을 담은 이유가 있다. 3단계 마케팅은 생각과 행동의 골격이지만, 실제 실행의 과정에서 상황에 적합한 아이디어를 내고 구체적으로 실행하기 위해서는 사람을 움직이는 동인motive에 대한 폭넓은 이해가 필요하기 때문이다.

우리가 통상 아이디어라고 표현하는 단어 속에 숨겨진, 3단계 마케팅과 사람을 움직이는 네 가지 변수를 통합해서 자신의 고객을 모으고 유지하는 구체적인 행동 양식을 정립하자. 자신의 아이템에 적합하고 사업적 가치관에 적합한 효과적인 방법들을 찾아내는 것이다. 이때 3단계 마케팅의 초점이 새로운 고객을 확보하는 것과 기존 고객을 유지하는 것 두 가지임을 꼭 기억하자.

4장

사장이 꼭 알고 실행해야 할 세 가지 행동 양식

이 책의 1부 1~3장에서
비즈니스맨으로서 사장이 꼭 알아야 할
총 열다섯 가지(6.6.3) 비즈니스 패러다임을 설명했다.

그중에서 다음 세 가지를
자신의 행동 양식으로 삼을 것을 권한다.

1. 효과의 때를 벤치마킹하라
2. 양질전환의 때까지 인내하라
3. '만족'을 'Give'하되 사실화하라

16 효과의 때를 벤치마킹하라

대학교수나 경영 컨설턴트들은 풍부하고 정리된 지식을 가진 사람들이지만, 그들이 자기 사업에서 성공한 예는 흔치 않다. 때로는 너무 많이 알아서 사업 진행에 방해된다는 평가를 받기도 한다. 왜 그런 현상이 일어나는 것일까?

효과를 추구할 때와 효율을 추구할 때를 구분해야 한다

경영 이론가들은 대부분 효율을 연구하고 추구한다. 그래서 효과의 단계를 넘어선 기업에는 도움을 줄 수 있지만, 아직 효과의 단계를 넘어서지 못하고 생존을 도모하는 단계의 기업은 도움을 받기가 쉽지 않다. 『사장학 수업』의 핵심 내용인 '사장이 넘어야 할 다섯 개의 산'에서 생존의 산을 넘는 방식, 즉 효과의 시기를 넘는 방식을 가르치는 곳이 없어 배울 수도 없기 때문이다. 어쩌면 이것이 내가 『사장학 수업』 시리즈를 집필하는 가장 큰 이유이기도 하다.

대학교수나 경영 컨설턴트들이 자신의 기업을 직접 경영할 때 좋은 결과를 내지 못하는 이유도 여기에 있다. 그들은 효율을 추구하는 데는 익숙해도 효과의 단계에 있는 기업을 경영하는 방식에 대해서는 일반인의 상식을 넘지 못한다. 앞서 강조했듯이 '생존의 산'을 넘는 방식에 대한 배움도 경험도 없기 때문이다.

이 책 1장에서 '효과와 효율'의 패러다임을 설명하면서 비즈니스는 효율의 게임이며 효율을 추구하는 시기에 돈을 벌 수 있음을 강조하고, 효과를 얻으려는 사람에게 효율을 제공할 때 돈 벌기가 용이함을 설명했다. 그러나 효율을 추구하기 위해서는 먼저 효과의 시기를 거쳐야 함을 알아야 한다.

성공하기 이전 모습을 벤치마킹하라

비즈니스 관련 책을 읽을 때는 분석가의 책보다는 사업을 이끌었던 사람이 직접 쓴 책을 읽는 것이 좋다. 그래야 실용적으로 적용할 수 있는 구체적인 방식을 배울 수 있다. 헤매고 서툴던 효과의 시기에 현재의 자신을 대입할 수 있기 때문이다. 현재의 성공을 강조하는 분석가의 책에서는 효과를 지향하는 시기의 시행착오나 헛발질을 언급하지 않는다. 이미 성공한 모습을 이론적으로 정리해서 사람들이 잘 이해할 수 있도록 설명해 줄 뿐이다.

그러나 대부분의 비즈니스 진행 과정에는 현재의 성공 뒤에 가려진 실패의 경험과 기록이 숨겨져 있다. 사업을 진행하는 긴 시간의 관점으로 보면, 어떤 순간의 성공은 오히려 실패를 만들고 어떤 순간의 실패는 오히려 성공의 씨앗이 되는 경우가 비일비재하다.

빙산의 아랫부분을 키워라

본질상 비즈니스는 효율의 게임이다. 그래서 세간에 성공했다고 평가받는 기업들은 대부분 효율을 지향하는 상태로 드러난다. 그러나 현재의 효율적인 모습을 갖추기 전에는 예외 없이 시행착오를 포함하여 효과를 지향하는 시기를 지난다. 효과의 시기를 거친 후에 비로소 효율에 접근할 수 있기 때문이다. 그러나 성공한 후에는 효과를 추구하던 시기의 과정은 쉽게 드러나지 않는다. 마치 빙산의 윗부분만 보이고 그보다 아홉 배 이상 큰 아랫부분이 눈에 보이지 않는 것과 같다.

결국에 빙산 윗부분의 크기를 키우려면 드러나지 않은 아랫부분을 키워야 함을 꼭 기억하자. 그래서 이미 성공한 사람들을 배우고 벤치마킹할 때는 성공하기 이전에 어떤 노력과 과정을 거쳤는지 살펴야 한다. 내가 『사장학 수업』에서 강조했던 'Before' 과정이 그것이다.

유명한 배우가 되고 싶다면 이미 유명해진 사람의 현재 모습을 따라 하려는 시도는 적절치 않다. 그가 무명 시절에 어떤 노력과 접근을 했는지 살펴야 한다. 실제로 성공한 기업들의 시작은 대부분 작고 미미했다. 화려한 모습으로 박수를 받으면서 시작하는 사업은 존재하지 않는다. 처음부터 효율을 얻을 수 없기 때문이다. 배고프고 힘든 효과의 시기를 넘어서야 비로소 비즈니스 게임의 본선에 들어설 수 있다.

사업에 성공한 사람들이 공통적으로 하는 말이 있다. "제 성공의 절반 이상은 우연이었습니다." 이 말은 결코 겸손의 말이 아니다. 정말 그렇다. 그러나 성공의 절반 이상이 우연이었다면 도대체 그들에게서 무엇을 배울 수 있단 말인가? 우연히 만난 시장 기회들, 우연히 찾아온 꼭 필요한 사람들, 어느 순간 번득 떠오른 꼭 필요한 아이디어들, 이제 끝났구나 하고 포기하려는 순간 다가온 도움의 손길들. 이 모든 것은 결코 우연히 얻어진 것들이 아니다. 뿌린 씨앗이 있었기에 맺힌 열매들이다.

실제로 우연이란 없다. 우연을 가장한 필연만이 있을 뿐이다.

고민하고 행동했던 사람, 그 시간을 극복해 현장에 남은 사람만 이 할 수 있는 이야기가 있다. 그것을 읽고 거기서 배워야 한다. 성공하기 이전에 치열하게 방법을 찾아서 고민하고 노력했던 시기의 모습을 벤치마킹해야 한다.

17 양질전환의 때까지 인내하라

아버지는 내가 다섯 살이 되었을 때 높은 곳에서 뛰어내리는 요령을 가르쳐주셨다. 반드시 두 발로 착지해야 한다는 것이다. 그래야 다치지 않는다고 강조했다. 실제로 그렇게 했더니 한 발로 떨어질 때보다 훨씬 안정감을 느낄 수 있었다.

군대에서 이등병 시절에 제대를 두 달 앞둔 사수(선임병)에게서 야간 사격 요령에 대해서 배웠다. 그는 소대에서 야간 사격을 가장 잘하는 사람이었고, 그에게서 요령을 배운 나도 얼마 지나지 않아 야간 사격을 잘하는 사람으로 인정받게 되었다(10발 사격에 7발이 한 구멍으로 들어간 적도 있었다. 와우!).

요령이란 모르는 사람에게는 특별한 것이지만 방법을 아는 사람에게는 그다지 특별한 것이 아니다. 다만 머리로 이해하는 것에서 멈추지 않고, 몸에 배게 해서 능숙하게 사용할 수 있는 상태를 유지하는 것이 중요하다. 다만 사장으로서 지식을 추구할 때 유의할 것이 있다. 상황을 분석하는 지식이 아닌 '상황을 만드는 지식'을 추구해야 한다.

상황을 만드는 지식에 집중하기

절묘한 각도로 프리킥을 차는 선수가 상황을 만들어내는 지식의 소유자라면, 그 프리킥이 왜 유효한지 설명하는 해설가는 상황을 분석하는 지식의 소유자다. 어떤 기업이 왜 성공할 수밖에 없었는지 잘 설명하는 경영 컨설턴트가 상황을 분석하는 지식의 소유자라면, 3년이나 5년 후의 경쟁력을 상상하면서 기업의 체질을 다지는 기업가는 상황을 만드는 지식의 소유자다. 우는 아이의 심리 상태를 잘 파악하고 울음소리에 따라서 아이의 욕구를 구분해 내는 아동 심리학자가 상황을 분석하는 지식의 소유자라면, 업기만 하면 아이의 울음을 뚝 그치게 만드는 이웃 아주머니는 상황을 만드는 지식의 소유자다.

어떤 지식은 상황을 분석하면서 상황을 만들어내는 작용을 하기도 한다. 그러나 보통은 상황을 분석하는 지식과 상황을 만드는 지식이 구분된다. 상황을 분석하는 데는 도움이 되지만 자신이 원하는 상황을 만들지 못하는 지식은 경계해야 한다. 상황을 분석하고 이해하는 것은 자신이 의도한 결과를 만들기 위한 과정일 때 의미가 있다. 따라서 '안 되는 이유'와 '그렇게 할 수 없는 이유'를 설명하는 데 긴 시간을 할애하지 않도록 유의해야 한다. 모든 사장은 자신이 원하는 상황을 만들어내는 것에 초점을 두고, 그것을 구체적으로 구현할 방법과 접근 방식을 찾는 것에 열심이어야 한다.

일한다는 것은 '방법을 찾으면서 진도를 나가는 것'이다. 구체적인 실행의 방식으로 2장에서 설명한 '변수변환'은 매우 유용한 접근 방식이다. 주어진 상황이나 문제를 자신이 통제할 수 있는 형태로 바꾸어서 해결하는 방식을 적극적으로 연습하자. 장애물이 생길 때마다 변수변환의 요령을 사용하자. 문제의 현상 속에 숨겨진 본질을 포착하고, 문제의 해결책이 반드시 존재한다는 믿음을 갖고 구체적으로 문제 해결을 경험하는 것이다. 그런 과정들을 반복해야 비즈니스 내공이 쌓인다.

양질전환의 때까지 인내하라!

1장에서 설명했듯 일정 이상의 양이 축적되면 저절로 질적 전환이 이루어진다. 이것은 우리가 사는 세상에서 반복되는 일종의 법칙에 가깝다. 양의 축적이 질적인 전환의 본질임을 꼭 기억하자. 비즈니스를 진행하는 방향이 맞으면 쉽게 포기하지 말고 그러한 노력의 축적이 질적인 변화로 나타날 때까지 인내해야 한다. 그런데 양질전환의 때가 언제인지는 쉽게 알기 어렵다. 그래서 자신의 삶에서 바른 방향을 찾는 것이 매우 중요하다. 그리고 자기 생각을 계속 발전시켜야 한다.

『사장학 수업』에서 '지혜'가 무엇인가에 대한 내 의견을 밝혔다. 지혜의 8할은 '구분'이며, 특히 사장은 자기 사업의 방향, 순서, 가중치에 대해 구분의 지혜를 갖추어야 한다고 강조했다. 또한 『사장학 수업 II』에서는 사장이 갖추어야 할 기초 역량으로서 '가중치weight를 보는 능력'과 '되게 하는 능력' 그리고 '변화를 수용하는 자세'를 갖출 것을 요구했다. 만약 사장 혼자만의 힘으로 할 수 없다면 주변에 멘토를 두어서 자신의 부족한 역량을 보충할 방법을 찾아야 한다.

『사장학 수업 III』에서는 사장의 관점을 강조한다. 사장은 '객관적 관점'을 갖추어야 한다. 그리고 객관적 관점에 '주관적 신념'을 더해서 '객관적 관점 + 주관적 신념 = 객관적 신념'으로 발전시켜야 한다. 먼저 자신의 '객관적 신념'을 분명히 하고, 자기 기업에 적합한 사업 패턴을 찾아서 정착시켜야 한다. '관점 → 패턴

→습관'이 이어져 사장 개인은 물론 기업의 관점에서 성과를 내는 습관이 형성된다면 비로소 기업의 성공 공식이 완성되는 것이다.

되게 하는 습관을 가져라

습관을 갖는 것이 중요하다. 자신의 전략을 분명히 하고, 목표하는 바를 달성하고자 하는 열망과 구체적인 방법을 찾아서 행동하는 태도를 습관으로 만들어야 한다. 기회가 보이고 준비가 되었다면 이제 시작하라. 그러나 작은 것에서부터 출발하라. 작은 것에서 큰 것으로, 쉬운 것에서 어려운 것으로 나아가며 자신이 가진 '진실의 꼬투리'를 키워가는 것이다. 안 되는 이유가 아니라 될 필요에 집중하면서 가능성을 키워가야 한다.

준비와 실행의 과정에 진심으로 집중하라! 스스로 설정한 목표에 도달하기 위해 전력투구해야 한다. 그러면 성과를 얻는다. 간혹 결과가 기대에 못 미치거나 예상치 못한 장애물을 만나서 고꾸라지기도 한다. 그 모습이 다른 사람의 눈에는 실패처럼 보일지 몰라도 시간이 지나면 성공의 씨앗이 된다. 성공한 사람들의 진실한 기록을 꼼꼼히 살펴보라. 형태는 달라도 예외 없이 그런 과정을 지나왔다.

옳은 방향, 효과적인 방식을 정립하고 양을 축적하라. 매일 아침 태양이 떠오르는 것처럼 자신의 목표를 향해 끊임없이 나아가라. 시간은 당신 편이다. 시간이 지나면 당신은 질적 전환의 과정을 경험하게 될 것이다. 그리고 곧 당신의 발자취를 뒤따르는 사람들을 만나게 될 것이다.

18 만족을 Give하되 사실화하라

비즈니스의 핵심 단어는 '거래'이다. 거래를 시작하고, 시작한 거래를 지속할 수 있으면 된다. 그래서 언제 어떤 방식으로 거래를 시작하고, 그 거래를 자신에게 유리한 방식으로 지속할 수 있을지 생각하고 방법을 찾는 것이 비즈니스 진행의 근간이다.

비즈니스는 거래를 만드는 게임이다

경영의 구루로 불렸던 피터 F. 드러커는 새로운 고객을 모으고 기존 고객을 유지하는 것을 기업 활동의 핵심이라고 강조했다. 거래를 만들고 유지하는 것이 비즈니스 성공의 요체인 것이다. 따라서 사장은 어떤 한 사람과의 거래, 특정 집단과의 거래, 불특정 다수와의 거래 등 자신의 상황에 적합한 거래를 성공적으로 반복할 수 있는 능력을 갖추어야 한다. 그래서 비즈니스 게임의 리더인 사장은 거래를 만들고 지속할 수 있는 자기 공식을 갖고 있어야 한다.

비즈니스를 성공으로 이끄는 핵심 단어는 '차별화'이다. 차별화란 고객에게는 새로움이고, 경쟁자에게는 경쟁우위이고, 기업에는 자신의 핵심 역량이 중심이 된 전략이다. 차별화를 만드는 개념은 세 개의 원 그림으로 쉽게 설명된다(그림 6-4, p.71). 고객의 원에 속하면서 업계 경쟁자들이 간과하는, 그리고 자신의 핵심 역량을 바탕으로 고객의 숨겨진 욕구와 필요를 채워줄 수 있도록 사업화하는 것이다.

고객과의 첫 거래를 위해서는 고객 만족의 영역에 속한 변수 중 하나를 해결할 수 있는 구체적인 방법을 제공하면 된다. 첫 거래에 성공한 후에는 만족의 영역에 있는 핵심 변수를 기업의 핵심 강점으로 유지하도록 지속해서 투자하고, 불만족의 영역에 있는 변수들을 업계 평균으로 유지하도록 노력하면 된다.

이 과정에서 자신의 상품을 매력적으로 사실화寫實化, perception 할 수 있는 자기 나름의 방법을 준비해야 한다. 사실화를 위한 아이디어는 책, 기사, 시장조사 등을 통해 구체적인 형태와 방법을 배우고 흉내 낼 수 있다. 아이디어 자체의 독창성보다는 자기 상품의 강점과 목표 고객 만족의 영역에 있는 핵심 변수를 효과적으로 연결할 수 있는 아이디어를 찾아내는 데 초점을 둬야 한다.

만족을 Give하되 사실寫實화하라!

거래를 만드는 세 가지 요건이 있다.

첫째, 목표 고객의 '만족 블랙박스' 속 변수를 건드려야 한다. 불만족 블랙박스 속 변수는 평판을 좋게 할 뿐이지 돈이 지불되는 거래는 만들지 못한다.

둘째, 기브 앤드 테이크Give & Take 공식을 기억하고 적용해야 한다. 목표 고객 또는 거래할 상대를 상상하면서, 상대가 주는 것(give)보다 받는 것(take)이 더 많다고 생각할 수 있도록 만들면 된다. 대부분의 평가는 주관적으로 이루어진다. 따라서 상대로 하여금 자신이 준 것보다 받은 것이 더 크고 많다는 지각을 유지할 수 있도록 노력해야 한다. 일반적으로 고객들은 자신의 기대보다 약간 더 큰 만족이 제공될 때 준 것보다 받은 것의 크기가 더 크다고 받아들이는 경향이 있다.

셋째, 그 내용을 가시화할 방법을 찾아서 실행해야 한다. 사장은 자신이 가진 진실을 상대방 또는 목표 고객에게 효과적으로 사실화할 수 있는 연결점이 필요하다는 것을 분명히 알아야 한다. 좋은 상품을 가지고 있다면 그 상품이 좋은 것임을 상대가 확인할 수 있도록 장치하는 것이다. 자신이 원하는 지각을 만들어낼 수 있는 어떤 자극 또는 메시지를 찾아내야 한다. 그리고 진실을 지각한 고객이 자신의 가게를 방문, 구매할 수 있는 계기를 제공해야 한다.

모든 비즈니스 과정에 꼭 들어 있는 광고와 홍보의 본질은 '진실의 사실화寫實化'이다. 목표 고객의 만족 블랙박스를 건드릴 수 있는 상품을 준비하고 그다음에는 잠재 고객의 기억 속에 차별화된 지각을 만들어야 한다. 자신의 진실과 상대가 듣고 싶은 내용을 연결해서 사실화할 때 효과적이다. 그리고 그것을 쉽게 이해할 수 있도록 가능한 한 단순화시켜서 전달하는 것이 요령이다. 한 번에 한 가지만 전달하는 것도 중요하다. 우리가 브랜딩branding이라고 표현하는 활동의 핵심이자 본체는 잠재 고객의 기억 속에 브랜드 고유의 차별화된 인식을 심어주는 것, 즉 자신이 가진 진실을 사실화하는 것이다.

이 책의 1부에서 설명한 내용을 실행으로 옮길 때는 단 하나의 문장, '만족을 Give하되 사실화하라!'를 명확히 알고 실행하길 바란다.

2부

비즈니스 프로세스
: 3+5+2=10단계

A BUSINESS ADMINISTRATION CLASS

5장

사업의 결과를 성공으로 이끄는 10단계 프로세스

사업에 대한 열망과 의지가 차고 넘쳐도
타고난 재능을 가진 사람을 이기기 어렵다.
그들의 본능적인 행동이 비즈니스의 핵심을 건드리기 때문이다.

그러나 한 가지 이기는 방식이 있다.
적절한 프로세스를 알고 실행하면 된다.
평범한 사람도 성실함을 무기로 적절한 프로세스를 따르면
타고난 재능을 가진 사람 못지않은 성과를 낼 수 있다.

사업을 시작하는 시점에는
타고난 재능을 가진 사람보다 불리할지 몰라도
일단 프로세스에 익숙해지면,
평범한 사람의 끈기가 타고난 재능을 가진 사람을 능가한다.

사업 경험이 없고 미숙한 초보 사장도
프로세스를 밟으면서 의미 있는 성공에 접근할 수 있다.

19 비즈니스 프로세스 10단계

봄의 전령으로 통하는 개나리는 잎이 나기 전에 먼저 꽃을 피운다. 우연히 그런 것이 아니다. 화려하지 않은 개나리는 다른 꽃들이 피어난 후에는 경쟁력이 별로 없기 때문이다. 경쟁우위를 갖추지 못한 탓에 시기적으로 먼저 꽃을 피움으로써 벌이나 나비의 관심을 끌려고 하는 나름의 전략적인 행동이다.

새끼들을 데리고 새로운 수컷을 만난 암컷 사자는 경계심을 늦추지 않는다. 수컷 사자가 자신의 씨가 아닌 새끼들을 물어 죽이는 경우가 많기 때문이다. 그런데 수컷 사자가 자신의 새끼를 물어 죽인다 해도 암컷 사자는 그 수컷에게 분노하지 않고 오히려 애교를 부린다. 새끼를 또 낳아야 하기 때문이다. 인간의 정서와 사뭇 다르다.

순환의 원리는 비즈니스에도 적용된다

지구상에 존재하는 생물의 행동을 이해하기 위해서는 반드시 두 단어를 알아야 한다. 하나는 '생존'이고 또 하나는 '번식'이다. 식물, 동물, 곤충 등 모든 생물은 생존하고 번식하기 위해 행동하고, 환경에 적응하고자 노력한다. 생존과 번식을 위한 각 종의 필사적인 삶은 먹이사슬이라는 순환 고리에 의해 연결된다. 순환의 테두리 내에서 생존과 번식의 균형이 유지되는 것이다.

순환 고리가 끊어지면 자연계는 무너진다. 최근 들어 환경을 더 중요하게 여기고 무분별한 자원 남획을 막는 이유도 인간으로 인해 자연의 순환 고리가 깨지는 것을 막기 위함이다. 인간의 건강한 삶을 유지하는 데 필요한 것 역시 '순환'이다. 먹고 소화하고 싸는 순환이 깨지면 정상적인 삶이 어려워진다.

이러한 순환의 원리는 사업과 비즈니스에도 그대로 적용된다. 실패를 피하고 성공 확률을 높이는 데 순서가 필요하며, 그에 따른 행동이 순환의 테두리 안에서 반복된다. 그림으로 표현하면 다음과 같다.

비즈니스 프로세스 10단계

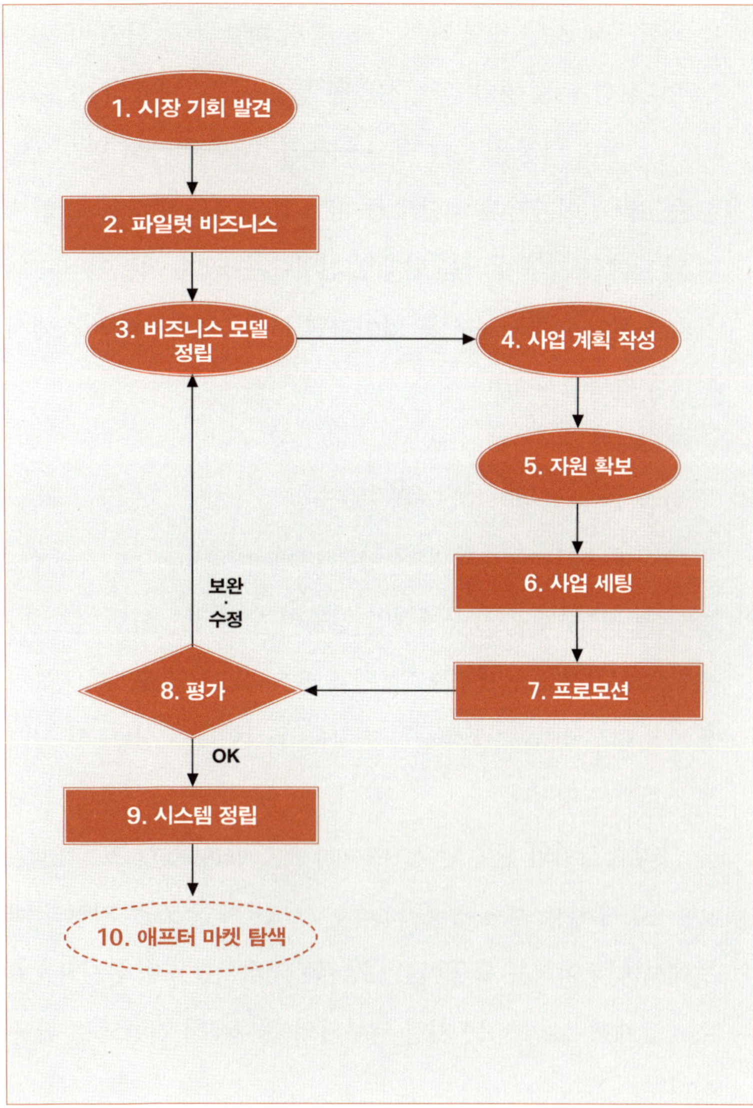

1. 시장 기회 발견 → 2. 파일럿 비즈니스 → 3. 비즈니스 모델 정립 → 4. 사업 계획 작성 → 5. 자원 확보 → 6. 사업 세팅 → 7. 프로모션 → 8. 평가 → 9. 시스템 정립 → 10. 애프터 마켓after market 탐색의 과정을 통해 다시 처음의 '1. 시장 기회 발견'으로 순환 고리가 이어진다. 10단계 중 어느 한 단계도 생략할 수 없으며 앞 단계를 지나야 다음 단계로 진입할 수 있다. 이것이 비즈니스의 순서다. 이렇게 순서를 밟아가면 자연스럽게 비즈니스에서 성과를 창출할 수 있다.

비즈니스 프로세스 10단계의 구분

그림에서 사각형으로 되어 있는 단계(파일럿 비즈니스, 사업 세팅, 프로모션, 시스템 정립)는 구체적인 행동이 수반되는 활동이고, 타원형으로 그려진 단계(시장 기회 발견, 비즈니스 모델 정립, 사업 계획 작성, 자원 확보, 애프터 마켓 탐색)는 머릿속 구상이나 도상圖上의 형태로 진행되는 것이다.

그리고 그림의 왼쪽 단계(시장 기회 발견, 파일럿 비즈니스, 비즈니스 모델 정립, 평가, 시스템 정립, 애프터 마켓 탐색)는 개인 또는 기업의 내부에서 이루어지는 활동이고, 오른쪽 단계(사업 계획 작성, 자원 확보, 사업 세팅, 프로모션)는 기업 외부와의 관계에서 진행되는 활동이다.

각 프로세스의 핵심은 단순하다. 그런데 이 단순한 핵심을 설명만으로 이해하기에는 다소 어려움이 있다. 그래서 현재 사업을 하는 개인이나 기업의 사례를 덧붙이고, 1부에서 설명한 18가지 '비즈니스 패러다임'과 연결해서 이해하도록 하자.

이제 10단계 비즈니스 프로세스가 무엇을 의미하는지, 단계별로 어떤 준비와 행동을 해야 하는지 구체적으로 살펴보겠다.

20 1단계: 어떤 시장 기회를 보았는가?

——— 모든 비즈니스는 시장 기회market opportunity를 포착하는 것에서 시작한다. 거래를 만들 수 있는 어떤 '거리'를 보는 것이다. 그 모양이나 형태는 천차만별이다. 시대와 상황에 따라 그리고 그 기회를 보는 사람이 누구냐에 따라 다르다. 모든 비즈니스는 자신의 눈에 기회로 들어오는 무언가를 잡는 것에서 시작한다.

속옷에 대한 상식을 바꾸다

대중목욕탕에서 옷을 벗는 사람들의 속옷 색깔이 흰색 하나였던 시절이 있었다. 요즘 젊은 세대들이 들으면 의아해할지 몰라도 35년 전의 한국 사람들의 속옷 색깔은 오직 하나, 흰색뿐이었다. 당시 인기 개그맨이었던 주병진 씨는 여기서 기회를 발견해 패션 속옷 사업을 생각했다.

외의外衣 시장은 가격대별 연령대별 이미지 차별화가 모두 이루어져 있고 수백 개의 경쟁 기업이 있는 데 반해 내의內衣 시장은 쌍방울, 백양, 태창 3사가 85퍼센트 이상의 시장을 점유하고 있었다. 게다가 빅3의 분할 점령으로 신제품 개발이나 디자인 개발, 품질 개발은 제자리걸음을 하고 있었다.

검정 팬티, 무지개색 브라, 야광 팬티 등 소비자가 선택할 수 있는 선택지를 넓혀서 생산자 중심의 체제를 소비자 중심의 체제로 바꾼다면 승산이 있어 보였다. 당시 1조 2000억 원 규모의 속옷 시장에서 1퍼센트만 건져도 120억 원이 가능하다는 계산이 나왔다. 100개 중 하나라면 해볼 만했다. 패션 내의 '제임스딘'으로 출발하여 현재 '보디가드'라는 브랜드로 알려져 있는 '좋은사람들'은 이렇게 한 사람의 직관에서 시작되었다.

어떻게 기회를 포착하는가?

날씨 좋은 가을 오후에 인사동의 조그만 카페에 앉아 있던 30대 남성에게 카페 주인이 불편한 기색을 내보이며 말했다. "손님, 주말에 이렇게 혼자 오래 앉아 계시면 영업에 지장이 있습니다. 그만 일어나주시면 좋겠습니다." 당시 여러 사정으로 궁핍한 형편이었던 그는 초라해지는 마음에 얼른 자리에서 일어날 수밖에 없었다. 자존심이 상한 탓에 분한 마음이 들기도 했으나 또 한편으로 장삿속만 따지는 각박한 현실에 안타까움이 겹쳤다.

그러다가 번뜩 떠오르는 것이 있었다. '오랫동안 앉아 있어도 쫓겨날 걱정 없는 편안한 카페를 만들면 어떨까?' 지금은 그 힘이 약해져서 사람들의 관심에서 멀어졌지만, 한동안 스타벅스에 대항할 수 있는 한국형 카페로 평가받던 '민들레영토'는 그렇게 시작되었다.

기회를 포착한 사람들

객관적인 시장 기회가 모든 사람에게 기회로 포착되는 것은 아니다. 먼저 누구에게나 노출된 기회가 자신의 눈에 들어와야 한다. 그리고 그 기회를 자신의 사업으로 연결할 수 있어야 한다. 눈에 들어온 기회를 사업으로 연결하는 과정에는 그 사람의 강점이나 핵심 역량이 녹아 있는 경우가 많다.

주병진 씨가 패션 속옷에서 기회를 본 것은 새로운 것을 시도하는 데 익숙한 그의 습관과 무관하지 않다. 〈일요일 밤의 대행진〉이나 〈주병진쇼〉를 통해 알려진 그의 순발력과 규정된 질서에 얽매이지 않으려는 노력이 기존에 없던 새로운 것을 상상하게 했을 수도 있다. 어릴 적부터 회사를 만들고 사장이 되어야겠다는 욕구가 있었다는 것은 후에 알려진 사실이다.

이미 유명인이었던 그는 자신의 직관을 믿고 패션 속옷 사업을 구체화하기 위해 밑바닥에서부터 이를 악물고 뛰었다. 그는 기본 원칙에 충실하면서도 사업에서 운의 중요성까지 알고 있던 사람이었다. 어찌 되었든 대한민국 모든 사람이 의심 없이 수십 년간 입어온 속옷 색깔이 그로 인해서 바뀌게 된 것은 분명하다.

민들레영토의 지승룡 소장이 편안한 카페를 떠올리고 그것을 '민들레영토'라는 사업으로 연결하기까지는 2000권 이상의 독서가 있었다는 사실이 숨어 있다. 서른여섯의 나이에 목회자라는 꿈을 접은 그가 할 수 있는 일을 찾기란 쉽지 않았다. 그래서 집에 있는 책을 모조리 읽기 시작했다. 두 달이 지나서 더는 읽을 책이 없어지자 도서관으로 갔다. 그는 자유 열람실에서 아침부터 저녁까지 책을 읽었다. 신문에서 시작해서 여성지를 읽고, 동화책에서 시작해서 화집을 읽고, 더 나아가 경제와 경영 분야의 책을 섭렵했다.

시험 공부하듯이 메모를 하고 필요하다고 생각되는 것들은 달달 외워가며 공부했다. 인간에 대해 알기 위해 사주, 관상, 부적 등에 관한 책도 읽었다. 책을 통해서 우주를 여행하고 세계

일주를 하고 사업 계획을 짜기도 했다. 인사동 작은 카페에서 겪었던 불편한 상황도 그 연장선에 있었다. 지승룡 소장이 그때의 경험을 사업 아이템으로 떠올리게 된 것은 결코 우연이 아니었다. 3년간의 독서를 통해 자리 잡은 의식과 무의식의 조화 속에서 실체가 드러난 것이다.

Before 시기의 숨겨진 씨앗 찾기

세상의 모든 일에는 반드시 Before 과정이 존재한다. 사업도 마찬가지다. 실제로 어떤 일이 될 만한 일인지 아닌지는 '어떤 Before 과정을 거쳤는가'를 통해 상당 부분 예측할 수 있다. 이것은 1장에서 설명한 '효과와 효율'의 관계 그리고 일이 진행되는 구조와 순서에 대한 통찰과 유사하다. 효과의 기간을 생략하고 효율을 추구하기가 불가능한 것처럼, 일의 성격과 관계없이 Before 과정을 거치지 않고 바로 Do로 진행되는 비즈니스 또한 존재하지 않는다.

주변에서 벌어지는 많은 일이 처음부터 Do의 형태로 진행되는 듯이 보이지만, 실제로는 수면 아래의 빙산처럼 드러나지 않은 Before 과정이 반드시 존재한다. 다만 직접적인 이해 당사자가 아니면 Before 과정이 외부에서 파악되지 않기에 마치 Before 과정 없이 바로 Do로 진행되는 것처럼 오해하고 착각하는 것이다. 앞서 '효과와 효율'의 패러다임을 설명할 때, 성공한 사람을 벤치마킹할 때는 그 사람이 효과의 시기에 무엇을 고민하고 노력하고 행동했는지 살피라고 한 것과 같은 맥락이다.

기회의 본질

기회란 직관이며 어떤 사업이나 주제 또는 전문 영역에 대한 몰입이다. 시장에서 기회를 포착한 사람들은 모두 그렇게 했다. 그들은 어렸을 때부터 자신의 관심 영역에 몰입하는 습관을 가진 사람들이었다.

모든 사업 아이템은 그 시대를 사는 사람에게는 모두 똑같은 기회다. 그래서 '객관적 시장 기회'일 뿐이다. 중요한 것은 '자기만의 시장 기회'를 찾아내는 것이다. 다른 사람이 몰라서 못 하는 것은 진짜 기회가 아니다. 빅 아이디어는 이미 사업 기반을 가진 사람들에게만 기회가 된다.

다른 사람이 모두 쉽게 접근할 수 있는 것도 진짜 기회가 아니다. 영업력, 자본력, 타이밍이 승부를 좌우하기 때문이다. 나의 실행 능력이 갖추어지지 않았을 때 주어지는 기회도 진짜 기회가 아니다. 기회를 보고 실행력을 갖추는 것은 대부분 현실적이지 못하다.

'남들이 알아도 못 하는 것'을 찾아내고 거기에 '내가 능숙하게 진행할 수 있는 것'을 덧붙일 때, 자신의 사업 기회가 만들어진다. 즉 '자기만의 시장 기회 = 경쟁자가 알아도 못 하는 것 + 자신이 능숙하게 진행할 수 있는 것'이라는 공식이 성립한다.

다른 사람은 어렵지만 나는 능숙하게 할 수 있는 것

경쟁자가 알아도 못 하는 것에는 시장이 너무 작아서 사람들이 관심을 두지 않은 것, 핵심 노하우가 없거나 남는 게 거의 없어서 경쟁자가 도외시하는 것이 포함된다. 진입장벽이 높고 힘들어서 못 하는 것도 포함된다. 경쟁자가 관심을 두지 않으면서 자신의 실행력이 뒷받침되는 곳에 시장 기회가 존재한다.

오랫동안 해왔던 일의 주변에 자기만의 시장 기회가 숨어 있을 가능성이 크다. 다른 사람은 어려워하지만 자신은 쉽고 능숙하게 처리할 수 있는 일이 많기 때문이다. 만약 완전히 새로운 영역에서 시장 기회를 찾아서 사업을 시작하려고 할 때는 그 일의 핵심 변수를 알고, 각 변수와 관련된 지식과 경험을 축적하기까지 최소한 2~3년의 준비 기간이 필요하다는 것을 꼭 기억하자.

좋은 사업 기회는 자신의 신념이 담겨 있고 자기 자신을 잘 정리해서 표현하는 곳에 있다. 그래서 스스로 배우고자 하는 것, 성취하고자 하는 것의 연장선에서 더 쉽게 기회를 찾을 수 있다.

반대로 좋은 아이디어가 순조롭게 사업으로 이어지는 경우가 거의 없다는 사실도 기억하자. 대부분의 독창적인 아이디어는 실행 과정에서 큰 어려움을 겪는다.

새로운 지평을 열 만한 아이디어를 통해 성공을 거둘 기회는 대부분 자신의 코앞에 있다.

21 2단계: 파일럿 비즈니스로 기회를 확인하라

눈에 들어온 시장 기회가 본인이 원하는 형태로 쉽게 풀리는 경우는 거의 없다. 멀리서는 단순하게 보였던 것이 가까이 가보면 어떻게 접근해야 할지 모를 만큼 복잡한 모양을 하고 있을 때도 많다. "인생은 멀리서 보면 희극, 가까이서 보면 비극"이라고 한 찰리 채플린의 말처럼, 기회는 멀리서 보면 황홀한데 그것을 구현하기 위해 가까이 가면 온갖 장애물과 어려움이 존재한다. 그래서 시장 기회를 포착한 후에 반드시 거쳐야 할 단계가 있다. '파일럿 비즈니스pilot business' 과정이다.

파일럿 비즈니스

이 말은 내가 통계 조사 등에 쓰이는 파일럿 서베이pilot survey의 개념에서 따와서 만든 말이다. IT 용어 '파일럿pilot'은 프로그램을 실제로 운용하기 전에 오류나 부족한 점을 찾기 위해 실제 상황과 유사한 조건에서 시험 가동하는 행위를 말한다. 즉 파일럿 비즈니스란 본 비즈니스를 시작하기 전에 자신이 포착한 시장 기회가 정말 기회인지 확인하고, 그 기회를 자신의 사업으로 성공적으로 연결하기 위하여 검토해야 할 핵심적인 사항들과 외부 변수들이 무엇인지 찾아내는 과정이다.

첨가물이 전혀 들어 있지 않은 치약

연세대학교 치과대학 최종훈 교수가 개발한 '위코니' 치약에는 일반 치약에 들어 있는 합성계면활성제, 인공감미료, 인공색소, 합성향료 등 인체에 유해하다고 생각되는 첨가물이 전혀 들어 있지 않다. 합성계면활성제는 석유계 황화합물로, 피부에 자극을 주어서 샴푸에도 쓰지 않는 추세다. 탈모를 일으킬 수 있기 때문이다.

여전히 이것이 치약에 쓰이는 이유는 거품 때문이다. 거품이 일어나지 않는 치약은 우리에게 생소하다. 인공감미료인 사카린은 치약의 쓴맛을 감추기 위해 사용된다. 그러나 이것도 발암 의심 물질로 평가되고 있다. 인공색소를 넣은 딸기 색깔 치약, 멘톨을 넣은 박하 향 치약, 박테리아 퇴치에 사용되나 간을 손상시킬 수 있는 트리클로산을 넣은 항균 치약 등도 그다지 권할 만한 것이 못 된다. 그래서 최 교수는 "좋은 성분을 첨가하기 전에 몸에 나쁜 것을 넣지 않아야 한다"라고 강조한다.

이런 첨가물을 전혀 넣지 않은 위코니 치약을 써보면 거품이 적게 나고 점도가 낮아 이상하게 느껴지기도 하고, 치약이 입에서 쉽게 흘러내리는 단점이 있다. 자일리톨만 사용해서 달콤한 맛이 시원하게 느껴지기는 하지만 기존 치약보다 훨씬 비싸다.

그래서 총체적으로 괜찮은 제품이지만 소비자에게 팔 수 있는가는 완전히 다른 문제다. 실제로 시제품을 만드는 데만 2년이 걸렸다고 한다. 국내 생산 시설을 가진 공장에서는 최 교수가 제안하는 치약을 만들어본 경험이 전혀 없었기 때문이다.

시장 기회가 정말 있는지 다시 확인하라

아무리 의도가 좋고 뛰어난 상품이라 해도 그것이 고객에게 받아들여지는가는 별개의 문제다. 지금 껌 시장을 장악한 자일리톨 껌도 처음 출시되었을 때만 해도 실패한 상품으로 평가되었다. 아무도 사주지 않았기 때문이다.

그래서 파일럿 비즈니스를 통해 첫 번째로 확인할 것은 자신이 본 시장 기회가 정말 기회인지 확인하는 것이다. 정말 수요가 있는지 확인해야 한다. 그리고 그 수요가 자연스럽게 일어날 수 있는 것인지 아니면 어떤 구체적인 노력과 과정을 거쳐야 이루어질 수 있는 것인지도 알아야 한다.

파일럿 비즈니스를 통해 확인할 두 번째는, 자신이 성과를 얻으려면 치러야 할 대가가 무엇이며 그 사업에 영향을 주는 변수가 무엇인지 확인하는 것이다. 파일럿 비즈니스가 꼭 필요한 이유는 외부에서 보이는 성과와 그 성과를 얻기 위해 치러야 하는 대가가 별개이기 때문이다. 외부에서는 성과만 보인다. 실제 상황 또는 유사한 상황에 들어가 봐야만 어떤 대가를 치를지 알 수 있다.

주병진 씨가 네 가지 품목의 패션 속옷 시제품 3500장을 만드는 데 1년 8개월이 걸렸다고 한다. 원단, 봉제, 밴드, 라벨, 케이스 등 각 작업 공정마다 해결해야 할 어려움과 장애물이 있었기 때문이다. 파일럿 비즈니스의 겉모습은 본 비즈니스와 다를 바 없어 보인다. 그러나 목적에 큰 차이가 있다. 파일럿 비즈니스의 목적은 경험과 배움이다. 그 과정에서 돈이 되면 좋겠지만 그렇지 않더라도 문제 되지 않는다. 실패의 요소들과 현실적이고 효과적인 접근 방식을 찾아내는 데 어려움을 많이 겪을수록 파일럿 비즈니스의 가치는 더 높아진다. 본 사업을 하는 데 영향을 주는 변수들을 파악하고, 그것을 어떤 방식으로 소화할지 해결책을 찾는 것이 주된 목적이기 때문이다.

파일럿 비즈니스를 통해서 얻을 수 있는 세 번째는, 자신이 포착한 기회에 접근할 수 있는 현실적이고 효과적인 사업 방식을 찾는 것이다.

총각네 야채가게의 자기 방식 찾기

총각네 야채가게의 이영석 사장은 밭떼기 거래(밭에서 나는 작물을 몽땅 사는 것)를 하지 않는다. 밭떼기 거래를 하면 중간 유통과정을 생략하고 대량구매를 통해 많은 이윤을 낼 수 있으나, 최상의 품질을 추구하기 어렵기 때문이다. 그는 오직 가락동 농수산물 시장에서 최고의 상품을 직접 고른다. 직접 칼로 잘라서 맛을 보고 상자를 뒤집어서 밑바닥에 있는 과일까지 확인한다. 가격이 조금 비싸더라도 최고의 상품만 선택하는 것이다. 처음에는 직접 상품을 확인하는 과정에서 따가운 눈초리와 심지어는 손찌검까지 견뎌야 했다.

가락동의 모든 점포가 이 칼잡이 사장을 알아보기까지 3년이 걸렸다고 한다. 총각네 야채가게를 찾는 손님들은 진열된 야채, 과일, 생선이 최고의 품질임을 믿고 산다. 자연스레 입소문이 났고 그 소문이 전해져서 꾸준히 고객들이 찾아온다. 비로소 선

순환이 이루어지는 것이다. 이 과정을 통해 '최고의 물건을 제값에 팔아 최대의 이윤을 남긴다'라는 총각네 야채가게의 사업 방식이 결정되었다.

이랜드의 자기 방식 찾기

지금은 패션 유통 기업으로 성장한 이랜드는 1980년, 이화여자대학교 앞 골목에서 보세 옷을 취급하는 작은 가게 '잉글랜드'로 시작했다(국가명을 브랜드 이름으로 사용할 수 없다는 규제를 피해 '이랜드'로 브랜드명을 바꿨다). 이후 교복 자율화 등으로 촉발된 수요를 감당하기 위해 이랜드, 브렌따노, 언더우드 등의 브랜드를 론칭하며 자체 디자인과 생산력으로 상품을 공급하는 운영 방식을 채택했다. 고급스러운 디자인의 옷을 부담스럽지 않은 가격으로 판매했던 것이 그 시대 소비자들의 욕구를 만족시켰다.

이랜드는 디자인, 생산, 영업 모두에서 나름의 독특한 비즈니스 모델을 구상했다. 먼저 디자인은 해외 유명 브랜드들을 충분히 연구한 후에 우리나라의 수요에 맞게 변형했다. 생산은 철저하게 위탁 생산 방식을 취했다. 회사 내부에는 아이템별 생산 관리자만 두었을 뿐, 생산은 모두 노하우를 가진 공장에 맡겼다. 유통은 프랜차이즈 방식을 취했다. 당시의 패션 브랜드가 당연하게 생각한 백화점이 아닌 로드숍을 중심으로 가맹점을 늘려간 것이다.

물론 그 과정에서 수없는 시행착오를 겪었다. 다행히 1980년대 초반 건물 임대 비용은 지금보다 훨씬 저렴한 편이었다. 폭발적인 사회적 수요가 있는 상황에서 이랜드 가맹점들이 돈을 많이 번다는 소문이 났고, 매장 수는 짧은 기간에 기하급수적으로 늘었다.

이랜드의 초기 경영 방식의 특징 중 하나는 '공을 던지고 뛰기'였다. 사회적 수요가 폭발하는 시점에 사업을 시작했기에 이미 수요는 충분히 확인되었고, 그 수요를 어떤 방식으로 소화할 것인가가 중요한 과제였다. 그 과정에서 경험적으로 체득한 방식이 공을 던지고 뛰어가면서 해결책을 찾는 것이었다. 그렇게 하면 평균 5배 정도 빠르게 성과를 올릴 수 있다는 사실을 반복해서 경험했다.

지금은 프랜차이즈 방식이 판매망을 늘리는 기본적인 방식 중 하나로 여겨지지만, 이랜드 초창기 때는 국내에서 통용되기 어렵다는 평가를 받곤 했다. 그러나 결과적으로 박 회장의 비즈니스 모델은 자본 없고 경험 없는 작은 회사를 디자인, 생산, 영업 모든 분야에서 기존의 대기업들과 당당하게 겨루게 하는 힘이 되었다.

파일럿 비즈니스의 목적

앞에서 언급한 것처럼 파일럿 비즈니스 과정은 본 비즈니스의 축소판이다. 규모가 작을 뿐 본 비즈니스에서 필요한 요소들은 모두 확인할 수 있다. 그래서 사업 진행에 필요한 핵심 역량을 파악하고 해당 역량을 가진 사람들과의 관계를 확보하는 부수적인 효과도 얻을 수 있다.

파일럿 비즈니스의 목표는 자신이 포착한 시장 기회를 극대화할 수 있는 적절한 비즈니스 모델을 정립하고, 효과적이고 현실적인 사업 계획을 수립하는 데 있다. 의도된 실패 또는 의도된 고생이라고 생각해도 무방하다. 그렇게 하는 것이 길게 보았을 때 더 작은 대가를 치르는 길이기 때문이다.

파일럿 비즈니스는 전쟁에 투입되기 전에 훈련소에서 받는 훈련과 같다. 훈련을 받았다고 해서 모든 병사가 전투에서 탁월한 전과를 올리거나 부상이나 죽음을 절대적으로 피할 수 있는 것은 아니다. 그러나 훈련 없이 전쟁터에 투입된 부대와 충분한 훈련 후에 전투를 치르는 부대의 병사 생존율은 확연히 차이가 난다.

낮은 포복과 높은 포복은 훈련소에서 배우지 않아도 전장에 투입되고 이틀이면 저절로 배우게 된다. 문제는 그 이틀 동안 병사의 절반이 목숨을 잃는다는 사실이다. 그래서 실전과 같은 훈련을 경험한 병사일수록 실전에서 더 높은 생존율과 더 능숙한 임무 수행이 가능하다.

사업 경험자 중 많은 사람이 자신이 오랫동안 일한 분야에서 시장 기회를 찾으라고 조언한다. 그것이 의미 있는 이유는, 해당 영역의 핵심 변수에 대해서 이미 충분히 알고 있고 어떻게 접근하는 것이 효과적인지 쉽게 찾아낼 수 있기 때문이다.

파일럿 비즈니스는 꼭 필요한 과정이며 비즈니스 프로세스에서 실패를 줄이고 성공을 강화하는 가장 효과적인 행동이다. 만약 그 과정 없이 본 비즈니스에 들어가면 첫 번째 비즈니스가 파일럿 비즈니스가 될 가능성이 크다. 물론 본 비즈니스의 실패를 통해서도 배울 수 있는 것이 많겠지만, 자신이 목적하고 계획해서 파일럿 비즈니스를 하는 것과 어쩔 수 없는 실패를 통해 배우는 것은 큰 차이가 있다. 자신이 오랫동안 해왔던 능숙한 영역을 제외하고는 반드시 파일럿 비즈니스 과정이 필요함을 꼭 기억하기 바란다.

22 3단계: 어떤 방식으로 사업을 시작하고 유지할 것인가

우연이든 필연이든 시장 기회를 발견했다면 어떤 방식으로 풀어갈 것인가는 전적으로 사업자에게 달려 있다. 이때 어떤 비즈니스 모델을 정립할 것인가는 매우 전략적인 결정이 된다. 자신이 이미 가진 강점이나 노하우 등을 활용할 수 있으면 가장 좋다. 또 자신이 다루려는 아이템의 특성을 고려해서 경쟁우위를 유지할 수 있는 방식일수록 바람직하다. 자신이 가진 자원resources의 크기가 어떠한가도 고려해야 한다. 비즈니스 모델을 정립한다는 것은 자신의 사업을 어떻게 시작하고 확대해 갈 것인가에 대한 전체적인 그림과 구체적인 접근 방식을 정하는 것이다.

비즈니스 모델을 정립하는 단계에서는 다음 네 가지를 생각해야 한다.

1. 어떻게 사업을 시작할 것인가
2. 어떤 방식으로 사업을 확대해 갈 것인가
3. 그 과정에서 필요한 핵심 역량을 어떻게 구축할 것인가
4. 핵심 수익 모델을 무엇으로 할 것인가

최고의 품질로 승부한 총각네 야채가게 방식

트럭 행상을 통해 장사의 기초와 사업자금을 확보한 총각네 야채가게의 이영석 사장은 후배 다섯 명을 데리고 1997년 서울 대치동에 첫 가게를 낸다. 상품은 철저하게 가락동 농수산물 시장에서 직접 맛을 본 후에 구매하는 방식을 취했다. 최고의 상품을 찾아내는 자신만의 노하우가 이미 정립되어 있었기 때문이다. 당일 구매한 상품은 당일 판매를 원칙으로 했다.

폐점 시간이 되어서도 남아 있는 야채는 주변 식당에 가져가서 팔았다. 생선을 팔면서도 가게에는 냉동고를 두지 않았다. 당일 판매 원칙에 대한 예외를 두지 않기 위해서다. 이러한 운영 방식은 이영석 사장이 '최고의 품질'을 비즈니스 모델의 중심에 두

고 있기에 가능했다.

이 사장은 직원들에게 자신이 가진 노하우를 모두 전수했다. 그리고 더 이상 가르칠 것이 없다고 생각되는 사람은 독립시켰다. 그래서 대치동에서 함께 시작한 5명의 후배들은 모두 점포를 가지고 독립했다. 『사장학 수업』에서 설명했던 분가分家의 방식으로 사업을 확장했다. 자신의 방식을 충분히 이해하고 행동하는 사람들을 통해 사업을 확장해 간 것이다. 매우 단순하지만 동시에 가장 효과적인 방식으로 총각네 야채가게의 명성이 쌓여갔다.

이영석 사장은 초창기에 함께 일했던 사람들에게는 가맹비나 로열티 없이 자신의 경험과 노하우를 전했다. 그러나 그 이후에는 일정 금액의 가맹비와 교육비 등을 받았다. 이전 가게에는 없던 냉동 창고도 이후에는 꼭 필요한 것이 되었다. 사업을 운영하는 방식이 확대되었기 때문이다. 이전의 방식과 다르다고 해서 무엇이 옳고 그르다고 평가할 수는 없다. 어떤 방식으로 사업을 전개할 것인가는 철저하게 필요에 따른 선택의 문제이기 때문이다.

남성 속옷에 집중한 좋은사람들 방식

좋은사람들의 주병진 씨는 사업 초기에는 남성 속옷에 집중했다. 첫 브랜드 '제임스딘'으로 시작해서 '보디가드' 등으로 브랜드를 확장할 때도 남성 속옷이라는 초점은 변하지 않았다. 일반적인 상식으로는 시장이 훨씬 큰 여성 속옷을 우선해야겠지만, 자신이 가진 자본의 크기로는 여성 속옷에 접근하기 어려웠기 때문이었다. 현실적인 제한으로 어쩔 수 없는 선택을 해야 했지만 매우 전략적인 결정이었던 것이다. 이후에 어느 정도 자본력을 갖추게 되고 속옷에 대한 노하우를 확보한 다음에는 여성 속옷 분야에도 진출했다.

위탁 생산과 프랜차이즈 유통으로 급성장한 이랜드 방식

이랜드의 박성수 회장은 보세 옷을 떼어다가 판매하는 방식으로 사업을 시작했다. 자신의 타고난 감각을 활용해 적은 자본으로 시작할 수 있었기 때문이다. 이 과정은 사장의 의지와 관계없이 고객의 수요를 확인하는 파일럿 비즈니스가 되었다. 이후에 몇 개의 점포를 추가하면서 보세 옷 판매의 한계를 느낀 박 회장은 본격적인 사업을 하려면 상품을 직접 생산해야 한다고 생각했다.

공장을 세울 만한 자금도, 노하우도 없는 박 회장이 시도한 방식은 기존의 생산 공장 노하우를 활용할 수 있는 위탁 생산이었다. 동시에 진행한 것이 위탁 판매 형태의 프랜차이즈 유통이었다. 위탁 생산 방식과 프랜차이즈 유통 방식의 상호 작용을 통해 상품 공급 능력을 키웠다.

그러나 이 과정에서 중요한 것은 위탁 생산을 담당하는 생산 관리자와 프랜차이즈 가맹점을 관리하는 영업 관리자의 역할이었다. 그래서 박 회장은 창업 초기부터 직원들의 교육에 많은 투자를 했다. 굳이 대학 졸업자가 하지 않아도 되는 일에도 고급 인력을 투입했다. 이랜드가 초창기 직원 교육에 쏟은 투자는 당시 대기업 수준을 훨씬 뛰어넘는 것이었다. 그 결과 이랜드 직원 대부분이 사회적 경험이 거의 없는 초년생들로 이루어졌음에도 짧은 시간 내에 제 역할을 충분히 감당할 수 있게 되었다.

기업의 핵심 역량은 쉽게 바뀌지 않는다

비즈니스 모델을 정립하는 과정은 사업을 지속하는 동안 계속 반복된다. 사업 환경이 변하고 경쟁 상황이 달라지며 기업이 진화하는 단계에 따라 핵심 수익 모델이 달라지기 때문이다. 그러나 사업의 전 과정 중에서 쉽게 바뀌지 않는 것이 있다. 핵심 역량과 관련된 부분이다.

총각네 야채가게가 존재하는 한 최상의 품질을 가진 상품 선택이라는 노하우와 전략은 쉽게 변하지 않을 것이다. 이랜드가 의류 생산을 하는 한 이미 쌓아놓은 위탁 생산 노하우를 버리는 경우는 없을 것이다. 또한 문화비를 중심으로 운영되는 민들레 영토의 운영 방식이 바뀔 가능성도 거의 없다.

기업의 핵심 역량은 창업자가 어떤 배경을 가지고 성장했고, 준비했으며 시작했는가에 따라 크게 달라진다. 비즈니스 모델의 특성과 변화를 통해 창업자의 특성과 기업의 시작, 성장 과정을 읽어낼 수 있다. 그리고 사업 초기의 핵심 역량을 통해 그 기업의 장래 사업 규모를 가늠할 수도 있다.

23 1~3단계: 핵심 역량을 구축하고 확인한다

모든 사업은 기회를 포착하는 것에서 시작한다. 그 후에 포착된 기회를 사업으로 연결할 수 있는 접근 방식(사업 전략)을 세우고, 그 전략을 의도대로 실행할 수 있는 실행 역량(전술적 역량)을 확보한다. 즉 사업의 준비와 실행은 다음 순서로 진행된다.

1. 새로운 기회 포착
2. 기회를 사업으로 풀어갈 전략 수립
3. 전략을 효과적으로 실행할 전술적 역량 확보

4. 기회-전략-역량이 '한 방향 정렬'되도록 관리

논리적으로는 1 →2 →3 →4 순서로 진행하는 것이 맞지만, 현실에서는 3 →1 →2 →4 순서로 진행되는 경우가 더 많다. 현실에서 진행 순서가 바뀌는 이유는 단순하다. 실행에 필요한 전술적 역량을 확보하는 3번 단계에 긴 시간이 소요되기 때문이다. 자기 사업을 생각하는 예비 사장이라면 3번 단계를 충실하게 준비하는 것이 중요함을 꼭 알아야 한다.

트럭 행상을 통해 사업의 기초를 쌓은 이영석 사장

'총각네 야채가게' 이영석 사장은 오징어 행상을 스승으로 삼아 1년간 전국을 돌아다니며 장사를 배웠다. 그리고 1994년, 트럭 한 대를 구해서 스승에게서 독립한다. 그는 트럭 행상을 하면서 싱싱한 야채와 과일을 고르는 법, 신선하게 보관하는 법, 미처 팔지 못한 상품을 처분하는 법, 손님의 시선을 사로잡는 법 등의 노하우를 배우기 위해 각 분야의 최고들을 수소문하여 찾아다녔다. 그러면 사람들은 귀찮다며 뿌리쳐 버리기 일쑤였고 심한 경우 뭇매를 맞기까지 했다고 한다.

그러나 그는 포기하지 않았다. 그는 자신보다 아는 것이 많은 사람은 누구든지 스승으로 삼았다. 누군가 어느 지방의 무슨 과

STEP 1~3 시장 기회 포착과 파일럿 비즈니스를 통한 확인

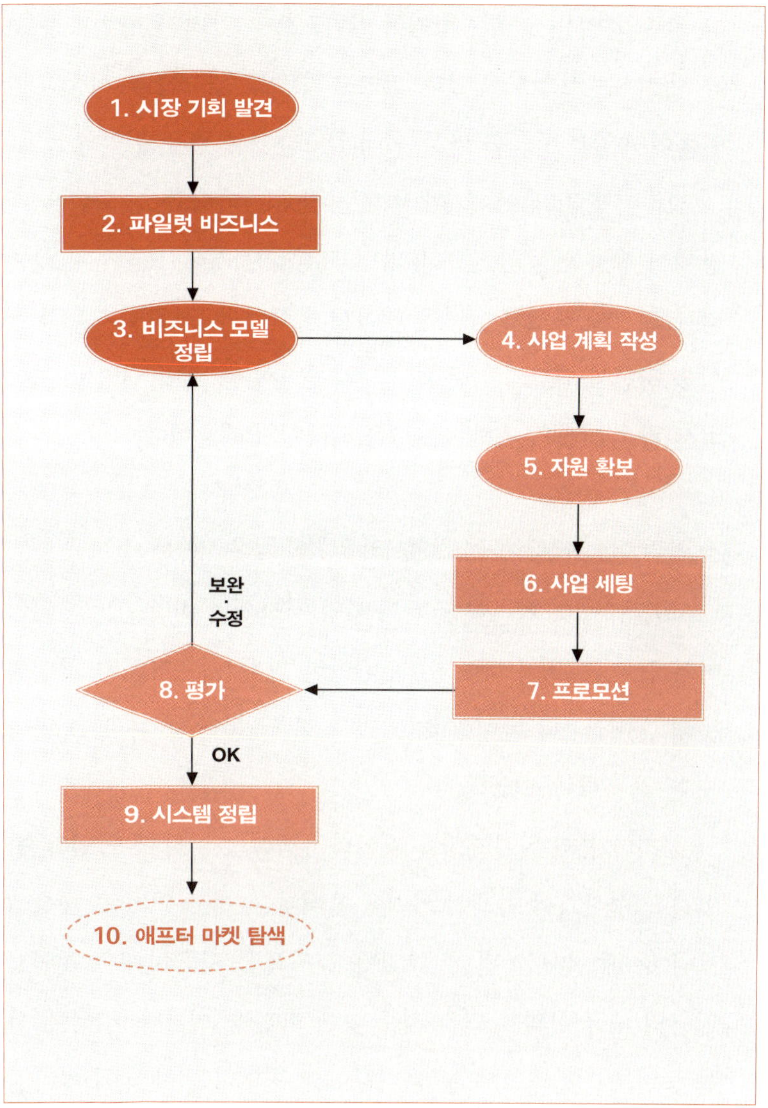

일이 좋다고 하면 밤을 새워서라도 트럭을 몰고 그곳에 찾아갔다. 좋은 과일을 고르는 방법이 일반적으로 알려진 방법과는 조금 다르다는 사실도 알았다. 그리고 가락동 농수산물 시장의 상인들이 과일과 야채를 다루는 데 최고라는 결론을 얻었다.

그래서 총각네 야채가게의 모든 점포는 가락동 농수산물 시장에서 상품을 공급받는다. 다만 고정적인 거래처를 두지 않는다. 그날그날 최고의 상품을 찾아서 즉석에서 구매한다. 트럭 행상을 하면서 최고의 상품을 구분하는 방법을 알게 되었고, 지속해서 좋은 것을 구매하는 요령을 터득했기 때문이다.

끊임없이 자신의 뜻을 관철시켜 기회를 잡은 지승룡 소장

'민들레영토' 지승룡 소장의 사업 시작에는 번뜩이는 아이디어와 끈기, 눈물이 배어 있다. 편안한 카페라는 기회가 자신의 눈에 들어왔으나 돈이 전혀 없었다. 한 달 동안 80여 명을 만나도 돈을 구할 수 없었다.

그러다가 퍼뜩 가래떡을 팔아봐야겠다는 생각이 들었다. 방앗간을 찾아가서 가래떡 가격을 물어보고 대충 원가를 계산해보니 두 배 장사는 될 것 같았다. 신사복을 깔끔하게 차려입고 강남의 고급 아파트 단지 정문 앞에 좌판을 벌였다. 강남에 사는 중년 부인들의 향수를 불러일으킬 수 있다는 예상이 맞아떨어졌다. 정장 차림에 깍듯하게 예의를 갖춘 사람이 김이 모락모락 나는 가래떡을 파는 모습은 주민들의 관심을 끌었다.

가래떡 장사로 모은 돈을 밑천으로 옷 장사를 시작했다. 재고가 많이 쌓인 브랜드 재고를 받아서 이번에는 강북으로 갔다. 의류 회사에서 정가의 25퍼센트에 재고품을 받고 정가의 50퍼센트에 팔았다. 판매한 물건만 결제하고 나머지는 반품하는 조건이어서 재고 부담이 없었고, 가래떡보다 상품 단가가 높아서 파는 대로 돈이 되었다. 떡 장사와 옷 장사로 6개월 만에 2000만 원을 모았다.

종잣돈 2000만 원으로 신촌 지역에서 카페를 할 만한 자리를 찾았으나 그 돈으로는 어림없는 일이었다. 수없이 신촌 지역을 오가면서 자리를 찾다가 한 양장점에 주목했다. 배가 불러 있는 가게 주인을 봐도 그렇고 오후에 3~4시간만 영업하는 것으로 보아 가게를 유지하기 어려운 상황인 듯했다. 여러 번의 거절과 시도 끝에 보증금 1500만 원에 월세 70만 원으로 10평 규모의 자리를 확보했다. 문제는 무허가 건물이라 영업 신고를 할 수 없다는 데 있었다. 그래서 상품 판매가 아닌 가게 입장료를 받는 방식으로 사업을 시작했다. 이것이 민들레영토의 '문화비' 정책의 탄생 배경이다.

이러한 민들레영토의 정책은 매우 독특한 아이디어로 평가받는다. 그런데 그 시작은 어쩔 수 없는 상황에서 고육지책으로 나온 아이디어였다. 편안한 카페라는 아이디어를 현실로 구현하기 위해 매일 20시간 이상 일하며 하루 100명이 넘는 고객을 확보했고, 한 달도 채 지나지 않아 가게 앞에 사람들이 줄을 서서 기다리는 풍경이 연출되었다.

무허가 건물에 활기가 없던 양장점이 장사가 잘된다는 소문을 전해 들은 양장점 주인이 보증금 1000만 원과 월세 170만 원을 더 올려 달라고 요구했다. 해결책을 모색하던 차에 건물 주인이 따로 있으며, 건물주가 최근에 죽었다는 사실을 알게 되어 건물주의 아들을 찾아가 평당 2500만 원, 총 2억 5000만 원에 건물을 구매하기로 했다. 일단 빌린 돈 1000만 원을 계약금으로 지급하고 1년 뒤에 잔금을 치르겠다고 설득했다. 대신 매달 잔금에 대한 이자를 지급하기로 했다.

지 소장은 끈질기게 자신의 필요를 관철시켰다. 그리고 아무것도 없는 상황에서 무언가를 만들어가는 자신만의 노하우로 성과를 만들었다. 민들레영토만의 독특한 아이디어인 '문화비'와 집객集客 능력을 무기 삼아 자기자본 없이 서울 지역 요지로 사업을 확대한 지승룡 소장의 노하우는 이후에도 계속 반복된다.

대기업과 경쟁하는 비즈니스 모델을 고안한 박성수 회장

이랜드 창업자인 박성수 회장은 미적 감각이 타고난 사람으로 평가받는다. 재능을 살려서 대학가에서 선교하는 친구들을 재정적으로 후원하기 위해 시작한 것이 자연스레 사업으로 이어졌다.

그러나 사업을 시작한 데는 알려지지 않은 또 하나의 이유가 있다. 대학교 졸업을 앞둔 20대 시절에 수년간 근육무력증이라는 병을 앓아 다른 사람들처럼 사회생활을 시작할 수 없었다. 옷의 무게를 감당하기도 힘들었고, 두꺼운 이불도 덮기 힘들었으며, 볼펜을 들 힘도 없어서 글씨를 쓰려면 볼펜을 손바닥에 쥐고 손을 끌어가면서 써야 했다. 직장 생활을 할 수 없었던 박 회장은 어쩔 수 없이 자기 사업을 통해 사회생활을 시작해야 했다.

그가 수년간 자리에 누워서 한 일은 집을 찾아온 후배들에게 성경을 가르치는 일과 책을 읽는 것이었다. 기적적으로 병이 치유되기까지 수년간 수천 권의 책을 읽었다. 수많은 책 중에는 사업을 하는 데 도움이 되는 지식이 담긴 책도 많았다. 다량의 독서를 통해 향후 사업을 하면 어떻게 운영해 갈 것인가에 대한 그림을 머릿속에 수없이 그려보았다. 특히 어떤 방식으로 사업을 확대해 갈 것인가에 대해 구체적인 생각을 정리할 수 있었다.

처음 가게를 시작할 때는 보세 옷 중에서 괜찮은 디자인을 골랐다. 그가 가진 감각만으로도 충분히 사업을 키울 수 있었다. 그러나 폭발적인 수요를 맞추기에는 보세 옷만으로 턱없이 부족했다. 직접 디자인하고 생산해야 하는 상황에 이르렀다.

박 회장은 디자인, 생산, 영업 모두에서 나름의 비즈니스 모델을 구상했다. 먼저 디자인은 해외 유명 브랜드를 충분히 연구한 후 우리나라 수요에 맞게 변형했다. 해외 브랜드 옷들을 구매해서 입어보고 잘라보고 태워보면서 우리 실정에 맞게 변경했다. 박 회장이 고안한 이 방식은 대학을 갓 졸업한 경험 없는 디자이너들이 오랜 기간 경험을 쌓아온 타사의 디자이너들과 경쟁할 힘이 되었다.

생산은 철저하게 위탁 생산 방식을 취했다. 회사 내부에는 아이템별 생산 관리자만 두었을 뿐, 생산은 노하우를 가진 공장에 맡겼다. 열정과 성실함으로 똘똘 뭉친 이랜드의 젊은 생산 관리자들은 공장 사장들의 마음을 얻어서 폭발적으로 늘어나는 생산량을 맞춰갈 수 있었다. 유통은 프랜차이즈 방식을 취했다. 복잡한 관계와 조건으로 진행되는 백화점이 아닌 로드숍을 중심으로 가맹점을 늘려간 것이다.

곧 이랜드 가맹점들이 돈을 많이 번다는 소문이 났고 매장 수는 짧은 기간에 기하급수적으로 늘었다. 박 회장이 고안한 비즈니스 모델은 자본 없고 경험 없는 작은 회사가 기존의 대기업들과 당당하게 경쟁하는 힘의 배경이 되었다.

외부에는 기회가 있고 내부에는 역량이 있다

사업의 준비와 진행의 과정에서 외부에는 '기회'가 있고 내부에는 '역량'이 있다. 외부에 존재하는 기회를 자신의 핵심 역량으로 소화하며 풀어가는 것이 사업의 과정이다. 그래서 사업자가 포착한 기회가 무엇이며, 어떤 방식으로 그 기회를 활용하고 풀어갈 것인가에 대한 사업자의 관점과 태도를 명확히 해야 한다.

특히 자신의 핵심 역량이 무엇인가에 대한 객관적인 통찰과 준비가 매우 중요하다. '사장이 넘어야 할 다섯 개의 산' 중 생존의 산을 넘을 수 있는 가장 큰 힘이 사장의 체화體化된 역량과 절실함에서 나오는 태도임을 기억하자.

사업을 준비하고 실행하는 전체 과정에서 앞의 3단계는 'Before' 과정에 해당한다. 반복해서 강조하지만 '어떤 Before 과정을 가졌는가'가 사업 성패의 70~80퍼센트를 차지한다. 그런데 그 과정이 외부에서는 잘 보이지 않기에 'Before' 과정 없이 바로 'Do'로 진행되었다고 오해하거나 착각하지 않아야 한다.

창업 이후 20년, 기업 수명 사이클

국내에서 중저가 의류회사로 자리매김한 이랜드가 중국에서는 폴로와 동급의 대우를 받는 고급 브랜드로 포지셔닝하는 데 성공했다. 또한 IMF 시기를 지나면서 '지식 경영'을 화두로 국내외의 많은 패션 브랜드를 M&A 해서 국내에서는 패션 유통 그룹으로, 해외에서는 패션 브랜드 그룹으로 기업의 색깔을 바꾸었다. 40년 전 작은 옷가게에서 시작한 회사가 아무런 외부의 배경 없이 수조 원대의 연매출을 내는 기업으로 성장한 것이다. 그러나 '총각네 야채가게'와 '민들레영토'는 지금은 사회적으로 존재감이 매우 미미해졌다.

인간이 만든 것들은 대부분 수명을 갖는다. 기업에서 사장의 역할을 오랜 기간 생각하고 연구한 내 관점으로는 대략 20년 정도가 자수성가한 기업(사장)의 수명이지 않을까 싶다. 이것은 아마도 인간이 적극성을 갖고 활동할 수 있는 기간과 관련이 있을 것이다. 그래서 사업을 준비하고 진행하는 사업자는 20년을 사멸 포인트 또는 점핑 포인트로 생각해 볼 수 있을 것이다.

24 4~6단계: 사업 계획 → 자원 확보 → 사업 세팅

시장에서 새로운 거래를 만들어낼 기회를 보았다. 그 기회를 사업으로 풀어가는 과정에서 영향을 줄 수 있는 변수들에 대한 파악도 끝났다. 그리고 각 변수에 대해서 어떻게 대응하고 소화할 것인지, 어떤 방식으로 사업을 시작하고 핵심 역량을 쌓아갈 것인가에 대한 생각도 정리되었다. 이제 자신이 생각해 온 것과 준비한 것을 다른 사람들과 공유할 수 있도록 정리할 단계다.

STEP 4~6 사업 계획서 작성, 자원 확보 계획, 전략적인 사업 세팅

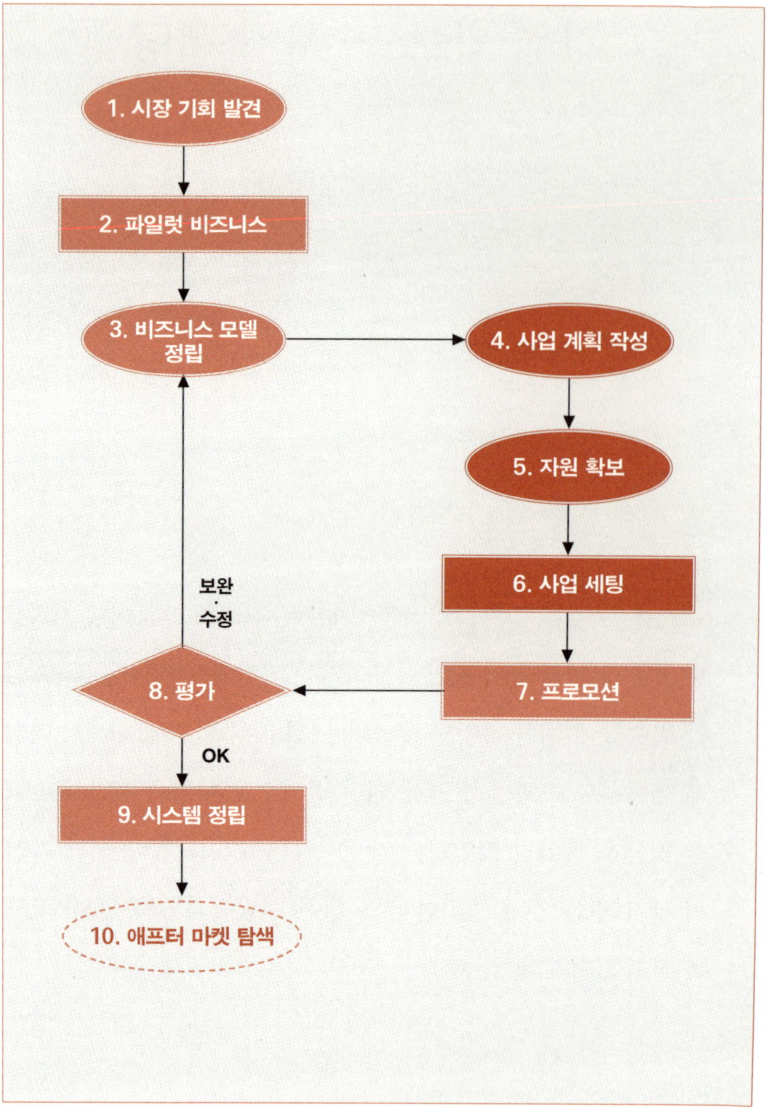

비즈니스 프로세스 4단계, 사업 계획 세우기

사업 계획을 세우는 과정은 자신이 본 시장 기회, 파일럿 비즈니스 과정, 비즈니스 모델 정립 과정을 전체적으로 정리해서 사업 계획을 다른 사람과 공유할 수 있는 형태로 요약하는 것이다. 이 과정은 자신의 사업에 관해 다른 사람의 동의를 구하기 위한 것이 아니다. 사업을 준비하는 자신의 의도를 누구나 쉽게 이해할 수 있도록 정돈하는 것이다. 사업을 준비하는 과정에 다른 사람의 참여와 도움이 필요하기 때문이다. 그리고 사업 계획을 다른 사람이 이해할 수 있는 형태로 정리하는 과정에서 사업의 타당성과 합리성, 전략적 적합성을 검토할 수 있다.

사업 계획서의 다섯 가지 요건

사업 계획서의 첫 번째는 자신이 계획하는 사업의 성격을 명확히 하는 것이다.

총각네 야채가게의 이영석 사장이라면 '최상 품질의 과일과 야채를 제대로 된 가격으로 판매해서 수익을 극대화하는 것'이라고 설명할 수 있다. 민들레영토의 지승룡 소장은 '카페가 고향집의 포근함을 느낄 수 있는 휴식 공간이 되는 것'이라고 정의할 수 있다. 좋은사람들의 주병진 씨라면 '흰색 속옷만 입어온 대한민국 남성들에게 색깔 있는 속옷을 입도록 하는 것'이라고 요약할 수 있다.

두 번째는 사업을 통해 제공할 제품과 서비스의 형태, 그리고 최종 소비자에게 제공할 이익을 설명하는 것이다.

이랜드를 통해 사람들은 고급 디자인의 옷을 부담 없는 가격으로 구매할 수 있다. 좋은사람들의 컬러 속옷을 입는 사람은 몰개성과 획일화에서 벗어나 개인적인 열망과 욕망을 표현할 수 있다. 총각네 야채가게에 가면 기분 좋은 서비스를 받으며 최상의 품질과 신선도가 보장되는 과일과 야채를 살 수 있다. 민들레영토에 가면 어머니의 손길 같은 서비스를 받으며 편안한 휴식과 교제를 나눌 수 있다. 고객들이 돈을 주고 구매하는 것이 제품product이 아니라 가치value임을 알고, 그 가치에 부합하는 기업의 성격과 전략의 초점을 분명히 하는 것이다.

세 번째는 해당 사업 영역의 경쟁 상황과 주요 경쟁자에 대한 것이다.

주병진 씨는 쌍방울, 백양, 태창의 빅 3사가 1조 2000억 원 규모 시장의 85퍼센트를 차지하고 있으며, 수십 년간 과점 체제에서 품질이나 디자인 개발은 도외시되어 왔고 앞으로도 큰 변화가 없을 것으로 추정했다. 직접적인 경쟁자 또는 간접적인 경쟁기업을 바라볼 때는 존경심과 깊은 이해를 바탕으로 하는 것이 좋다. 이미 시장에서 활동하고 있다는 이유 하나만으로도 존경

할 만한 가치가 있다. 무엇보다 중요한 것은 존경의 시각으로 보아야 자신이 본 기회 요인을 냉정하게 살리는 객관성을 유지할 수 있다.

네 번째는 상품을 어떻게 만들고 어떤 방식으로 시장에 내놓을 것인가다.

이랜드는 해외 유명 브랜드의 제품을 한국적 수요에 맞춘 디자인으로 만드는 역량을 갖춰 위탁 생산과 프랜차이즈 방식의 로드숍을 통해 고객을 만날 계획이었다. 이때 고객들의 관심을 끌기 위해 산뜻하고 눈에 띄는 강렬한 색상을 활용한 인테리어를 덧붙였다. 총각네 야채가게는 매일 새벽 가락동 시장에 가서 과일과 야채의 품질을 직접 확인하고 구매하여 당일 판매를 원칙으로 늘 신선한 상품을 공급했다. 그리고 친절한 서비스와 톡톡 튀는 분위기를 연출해 구매 고객을 만족시키고, 입소문을 통해 매장을 활성화하는 방식을 취했다.

다섯 번째는 어떤 일정으로 사업을 펼쳐갈 것인지 설명해야 한다.

처음 시장에 진입할 때와 시장 반응을 보고 난 후 어떻게 대응할 것인지, 그에 따른 인원 계획과 자금 계획, 일정 계획을 적는다. 마지막으로 다른 사람이 사업에 참여하길 원할 때 어떤 방식으로 참여할 수 있는지 설명하면 된다.

사업 계획서 작성에서 유의할 점

이렇게 다섯 영역으로 내용을 정돈하면 자신이 본 기회의 초점과 향후 진행 계획이 들어간 사업 계획서가 만들어진다. 물론 다른 사람과 공유할 사업 계획서에는 핵심 내용을 뒷받침할 만한 객관적인 자료를 첨부해야 한다. 이때 투자자나 은행으로부터 자금을 얻을 목적으로 사업 계획서를 만드는 것은 바람직하지 않다. 자금 때문에 창업 정신이 바뀌지 않도록 유의해야 한다. 자신이 본 기회를 현실로 만들어낼 수 있는 전략과 접근 방식이 충분히 보이도록 솔직해야 한다. 사업 계획서를 통해 자신의 구상이 얼마나 깊이 있고 철저한지 확인할 수 있다.

사업 계획서를 잘 정리하면 마음이 뿌듯해진다. 그러나 계획을 사업이나 기업 그 자체로 생각해서는 안 된다. 지도가 영토를 의미하는 것은 아니기 때문이다. 자신이 그린 지도 위 화살표를 따라서 구체적으로 행군하는 과정이 진짜 사업이다. 그래서 자신의 시각과 목적에 부합하는 사업 계획을 세우는 것이 바람직하다. 그 과정에서 실패에 대비해야 한다. 사업 초기에는 살아남는 것이 성공보다 더 중요하기 때문이다.

시장에서 자신의 제안이 성공적으로 받아들여졌을 때를 대비한 계획도 미리 세워두어야 한다. 실제 상황에 들어가면 성공 후 계획을 세울 만한 여유가 없기 때문이다. 성장 계획을 수립할 때는 무리 없는 성장이 가장 좋다. 가장 나쁜 것은 강제적인 성장이다. 자신의 기준으로 봤을 때 관찰되고 측정될 수 있는 성장이 가장 건전한 성장이다.

비즈니스 프로세스 5단계, 자원 확보

사업을 구상했다면 실행하는 데 도움을 줄 수단을 만들고 자본을 유지할 방법을 마련해야 한다. 돈, 사람, 지식 등 사업에 필요한 자원을 마련하기 위한 구체적인 준비를 해야 한다.

사업 시작의 시기에는 스스로 편하게 느낄 만큼의 자본만 갖는 것이 좋다. 가능한 한 자기 자본으로 천천히 꾸준히 진행하는 것이 가장 바람직하다. 자기 돈을 사용하면 돈에 대한 올바른 태도를 유지할 수 있다. 사업을 시작하는 데는 시장에 도달할 수 있는 정도의 돈이면 충분하다. 자본이 부족하면 현금흐름을 창출하기 위해 뭐든지 팔려고 노력하게 된다.

자신의 상품이 시장에서 빨리 수용되기 위해서는 훌륭하고 실제적이어야 한다. 태도와 전략이 명확하다면 돈이 부족할수록 그만큼 사업 진행에 군살이 줄어든다. 따라서 적은 돈이더라도 자신의 돈으로 사업하는 법을 배워야 한다.

자신의 돈으로 사업을 시작하라

외부에서 자금을 조달할 때는 돈이 가진 성격을 분명히 알고 활용해야 한다. 돈은 아이디어나 창의력과 같은 질적 요소들이 이미 갖추어진 곳에 존재한다. 자신의 철학, 전략, 태도, 행동으로 돈을 불려가야 한다. 사업이 궤도에 올라 있고 목적과 전략에 부합한 사업 계획을 가지고 있으면 사람도 모이고 돈도 모인다. 민들레영토 지승룡 소장이 신촌에서 10평짜리 카페를 100평으로 넓히고, 대학로 요지의 수백 평 건물을 사들인 것은 돈이 많아서가 아니었다. 그의 철학과 신념, 아이디어와 전략적 행동이 어우러진 결과였다.

앞서 설명했듯이 민들레영토의 시작은 신촌의 10평짜리 무허가 건물이었다. 이후 지승룡 소장은 그 건물과 주변의 집 세 채를 차례로 매입해서 100여 평의 카페를 만들었다. 돈이 있어서 확장한 것이 아니다. 처음에 10평짜리 무허가 건물을 2억 5000만 원에 구입할 때는 건물주가 사망한 상황임을 알고 그 아들과 계약금 1000만 원에 1년 안에 잔금을 지불하는 조건으로 계약했다. 1년 내에 잔금을 지불하기 위해서는 카페를 확장해서 수익의 크기를 늘려야 했다. 그래서 바로 옆의 솜틀집, 살림집이 딸린 간판집과 협상을 벌였다. 그들에게 더 좋은 환경의 빌라와 아파트를 제안하는 방식으로 허락을 얻어냈다.

그 과정에서 목돈이 필요했다. 지 소장이 대출을 받기 위해 은행을 찾았을 때 은행지점장은 당연히 담보를 요구했다. 지 소장 입장에서는 없는 담보를 요구하니 답답하기만 했다. 그때 지점장 책상 위에 신문이 펼쳐져 있었는데, 거기에 민들레영토를 소개하는 기사가 있었다. 민들레영토의 문화 서비스와 친절함에 감동한 기자가 자신이 경험한 느낌 그대로를 신문 한 페이지에 꽉 채운 기사였다.

지 소장은 즉시 그 신문을 지점장에게 내밀면서 민들레영토의 성장 가능성이야말로 가장 큰 담보가 될 것이라며 지점장을 설득했다. 신문 기사를 찬찬히 읽고 난 지점장의 태도가 긍정적으로 바뀌면서 실행 가능한 대안을 제시해 주었다. 그 결과 급히 필요한 곳에 쓸 수 있는 대출을 받을 수 있었다. 이후 카페 확장을 통해 번 수익으로 첫 건물 잔금과 은행에서 빌린 대출금의 이자와 원금을 모두 갚았다. 결국 고객을 모으고 유지하는 힘 그리고 끈질긴 집념과 아이디어로 100여 평의 카페를 소유할 수 있었다.

좋은 인력을 어떻게 확보할 수 있을까?

보세 옷을 팔던 가게에서 자체 디자인을 통한 의류 회사로 거듭난 이랜드는 1988년 가을, 좀 더 좋은 인력을 확보하기 위해

세칭 일류 대학의 학생회관에 작은 포스터를 붙였다. "정직하게 일해도 성공하는 모습을 보여드리고 싶습니다." 그 포스터를 보고 응시한 사람 중 125명을 신입사원으로 선발했다. 125명이라는 신입사원 숫자는 당시 이랜드의 전체 직원의 숫자와 같았다. 삶에 대한 열정과 잠재적인 능력, 특히 옳은 일에 굶주렸던 열혈 청년들이 다수 입사했다. 당시는 경제 호황기여서 그들 중 상당수는 추천서만 가지고도 내로라하는 대기업에 입사할 수 있는 인재들이었다.

당시 이랜드 신입사원의 연봉은 대기업 신입사원의 절반 수준밖에 되지 않았다. 그런데도 어떻게 좋은 인력들을 확보할 수 있었을까? '정직한 성공'이라는 바른 뜻에 대한 깨어 있는 청년들의 화답이었다. 바른 뜻을 세우고 솔선수범하는 리더가 태도와 능력 모두에서 뛰어난 사람들을 모이게 한 것이다.

지식과 전문성 확보 없이는 성공도 없다

사업을 시작할 때 갖춰야 할 지식과 전문성은 어떻게 준비해야 할까? 사업 관련 핵심 지식은 파일럿 비즈니스 과정을 통해 학습하면 된다. 실패의 경험과 시행착오를 통해 자신의 사업 영역에 영향을 주는 변수를 알게 되고, 각 변수에 어떻게 접근하는 것이 적합한지 자연스레 깨닫게 된다.

지식을 갖추어야 하는 이유는 실패하지 않기 위해서다. 처음 하는 일에서 실패하는 이유는 대부분 지식이 부족하기 때문이다. 자신이 구상하는 사업과 전략에 영향을 미치는 변수 중 하나만 소홀히 해도 실패한다. 지식 없이는 자신이 목표하는 곳에 가기도 전에 고꾸라진다.

지식을 갖추었다고 해서 바로 사업에서 성공하는 것은 아니다. 전문성을 확보해야 한다. 전문성 없이는 효율을 극대화할 수 없다. 비즈니스는 효율의 게임이다. 다른 사람이 100의 힘을 들여서 하는 일을 자신은 70이나 80의 힘으로 해낼 수 있을 때 비로소 사업이 된다. 만약 똑같이 100의 힘을 들여야 한다면 결과의 크기를 상대보다 더 크게 만들 수 있어야 한다. 상대보다 효율적으로 행동할 수 있어야 한다는 뜻이다. 결국 모든 사업자는 자신의 사업 영역에 대한 지식과 전문성을 갖추어야 한다.

스스로 모든 지식과 전문성을 갖추어야 하는 것은 아니다. 자신의 사업 형태와 전략에 적합한 지식과 전문성을 갖춘 사람을 찾아서 합류시키는 것도 방법이다. 그럴 때는 다른 사람의 지식과 전문성을 활용할 수 있는 자기 나름의 요령과 방법을 미리 정돈하고 있어야 한다. 첫 사업의 경우에는 대부분 파일럿 비즈니스 단계에서 그러한 사람들을 찾거나 만날 수 있다. 비즈니스 프로세스에서 파일럿 비즈니스가 중요한 이유다.

사업 시작 단계와 발전 단계에서 필요한 자원이 다르다

사업 시작 전에 준비해야 할 가장 핵심적인 자원은 돈과 사람이다. 이 두 가지는 사업의 시작 단계와 사업의 발전 단계로 나누어서 생각해야 한다. 사업 시작 단계에서 돈은 시장에 도달할 수 있을 정도면 충분하다. 그러나 사업이 발전 단계로 접어들었을 때, 즉 성공적으로 시장에 안착해 사업을 확대할 때를 대비해서 자금을 어떻게 조달할 것인지 미리 준비해야 한다. 돈이 필요하기 전에 필요한 돈을 확보할 수 있는 방식을 생각해 두어야 한다. 실제로 시장에서 호의적인 첫 반응이 나온 후 사업을 확장하는 과정에서 자금 부족으로 넘어지는 회사들이 많다. 일반적으로 원활한 자금 조달을 하는 기업들은 다음과 같은 모습을 갖는다.

먼저 예상한 대로 지속해서 성장한다. 성장하는 모습이 중요하다. 매출과 영업이익에서 지속해서 성장하는 기업이 평가에서 높은 점수를 받는다. 이들은 투자자들에게 항상 정보를 제공한다. 정보의 정확성이 중요하다. 그 기업에 대해 많이 알면 알수록 더 이성적이고 열정적으로 다른 사람과 기업에 관해 대화한다. 그 과정에서 기존 투자자나 다른 투자자들에 의해 새로운 투자가 이어진다.

투자자가 원하는 때에 언제라도 주식을 팔 수 있도록 주식시장이 형성되어 있으면 금상첨화다. 수익성 외에 투자자들이 중요하게 생각하는 것 중 하나가 유동성이기 때문이다. 주주 등 투자자들과 좋은 관계를 유지하는 가장 좋은 방법은 아무것도 숨기지 않는 것이다. 놀랄 만한 일도, 낙담할 만한 일도, 약속을 지키지 않는 일도 없으면 좋다.

가능한 한 돈이 필요하기 전에 자금을 조달할 수 있는 방식을 마련해야 한다. 중소기업이 은행으로부터 융자를 받기란 하늘의 별 따기처럼 어렵다. 은행은 기껏해야 서너 가지 유형의 기업밖에 모르기 때문이다. 따라서 사람들과 관계를 맺는 데 시간을 써야 한다. 이때 기업에 투자해서 당장 부자가 되려는 사람은 가능한 한 피하는 것이 좋다.

사업을 시작하는 단계에서 가치 있는 인력은 즉각적으로 부가가치를 만들어낼 수 있는 사람이다. 사업을 시작하는 시기에는 열매가 없는 상태에서 미래에 열릴 열매를 기대하면서 씨를 뿌려야 한다. 따라서 가능한 한 첫 수확을 앞당길 수 있어야 한다. 그러려면 이미 가진 기능을 활용할 수 있는 사람과 시작해야 한다.

그런데 그런 사람을 이 시기에 동참시키기가 쉽지 않다. 창업자가 사업 진행에 필요한 모든 기능을 갖추려고 노력하는 것은 이러한 현실적인 이유 때문이다. 사장이 즉각적인 부가가치를 만들어내는 데 앞장서서 뛰어야 한다. 실제로 이 책에서 사례를 들었던 모든 창업자가 그렇게 사업을 시작했다.

사업 발전 단계에서의 가치 있는 인력은 조금 다르다. 문제 해결 능력보다는 기업의 지향점을 함께 바라볼 수 있는 사람이 더 가치 있게 평가된다. 따라서 즉각적인 기능을 가진 사람보다는 잠재적인 가능성을 가진 사람을 찾아내는 방식에 익숙해져야 한다. 보통은 경험 없는 초심자를 뽑아서 기업에서 기초부터 훈련시키는 경우가 많다. 가능성과 잠재력을 가졌으나 아직 드러나지 않은 사람을 뽑아 자기 기업에 맞는 나무로 키워서 산을 지키게 하는 것이다.

자기 사업의 멘토를 두라

사업을 준비하는 과정에서 한 가지 더 생각해야 할 존재가 있다. 멘토를 찾는 것이다. 멘토의 주된 역할은 사업을 시작하고 진행하는 과정에서 객관적이고 바람직한 것이 무엇인지 얘기해 주는 것이다. 사업자가 현재의 필요와 상황에 몰두하면서 장기적 관점, 객관적 관점, 이상적 관점이 소홀히 취급될 수 있기 때문이다.

그렇다고 멘토의 의견을 그대로 행동으로 옮겨야 한다는 뜻은 아니다. 단지 자신이 소홀히 하는 관점과 새로운 접근 방법에 대한 의견을 모으고 적절히 활용하면 된다. 멘토와는 의도적으로라도 관계를 만들어야 한다. 주변에서 자신을 이해하고 도울 수 있는 역량을 가진 사람을 찾아서 그와 의지적으로 관계를 이어갈 필요가 있다.

비즈니스 프로세스 6단계, 전략적으로 세팅하라

시장 기회 발견, 파일럿 비즈니스, 비즈니스 모델 정립, 사업 계획 정돈, 자원 확보 등은 본 행동을 위한 준비 과정이었다. 이제 준비하고 계획한 것을 실행으로 옮길 차례다. 상품 준비, 가격 책정, 유통 채널 확보가 핵심이다. 그리고 이 세 가지 활동을 안정적으로 진행할 수 있는 조직을 구축해야 한다. 자신의 사업 계획의 크기나 진행 단계에 따라 창업자 한 사람으로 이루어진 조직일 수도 있고 대규모 인원이 포함된 조직일 수도 있다. 무엇보다 상품, 가격, 유통망을 선택할 때는 전략적으로 행동하는 것이 중요하다. 그에 따라 자신에게 적합한 조직 형태가 달라진다.

전술이 전략을 만들고 전략이 전술을 지배한다

총각네 야채가게의 이영석 사장은 상품을 직접 생산하지 않고 가락동 시장에 나와 있는 상품 중에서 최고의 것을 찾는 방식을 취했다. 사업을 준비하는 과정에서 가락동 시장에 다양한 고품질 상품들이 모인다는 사실을 파악했고, 그중에서 최상의 상품을 찾을 수 있는 역량을 스스로 갖추었기 때문이다.

이랜드 초기에 박성수 회장이 보세 옷 판매로 사업을 시작한 것은 그 시대에 앞선 디자인을 쉽게 접할 수 있는 곳이 보세였고, 박 회장이 이미 잠재 고객에게 어필할 수 있는 옷을 골라낼 수 있는 안목을 갖추고 있었기 때문이다. 반대로 주병진 씨가 수많은 어려움 속에서 직접 컬러 속옷을 생산한 것은 직접 생산 말고는 자신이 본 시장 기회를 소화해 낼 방법을 찾지 못했기 때문이다.

창업자가 어떤 전술적 역량을 가졌는가에 따라 실행 전략이 달라진다. 자신이 가진 핵심 역량(전술적 역량)을 중심으로 전략을 구성한다는 뜻이다. 그러나 일단 전략이 결정되면 그 전략에 부합하지 않는 것들을 과감히 잘라내는 과정이 필요하다. 즉 전술이 전략을 만들고 전략이 전술을 지배한다. 그래야 실행 단계에서 철저하게 효과적인 것 하나에 집중해서 행동할 수 있다.

총각네 야채가게 이영석 사장은 밭떼기를 통해 원가를 낮추려는 노력은 아예 생각도 하지 않았다. 대신 질 좋은 상품을 높은 가격에 쉽게 사줄 수 있는 지역에 가게를 열었다.

좋은 상품을 저렴하게 제공하되 규모를 키워서 이익을 얻는다는 이랜드의 전략은 근검절약이 몸에 밴 조직문화를 도출했다(중국에서는 좋은 상품을 높은 가격에 판매하는 전략으로 전환했다).

민들레영토의 지승룡 소장이 가진 돈이 없음에도 젊은 사람들이 모이는 신촌, 대학로 등에 큰 규모의 카페를 열기 위해 집념을 불태운 것도 매우 전략적인 행동이었다.

유통망 없이 사업 확대는 불가능하다

사업 세팅 단계에서 상품이 결정된 후의 핵심은 유통망 확보에 있다. 자신의 상품에 적합한 유통망을 갖지 못하면 사업을 확대하는 것이 불가능하다. 상품의 가격 책정은 어떤 유통망을 갖느냐에 따라 달라진다. 상품에 대한 준비는 실행 단계에 앞서서 어느 정도 가능해도, 유통망을 확보하는 것은 구체적인 실행에 들어가지 않으면 어떻게 진행될지 전혀 알 수 없다. 실제로 사업 세팅의 절반 이상은 자기 상품에 적합한 유통망을 확보하는 과정이다.

자신의 상품과 전략에 적합한 유통망을 안정적으로 확보했다면 사업의 기틀을 잡은 것이다. 문제는 거기까지 도달하기가 몹시 고생스럽고 힘들다는 것이다. 아무리 준비를 충실히 했다 해도 예외가 없다. 중요한 것은 주변 상황과 반응에 흔들리지 않고 자기 전략의 핵심을 놓치지 않으며 근성을 갖고 끝까지 가는 것이다. 총각네 야채가게의 이영석 사장이 가락동 시장에서 상인들의 눈총을 받지 않고 자신이 원하는 과일을 선택할 수 있게 되기까지는 3년이 걸렸다. 사업 세팅 단계에서는 주변의 모든 상황이 자신의 바람과는 반대로 진행될 수 있다는 전제를 두고 행동하는 것이 정신 건강에 좋다. 그 시간을 버텨내야 한다.

절망의 순간에 자신을 일으켜 세우는 것은 '절실함'이다

아무리 비즈니스 모델을 잘 정립해서 사업 전략을 짰다 해도 전략적 초점을 유지하면서 계획을 실행하기는 쉽지 않은 일이다. 생각하지 못한 곳에서 장애물이 나타난다. 조금 된다 싶으면 바로 새로운 경쟁자들이 나타난다. 자본도 부족하고 경험도 부족한 상태에서 무리할 수밖에 없는 상황이 자주 발생한다. 그러다가 몸과 마음의 건강을 잃고 쓰러지기도 한다. 조금만 더 가면 될 것 같은데 그 조금이 참으로 멀게 느껴진다. 그래서 사업이 어렵다.

이때 사장을 지탱하고 움직이게 하는 원동력은 절실함이다. 절실함이 클수록 장애물을 돌파하고, 새로운 아이디어를 찾아내고, 등 돌린 상대를 협조자로 만들 수 있는 가능성이 더욱 높아진다. '안 될 이유가 될 필요보다 훨씬 많아도 필요하다면 그것은 이루어져야 한다'라는 자세로, 1퍼센트의 가능성을 10퍼센트, 30퍼센트, 50퍼센트로 키워서 결국 자신이 원하는 100퍼센트로 만드는 것이다.

진정한 문제는 문제에 있는 것이 아니라 그 문제를 해결할 방안을 못 찾는 데 있다. 실행 과정에서 생기는 문제들을 당연하게 생각하고, 문제 해결 방안에 집중할 수 있는 근성과 근력을 키워야 한다. 늘 가능성에 초점을 두고 생각하고 행동해야 한다. 그 과정을 거치면서 '사장의 근육'이 점차 커진다.

진심으로 집중하면 새로운 길이 보인다

실행 단계에서 명심할 두 가지가 있다. 첫째는 전략적으로 세팅하는 것이다. 좋은 것, 접근하기 쉬운 것이 아니라 자신의 핵심 역량을 강화하면서 처음 본 시장 기회를 살릴 수 있는 방식을 찾고 실행해야 한다. 특히 상품 특성과 유통 방식, 가격 설정이 전략적으로 연결되도록 사업을 구축해야 한다.

둘째는 장애물을 두려워하지 말아야 한다는 것이다. 처음 시장에 진입할 때는 자신의 의도에 맞는 반응은 감사하게 여기고 그렇지 않은 것을 당연하게 여기면서 해결책을 찾아야 한다. 시장의 반응에 일희일비하지 않고 자신의 전략적 초점을 분명히 하는 실행 방식을 찾아야 한다.

파일럿 비즈니스 과정을 충실히 했다면 본 비즈니스의 실행 과정은 얼마나 근성을 갖고 버티느냐에 달려 있다. 자신의 사업에 절실함이 있어야 한다. 그러면 다른 사람들 눈에는 미친 사람, 어떻게 해볼 도리가 없는 사람으로 보인다. 거기에 답이 있다. 진심으로 집중하는 사람에게 대부분의 장애물은 새로운 길을 찾는 계기가 된다.

25 7~8단계: 진행하고 평가하고 보완하고, 다시 시도한다

상품을 준비하고 유통망을 늘려가는 과정에서 꼭 필요한 것이 상품을 알리는 일이다. 사람들의 시선을 끌어야 한다. 자신의 상품에 관심을 가지도록 해야 한다. 매장에 방문할 계기를 제공해야 한다. 상품을 구매하는 과정에서 다른 경쟁자들과의 차별성을 느끼게 해야 한다. 그러면서 브랜드를 호의적으로 기억하게 해야 한다. 자신의 상품과 전략에 부합하도록 사람들에게 알릴 수 있는 방법을 찾아서 실행해야 한다.

STEP 7~8 만족을 Give하되 사실화하라. 그리고 다시 시도하라

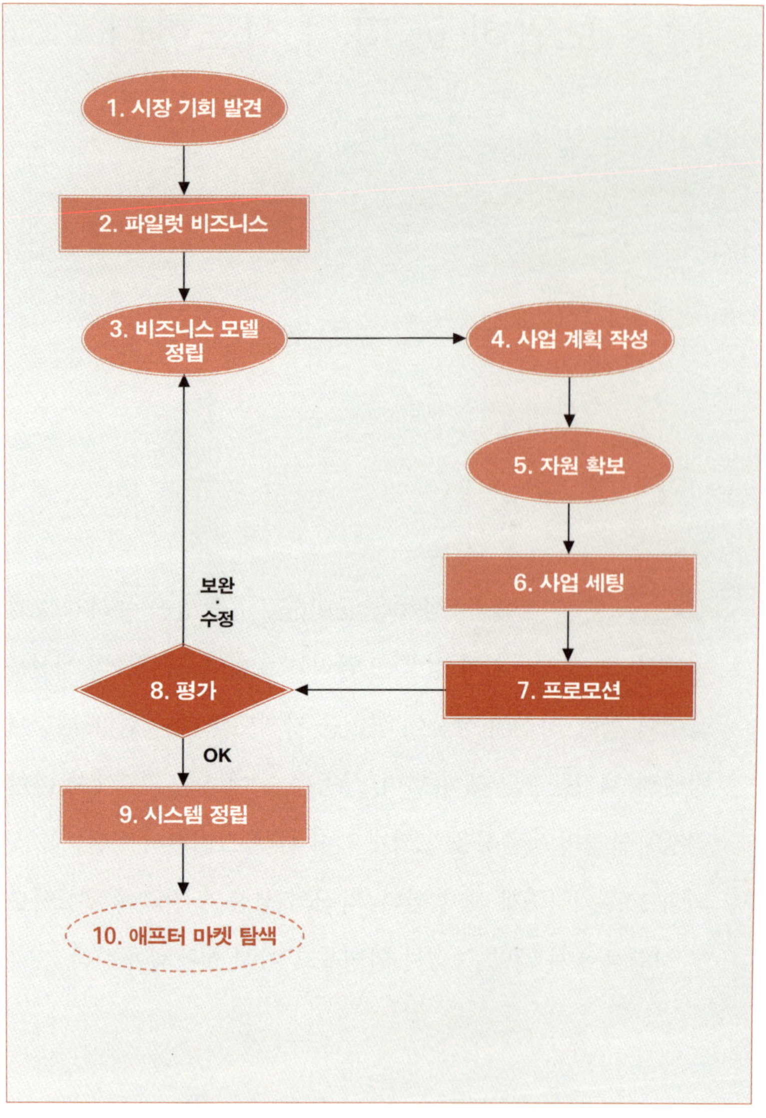

비즈니스 프로세스 7단계, 어떻게 알릴 것인가?

상품, 가격, 유통을 '사업 세팅' 단계로 묶고 '프로모션'을 별도의 단계로 구분한 것은 그 실행이 중요할 뿐 아니라 경험 없는 초보 사장이 가장 놓치기 쉬운 부분이기 때문이다. 아무리 좋은 상품을 가졌다 해도 그 상품이 좋은 것이라는 지각을 고객에게 심지 못하면 거래가 일어나지 않는다. 거래가 일어난다 해도 자신이 원하는 만큼의 가치를 인정받지 못한다. 성공적인 결과를 만든 사례 사이사이에는 적극적으로 자신을 알리려는 노력과 시도가 숨어 있다.

사람들의 시선을 끌어야 한다

총각네 야채가게의 이영석 사장이 트럭 행상을 할 때 중요하게 생각한 것 중 하나가 사람들의 시선을 끄는 것이었다. 사람들을 재미있게 할 방법을 생각하고 팔리는 화법話法을 연구했다. 그는 바나나를 팔면서 원숭이를 데리고 다녔다.

"원숭이가 좋아하는 바나나가 왔습니다. 원숭이도 맛없는 바나나는 먹지 않습니다. 원숭이와 바나나가 왔어요!" 원숭이를 보기 위해 몰려든 사람들은 한 다발 또는 몇 다발씩 바나나를 샀다. 장사가 안돼 힘들다면서 조언을 구한 정육점 주인에게 이영석 사장은 명쾌한 답을 해주었다. "한우를 구해다가 아파트 단지 안에서 끌고 다녀 보세요." (정육점 주인이 이것을 실행했는지는 확인되지 않는다.)

서울 강남에 첫 가게를 연 후에는 아파트 반상회 모임에 과일을 무료로 나눠주었다. 아파트에서 사람들이 가장 많이 모이는 때가 반상회라고 생각했기 때문이다. 반상회 다음 날은 확실히 아파트에서 온 손님이 두 배로 늘었다. 요란한 광고보다 과일을 직접 먹어본 주부들의 평가가 훨씬 정확했기 때문이다. 반상회 모임에 과일을 무료로 준다는 소문을 들은 다른 아파트에서는 일부러 찾아와서 반상회 날짜를 알려주기까지 했다. 물론 맛에 자신이 있었기 때문에 실행한 프로모션 방법이다.

민들레영토 지승룡 소장이 신촌에 10평짜리 카페를 처음 열었을 때, 간판 자리에 'Break the Impossibility Habits!(불가능이라는 습관을 깨자)'라는 문구를 써 넣었다. 대학생이 많이 지나가는 거리에서 학생들의 관심을 유도하기 위해서였다.

또 밖에서 보이는 위치에 흔들의자를 두 개를 놓아 하루 종일 부부가 함께 앉아 있었다. 본인은 커다란 활자로 인쇄된 영어 성경책을 읽고, 아내는 공주 옷을 입고 앉아 있었다. 지 소장의 아내는 학생들에게 '신촌역 앞 공주'라는 별명까지 얻었다.

실내에는 새소리, 물소리와 같은 자연 음악을 틀었다. 가게는 작고 허름했지만 다른 카페에서는 경험할 수 없는 차별화된 느낌을 전할 목적이었다. 통금이 있던 시절에는 새벽 4시에 문을 열기도 했다. 많은 대학생이 아침 일찍 도서관에 가다가 카페에서 새어 나오는 불빛을 마주치곤 했다.

민들레영토의 외관은 한 번 보면 잊지 못할 만큼 독특하다. 카페의 외관이 손님들의 기억에 남아야 한다는 지승룡 소장의 철학 때문이다. 손님을 공주와 왕자로 만들기 위해서 동화 속에나 나올 법한 복장을 한 직원들이 미소를 띠며 무릎을 꿇고 주문을 받았다. 민들레영토가 신문이나 TV에 돈 들이는 광고를 하지 않고 입소문만으로 유명해진 이유다.

사업 시작 초기부터 브랜드의 중요성을 알고 있던 주병진 씨는 '이미지가 좋은 브랜드는 비싸도 사람들이 산다'라고 생각했다. 기술과 가격이 한계에 도달한 시장에서 차이를 만드는 것은 이미지라고 생각했다. 그래서 사업 시작부터 소비자들이 공통으로 느낄 수 있도록 이미지를 통일하는 작업을 했다. 기업의 메시지를 담아내는 그릇으로서 브랜드를 생각했다. '제임스딘' '보디가드' '돈앤돈스' 등의 브랜드를 만들고 이미지를 부여했다. 첫 브랜드인 '제임스딘'을 알리기 위해 매일 색다른 내용으로 595회에 걸쳐 스포츠 신문에 톡톡 튀는 내용의 돌출 광고를 한 것이 대표적이다.

이랜드의 초기 홍보 방법은 튀는 색깔의 매장 인테리어였다.

1980년대 초, 당시에는 금기의 색이라 여겨졌던 빨간색을 주 컬러로 삼아 매장 전면을 치장했다. 빨간색 쇼핑백도 브랜드 알리기에 큰 도움이 되었다. 옷을 사서 들고 가는 고객이 브랜드 광고를 해주는 격이었다.

이러한 이랜드의 알리기 방식은 중국 진출 초기에도 그대로 활용되었다. 베이징대학교에서 개최한 패션쇼나 주요 도시의 전시회에 참석할 때마다 무료로 나누어주는 빨간색 쇼핑백과 이랜드 로고가 새겨진 목걸이 펜을 받기 위해 사람들이 수백 미터씩 줄을 서곤 했다. 매장 인테리어로 사람들의 눈길을 끌고 그들의 발길을 유도하며, 상품을 담은 쇼핑백으로 또다시 자신을 알리는 이랜드식 프로모션은 돈을 전혀 들이지 않고 준비된 아이디어를 활용하는 효과적인 방식이 되었다.

입에서 입으로 전해지는 소문을 만들라

자신의 상품과 브랜드를 어떤 방식으로 알릴 것인지 미리 생각해 두어야 한다. 먼저 자기 상품에 대해 스스로가 까다로운 고객이 되어야 한다. 고객의 관심을 끌어서 고객 스스로 찾아오도록 해야 한다. 그 과정에서 입에서 입으로 전해지는 소문은 매우 중요하다. 광고할 때는 광고의 첫 문장부터 목표 고객과 친밀한 관계를 형성할 수 있도록 하는 것이 좋다. 가능하다면 그 상품 영역category에서 시장이 선두그룹이라고 판단할 수 있도록 하는 것이 효과적이다.

적은 자본으로 시작한 사업이나 가두판매街頭販賣를 할 때는 사람들의 시선을 끌 수 있는 무언가를 준비해야 한다. 그 과정에서 정직함의 가치는 그 무엇과도 바꿀 수 없다. 시장에 무언가를 설명할 때는 진실하려고 노력해야 한다. 자기 상품의 질質과 본질에 대해 고객에게 직접적으로 밝히는 것이 좋다. 고객과 긴 대화를 나눈다고 생각하면서 진행하는 것이 효과적이다. 쓸모 있는 상품을 파는 것은 그다지 어려운 일이 아니다. 그러나 자신의 상품을 알리기 위한 노력과 아이디어가 더해졌을 때 그것이 의미 있는 거래로 이어진다.

프로모션에 대한 준비는 파일럿 비즈니스 과정을 통해서 예행연습이 가능하다. 자신의 상품에 적합한 방식을 찾고 검증하고 정리해 두어야 한다. 자신의 상품을 진실하게 알리되 목표 고객들이 고개를 끄덕이며 받아들일 수 있는 헤드라인과 카피를 찾아내면 좋다. 어떤 그림과 레이아웃(배치)이 효과적인지 확인하는 것도 필요하다. 무엇보다도 자신이 초점을 두는 소구점을 분명히 해야 한다. 이러한 것들은 그냥 이루어지지 않는다. 사전에 충분한 시간을 두고 학습하고 시도하면서 익숙해져야 한다.

프로모션의 1차 목적은 목표 고객의 '첫 방문'이다

어떤 매체를 통해서 메시지를 전달할 것인가도 생각해 두어야 한다. 자신이 쓸 수 있는 예산에 맞는 매체를 찾고, 그 매체의 특성에 맞는 방식으로 브랜드 약속을 전달할 아이디어를 모아야 한다. 특히 목표 고객의 관심을 끌어서 첫 방문을 이끄는 아이디어를 가능한 한 많이 정리해 두어야 한다.

1980년대에 사업을 시작한 기업은 그 시대에 맞는 프로모션 방식을 활용했다. 2020년대에 사업을 시작한 사람이라면 지금 시기에 적절한 방식을 개발해야 한다. 인터넷과 모바일이 일상화된 요즘은 블로그, 온라인 카페, 인스타그램, 유튜브, 밴드 등을 활용한 온라인 프로모션 방법을 적극적으로 활용할 수 있다. 자신의 상품 특성을 선호하는 목표 고객에게 적은 비용으로 조금 더 가까이 다가갈 수 있기 때문이다.

광고 같은 알리기의 일차적인 목적은 판매가 아니다. 방문을 유도하는 것이 알리기의 목적이 되어야 한다. 그래서 광고를 한 후에는 방문 또는 문의 고객이 얼마나 늘었는지 확인하는 것이 필수다. 한번 방문했거나 구매했던 고객들이 돌아가서 다른 사람들에게 호의적인 소문을 낼 수 있는 상황을 만드는 아이디어를 많이 모아야 한다. 이미 성공한 사람들이 쓴 책이나 강연에는 효과적인 프로모션 방법이 많이 숨겨져 있다. 자신이 응용할 수 있는 사례들을 가능한 한 많이 모아서 상품 특징과 브랜드 이미지에 맞게 변형해서 사용하면 된다.

'만족을 Give하되 사실화하라'에 대입하기

이제 4장에서 설명하고 강조한 실행 공식, '만족을 Give하되 사실화하라'에 대입해서 자신의 7단계 실행 계획을 점검해 보자.

첫째, 목표 고객은 누구이며 그들의 '만족 블랙박스'를 건드리는 제안을 하고 있는가? 목표 고객의 만족 블랙박스 속 변수를 건드려야 돈을 지불하는 거래로 이어진다.

둘째, 기브 앤드 테이크Give & Take 공식으로 목표 고객과의 거래를 평가하자. 고객이 내 상품과 제안을 통해 주는(Give) 것보다 받는(Take) 것이 더 많다고 생각할 수 있는가? 목표 고객이 자신의 기대보다 조금 더 많이 받았다고 생각할 때 거래가 좀 더 쉽게 성사된다.

셋째, 그 내용을 가시화할 수 있는 구체적인 아이디어는 무엇인가? 자신이 가진 상품의 가치를 목표 고객의 욕구와 연결해서 '갖고 싶은 마음'을 일으키고, 그 생각을 행동으로 연결할 계기와 방식을 제안하고 있는가? 그리고 고객의 경험을 브랜딩으로 연결하자.

비즈니스 프로세스 8단계, 평가하고 보완하고 다시 시도한다

준비와 실행의 한 사이클이 끝났다. 시장을 향해 몸을 던진 것이다. 다행히 두 발로 멀쩡히 안착했다면 두 팔을 들고 축하할 일이다. 그런데 물에 빠졌거나 발목이 삐끗했거나 넘어져서 팔이 부러졌으면 어떻게 해야 할까?

울면서 집에 돌아가거나 재수 없음을 탓하면서 욕만 할 수는 없다. 물에서 나와 옷을 벗어 말리고 다시 언덕 위로 올라가야 한다. 삔 다리에 침을 맞고 부러진 팔에 부목을 대서 몸을 추스른 후에 다시 처음 위치(비즈니스 프로세스 3단계)로 돌아가야 한다. 올라가면서 생각해야 한다. '내가 왜 물에 빠졌지? 분명히 풀밭 위로 뛰어내렸는데, 같이 뛴 저 사람은 멀쩡한데 나는 왜 발이 삐고 팔이 부러졌을까?'

케이크 전문점을 구상한 L사장의 시도와 시행착오

고객들에게 빵이나 케이크를 직접 만드는 방법을 알려주면서 필요한 재료와 도구를 파는, 홈베이킹 가게를 운영하던 L사장이 케이크 전문점을 처음 구상한 것은 2001년이다. L사장이 케이크 전문 매장이 가능하겠다는 생각을 하게 된 것은 자신의 가게를 정기적으로 찾는 단골 고객에게 들은 한마디 때문이었다. 집에서 아이들이 케이크를 먹다 남겨서 버리는 경우가 많다는 말이었다.

아이들 생일 잔치를 준비하는 엄마들은 보통 피자와 치킨, 케이크를 준비한다. 이때 케이크는 동네 제과점에서 사는 경우가 많다. 그런데 아이들이 촛불을 끄는 축하 과정이 끝나면 케이크를 먹지 않고 남겨서 버리는 경우가 많은데, L사장의 가게에서 배워서 만든 케이크는 남기지 않고 끝까지 먹는다고 자랑했다. '케이크를 남겨서 버린다고?' L사장의 어릴 적 기억으로는 케이크를 남긴다는 것은 상상하기 어려웠다.

케이크는 매우 귀한 음식이었다. 그런데 이젠 케이크도 남겨서 버리는 시대가 된 것이다. 케이크도 다른 음식처럼 맛과 질이 중요한 시대가 되었다는 생각이 들었다. 그러고 보니 1989년 여름에 일본 도쿄를 방문했을 때 대학 후배가 데려갔던 케이크 전문 카페가 생각났다. 후배가 요즘 새로 뜨는 곳이라면서 자랑스럽게 소개한 곳이 도쿄 시내 중심가의 케이크 전문점이었고 시내 곳곳에서 성업 중이라는 말이 퍼뜩 떠올랐다.

케이크 강좌를 하고 재료와 도구를 파는 것으로는 뭔가 부족하다고 생각하고 있었는데, 맛과 질이 좋은 케이크를 적절한 가격에 제공할 수 있다면 해볼 만하다고 생각했다. 질 좋고 맛있는 케이크에 대해서는 이미 충분한 기술을 가진 상태였고, 업계 흐름이나 주요 업체들에 대해서도 어느 정도 알고 있는 터였다. 뭔가 새로운 기회가 있을 것 같았다.

먼저 자신이 가진 레시피를 정리해서 사람들이 좋아할 만한 케이크를 골랐다. 일주일에 두세 종류의 케이크를 샘플로 만들어서 주변 사람들에게 먹이면서 반응을 확인했다. 최종적으로 스물다섯 개의 케이크를 고르는 데 꼬박 5개월이 걸렸다.

다음으로는 누가 고객이 될 수 있을까 생각했다. 10여 년 전의 경험이지만 도쿄에서 보았던 젊은 여성들이 떠올랐다. '그래, 20대 직장인 여성들이 주 고객이 될 가능성이 높겠구나.' 일단 테스트를 해봐야 했다. 현재 홈베이킹을 하는 가게에서는 젊은 여성을 만나기 어려웠다. 그래서 서울 시내 중심가에 10평 크기의 테스트 매장을 열었다. 케이크에 대한 반응은 대단히 좋았다. 특히 홀 케이크를 8~10조각으로 나누어서 파는 조각 케이크에 대한 반응은 기대 이상이었다.

그런데 처음 예상과는 달리 매출의 80퍼센트를 차지한 것은 주변 직장의 20대 여성이 아닌 매장 배후 단지에 사는 여성 단골들이었다. 20대 여성들의 반응이 뜨거웠지만 그들은 먹는 것이 아니라 옷이나 액세서리 같은 패션 상품에 우선적으로 돈을 쓴다는 걸 알게 되었다. 오히려 30~40대 주부를 주 고객으로 잡는 것이 효과적이겠다고 판단했다.

매장이 클 필요가 없다는 생각도 들었다. 홀 케이크든 조각 케이크든 매장에서 먹고 가는 사람보다 집으로 사서 들고 가는 사람이 훨씬 많았기 때문이었다. 30~40대 주부와 배후 단지가 연결되면서 신도시 지역의 작은 틈새 공간을 활용하면 좋겠다는 생각이 들었다. 이렇게 첫 테스트 매장을 9개월 만에 정리했다.

이후 경기도 일산의 중심 주거 단지에 약 2평짜리 매장을 얻었다. 첫 테스트 매장의 월세가 200만 원이었는데 이번 매장의 월세는 15만 원이었다. 그런데도 매출은 서울 시내 중심가와 거의 같은 수준으로 유지되었다. 매장을 찾는 주 고객은 예상대로 주변 아파트 단지의 주부들이었다. 선물이나 모임, 생일과 기념일 등에 가져갈 케이크로 L사장의 케이크를 선호했다.

아이들의 반응도 뜨거웠다. 아내와 아이들의 성화에 못 이겨 매장을 찾는 30~40대 아버지들도 많았다. 일단 맛이 기존 케이크와는 크게 달랐다. 틈새 공간의 작은 매장 앞에 사람들이 줄을 서자 케이크를 취급하는 기존 제과점에서 탐색하러 오는 경우도 많았다.

상품에 대한 고객의 반응은 충분히 확인했고 누구를 주 고객으로 삼을지 확인하는 작업도 끝났다. 이제 이것을 어떤 형태로 반복할지 생각을 정리해야 했다. 고객의 첫 번째 방문을 유도하고 한번 구매한 고객이 다시 매장을 찾을 수 있는 구체적인 방법을 정돈할 필요도 있었다. 처음 케이크 전문점을 구상하면서 프랜차이즈를 염두에 두었기 때문이었다.

5평 크기의 세 번째 테스트 매장을 일산의 다른 지역에 오픈했다. 앞선 두 번의 경험으로 초기 개업의 어려움도 줄었고 좀 더 세련된 방식으로 고객에게 어필할 수 있게 되었다. 작은 크기의 매장에 손님이 북적거리는 모습을 본 사람 중에서 매장을 해보겠다며 나서는 사람이 생기기 시작했다. 매장의 크기는 작은데(투자 비용이 적을 것 같은데), 케이크가 맛있고 가격도 적당한 데다 한번 먹어본 사람들이 쉽게 단골이 되는 모습을 확인했기 때문이다.

L사장은 이제 가맹점을 오픈할 수 있겠다고 생각해 '3-3-3' 전략을 정리했다. '3평 매장, 투자 비용 3000만 원, 월 300만 원 순이익'을 의미하는 것이었다. 처음 케이크 전문점을 구상하고 적절한 비즈니스 모델을 정립하기까지 3년 반이 걸렸다.

L사장의 매장은 홈베이킹 방식으로 케이크를 제조하고 있어서 맛에 대한 평가가 좋았다. 케이크를 조각으로 구매할 수 있다는 것에도 사람들은 매우 호의적인 반응을 보였다. 주 고객을 30~40대 주부로 하고 주거 지역을 중심으로 매장을 오픈해 틈새 공간을 활용하는 방식이어서, 창업 비용이 낮은 것도 큰 장점이었다.

1년이 채 되지 않아서 10개의 가맹점을 확보할 수 있었다. 매장 크기가 작고 많이 알려지지 않은 브랜드라는 약점보다는 케이크가 맛있다는 소문과 적은 비용으로도 창업할 수 있다는 장점이 더 많이 부각되었다. 이제 L사장은 늘어나는 주문량에 맞춰 상품을 공급할 수 있는 생산 규모를 갖추기 위한 투자를 고민해야 했다.

가맹점이 13개가 되었을 무렵 예상하지 못한 일이 나타났다. 처음 매장을 열었을 때는 매출이 좋았지만 3개월, 6개월이 지나면서 점차 줄어드는 것이었다. 매장에 따라 다소 차이가 있었지만 전체적으로 그런 경향이 나타났다. L사장은 직영점을 철수하고 케이크 생산에 집중하던 때라 위기의 징후를 파악하지 못하고 나쁜 결과가 나온 후에야 이 사실을 알게 되었다. 가맹점 문의가 눈에 띄게 줄었다는 생각을 하던 때였다.

이때는 특히 생산 규모를 늘리기 위해 두 번째 공장을 준비하는 시기여서 더욱 민감한 사안이었다. L사장은 각 매장을 다니면서 가맹점주들과 만나 얘기한 결과 심각한 고민에 빠져들었다. 투자 비용이 적어서인지 두세 곳을 제외하고는 부업처럼 매장을 운영하고 있었다. 특히 초기 매출이 좋았던 매장이 더 그런 경향이 있었다. 게다가 가맹점주들이 모두 사업 경험이 없는 전업주부들이어서 매출이 떨어지면 공격적으로 회복하려는 생각보다는 조금이라도 비용을 줄여서 줄어든 매출로 인한 손실을 보충하려고 했다.

손실을 줄이기 위해 케이크 재고를 너무 적게 유지하는 경우가 많았고 전기요금을 줄일 요량으로 낮에는 전등을 끄고 영업을 하기도 했다. 아직 알려지지 않은 브랜드에는 꼭 필요한 정기적인 홍보에도 거의 무관심했다. 매장에서 정리, 정돈, 청결을 기대하기도 어려웠다. 가맹점 문의가 줄어든 것도 기존 매장들의 부진한 매출과 활기 없는 모습 때문이라는 생각이 들었다. 구조적인 문제라고 판단되자 L사장의 고민은 더 깊어졌다.

사업자의 생각과 다른 시장 반응

새로운 형태의 케이크 전문점으로서 시작은 바람직했다. 자신이 오랫동안 해오던 일 주변에서 기회를 포착했고, 그 기회가 정말 기회인지 확인하면서 파일럿 비즈니스 과정도 충실하게 거쳤다. 적은 투자로 누구나 쉽게 참여할 수 있는 사업 형태를 정립하기 위한 노력의 결과로 '3-3-3'이라는 비즈니스 모델을 정립했고, 그에 맞는 전략적 세팅과 적절한 프로모션 방식도 찾아냈다.

그런데 프랜차이즈로 사업을 확대하는 과정에서 오류가 생겼다. 가맹점주들이 사업 전략에 적합한 구성이 아니었다. 적은 자본으로 시작하기에는 전업주부들이 적당했지만, 부업이 아니라 본업으로 집중하기에는 적절하지 못했다. 이유가 무엇이든 목숨 걸고 몰입하지 않는 장사는 성공하기 어렵다.

L사장이 케이크 전문점 사업을 준비하는 과정에 매우 충실했기에 가맹점들이 처음 개점을 할 때는 적절한 매출이 자연스럽게 일어났다. 매장 입지의 특성을 바탕으로 고객 관리와 매장 관리가 적극적으로 이어질 때만 처음의 좋은 평가를 이어갈 수 있다. 그런데 대부분의 가맹점이 적극적으로 매장을 운영할 준비가 되어 있지 않았다.

L사장이 부업처럼 운영하는 가맹점주들을 보고 구조적인 문제라고 판단한 것은 정확했다. L사장은 작고 알찬 케이크 전문점 사업에 대한 준비는 충분했지만, 그것을 프랜차이즈 방식으로 진행하는 것에 대한 준비는 부족했다. 적은 투자금으로 알찬 수익을 내는 매장을 운영할 수 있으면 더 열심히 해서 가게를 운영하리라 생각했지만 현실의 결과는 그 반대였다. 대부분의 점주들이 투자금도 적고 잃을 게 별로 없으니 몸 편하게 가게를 운영해야겠다고 생각하며 부업을 하는 사람처럼 행동했다.

인간에 대한 기본 이해가 부족했고, 가맹점을 프랜차이즈 방식으로 전개하는 데 알아야 할 가맹점 선정과 관리에 관한 지식이 부족했던 탓에 어려움에 부딪친 것이다. 결국 13개의 가맹점을 연 후에야 비로소 자신의 전략적 초점에 맞는 프랜차이즈 운영 방식에 대한 준비가 부족했음을 깨달았다. 결국 L사장의 케이크 전문점 사업은 5년간의 노력과 준비와는 별개로 '파일럿 비즈니스'가 되고 말았다.

8단계의 대답이 'Yes'일 때, 비로소 9단계로 넘어간다

비즈니스 프로세스 8단계, 평가의 과정에서 확인할 것은 두 가지다. 첫째는 상품에 대한 시장의 반응과 평가다. 둘째는 자신이 설정한 비즈니스 모델과 전략적 초점의 유용성이다.

앞에 예시로 든 케이크 전문점의 경우, 맛있고 질 좋은 케이크를 집 가까이에서 쉽게 구할 수 있는 케이크 전문점에 대한 시장의 반응은 매우 호의적이었다. 그러나 두 번째 영역의 평가에 문제가 있었다. 적은 투자로 적절한 수익을 낼 수 있다는 전략의 초점은 좋았지만, 자신의 사업에 최선을 다해 몰입하는 가맹점주를 확보할 방법을 찾는 데는 실패했다.

L사장은 케이크 전문점 사업의 파일럿 비즈니스를 진행하고 비즈니스 모델을 정립하는 과정에서 '3-3-3' 모델(3평 매장-3000만 원 투자-월 수익 300만 원)을 '5-5-5' 모델(5평 매장-5000만 원 투자-월 수익 500만 원)로 바꾸는 것이 좋겠다는 지적을 비즈니스 멘토에게 들었다. 특히 투자 비용의 크기를 줄이기보다 기대수익의 크기를 더 키워야 한다는 의견을 귀담아듣지 않은 걸 후회했

다. 자신은 그 정도면 되었다고 생각한 것이 큰 오류였다.

이유와 변명은 차치하고 L사장은 이제 부족한 부분을 보완해서 비즈니스 모델과 사업 전략을 조정해야 한다. 시장에서의 성공적인 반응과 어긋남의 이유를 확인하고 사업의 내용을 보완해 수정해야 한다(3단계로 돌아가서 다시 시도해야 한다).

오늘의 성공을 내일도 반복하려면

총각네 야채가게의 이영석 사장은 고객의 믿음이 하루아침에 형성되지 않음을 잘 알고 있었다. 그래서 가격이 조금 비싸더라도 최고의 제품만을 시장에서 떼어 왔다. 폭리를 취하려는 게 아니라 단지 제값을 받을 뿐이다. 그런 사실을 손님들 역시 잘 안다. 품질이 보장되니 손님들이 그만큼 많이 찾아오고, 시장에서 가져온 야채와 과일이 다 팔리면 보관 기간이 짧아져서 늘 신선도가 유지된다. 선순환이 만들어지는 것이다.

"총각네 수박은 조금 비싸기는 하지만 맛은 믿을 수 있잖아요." 일정 기간 서비스가 제공된 후에야 서비스의 평균치가 적용되고, 비로소 고객들은 그 서비스가 마음에 드는지 안 드는지를 결정한다.

이영석 사장은 가게를 찾는 손님의 입맛을 품질의 기준으로 삼았다. 그리고 손님이 즐겁게 상품을 구매할 수 있는 방식을 찾아서 실행했다. 손님의 절반 이상이 다른 지역에서 온 사람들이었다. 먹어본 사람들의 입과 입을 통해 다른 지역 사람들까지 찾아오게 만든 것이었다.

민들레영토의 지승룡 소장은 카페를 찾아온 손님에게 "드시고 또 드시라"라고 했다. 대접받길 원하는 대로 대접하라는 말처럼 서비스했다. 젊은이들과 가슴을 열고 대화하고 그들이 원하는 것을 파악해서 서비스에 반영하면서 카페의 모습을 발전시켰다. 직원들은 손님을 반갑고 존귀하게 맞는다. 항상 손님을 위해서 테이블을 깨끗이 준비해 놓고 있다는 것을 보여준다. 음료를 리필할 때는 미안한 마음이 들지 않고 행복감을 느끼도록 배려한다. 그에 대한 반응으로 민사모(민들레영토를 사랑하는 모임)가 만들어졌고, 2000년 초 도시 미관 계획에 없어질 위험에 처한 민들레영토를 지켜주었다.

이영석 사장도 지승룡 소장도 누구 하나 경쟁에서 이기려고 하지 않았다. 고객들이 경쟁자로부터 받지 못하는 것을 제공하려고 노력했다. 늘 먼저 고객의 필요를 생각했다. 상품이 고객에게 도달하기까지의 과정이 매끄럽도록 방법을 찾고 개선했다. 고객이 지불하는 가격 대비 고객이 인정하고 받아들이는 가치가 최고가 될 수 있게 했다. 고객을 가족처럼 생각하고 대했다. 그러자 고객이 그들을 최고로 인정해 주었다. 직접 재방문할 뿐 아니라 다른 사람에게도 호의적인 입소문을 내주었다. 시장에서 이들을 기쁘게 받아들여 준 것이다.

두 사장 모두 자신의 사업에 목숨을 걸었다. 일이 순조롭게 풀릴 때보다는 어렵고 힘들 때가 훨씬 더 많았다. 그러나 하고 싶은 일, 옳다고 생각하는 일을 했기에 뚝심을 발휘할 수 있었다. 넘어지면 일어서고 또 넘어지면 다시 일어서고를 반복했다. 힘으로 맞서지 않고 배짱으로 맞섰다. 조롱과 멸시를 곱씹으면서 미소로 흘려보냈다.

그들은 가진 게 없었기에 머리를 짜내고 몰두했다. 한 가지 아이디어를 시도했다가 안 되면 새로운 아이디어를 내고, 그래도 안 되면 또 새로운 아이디어를 찾아냈다. 원하는 대로 될 때까지 그렇게 했다. 방법을 찾고, 노력하고, 할 수 있는 최선을 다하면서 뛰었다. 시장에서 자신의 모습을 호의적으로 받아들일 때까지 바꾸고 보완했다. 사업 초기에 설정한 전략적 초점에 충실했다.

1998년에 시작된 총각네 야채가게가 12년의 세월 동안 지속해서 사업을 확대할 수 있었던 것은 시장에서 그들을 기쁘게 받아들였고 '최고 품질의 상품을 제 가격을 받고 판다'라는 전략적 초점을 유지했기 때문이다. 그러나 사업은 언제나 현재진행형이다. 지금 총각네 야채가게는 이전의 모습과는 많이 달라졌다.

예전에는 없던 냉동 창고가 꼭 필요하게 되었고, 모든 가게가 처음처럼 활기를 띠고 성과를 내는 것도 아니다.

어제의 성공이 오늘과 내일로 저절로 연결되지는 않는다. 시장이 받아들이려 하고 경쟁자와 의미 있는 차별성을 유지할 때만 성공을 반복할 수 있다.

26 9단계: 최선을 다할 수 있는 프로세스와 구조 만들기

이제 고객들이 만족하는 상품을 반복해서 제공할 수 있는 기반이 마련되었다. 시장에도 어느 정도 알려졌고 전략적 초점을 이해하고 행동하는 직원들도 생겼다. 회사 내에서 일어나는 대부분의 일에 경험이 있어서 큰 시행착오도 없다. '사장이 넘어야 할 다섯 개의 산' 중에서 '생존의 산-고객의 산-경쟁의 산'을 무사히 넘은 것이다. 그렇다면 이제 해야 할 것은 시스템을 정립하는 것이다. 기업 운영의 효율을 높이기 위해서다.

STEP 9 시스템 정립
조직원들이 최선을 다해 일할 수 있는 프로세스와 구조 만들기

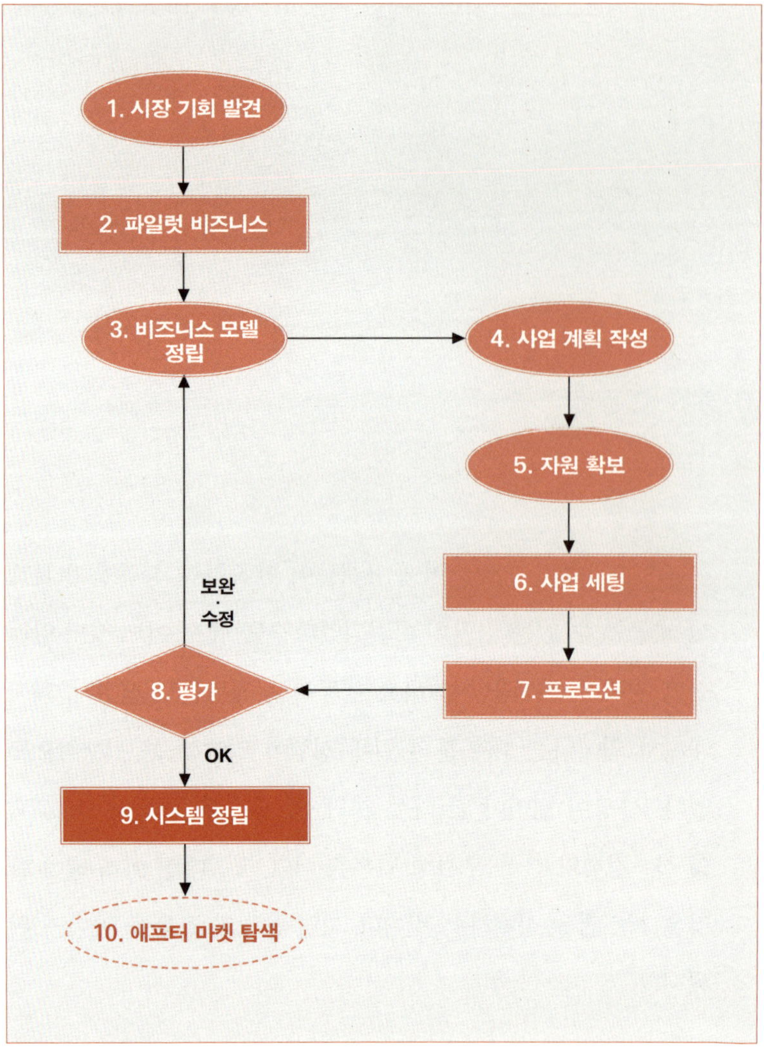

시스템의 6요소

시스템 정립은 사장을 포함하여 전체 조직원이 최선을 다해서 일할 수 있는 흐름과 구조를 만드는 것이다. 기업 시스템을 구성하는 여섯 가지 요소가 있다. 첫째는 상품의 생산부터 고객에게 전달되기까지의 과정process이다. 둘째는 조직의 구조structure를 어떻게 만들 것인가다. 셋째는 어떤 사람people이 자신의 회사에 적합한지 구분하는 것이다. 넷째는 자신의 기업에 필요한 정보information가 무엇이며 어디에서 그 정보를 얻을 수 있는지 아는 것이다. 다섯째는 기업에서 의사결정decision making을 하는 기준을 분명히 하고 공유하는 것이다. 여섯째는 보상rewards의 기준을 정립하는 것이다.

이 여섯 가지 요소를 기업의 특성과 강점에 맞게 '한 방향 정렬'해야 한다. 기업의 특성과 개성을 살릴 수 있는 프로세스와 조직 구조를 생각하면 된다. 일관성, 공정성, 진실성만 유지된다면 어떤 형태여도 문제 될 것은 없다.

적합한 사람을 찾는 기준을 정립하자

일의 프로세스와 그 프로세스가 원활하게 작동할 수 있는 조직 구조를 갖춘 후에는 어떤 사람이 기업에 적합한지 정의해야 한다. 특히 함께 일할 사람에 대한 기업의 태도를 결정하는 것이 중요하다. 그에 따라 기업을 구성하는 방식과 방법이 달라지기 때문이다.

먼저 기업의 성과 포인트를 분명히 해야 한다. 성과를 내기에 적합한 사람이 누구이며, 어디 있고, 어떤 방식으로 연결할 것인지 생각해야 한다. 법률을 위반하지만 않는다면 자신이 원하는 현실적인 방법으로 고용해야 한다. 그리고 성과에 적합한 강점을 가진 사람인지 확인해야 한다.

고용 과정을 지나치게 제도화하는 것은 바람직하지 않다. 기업과 경영자를 찬양하는 사람이 아니라 기업의 성과를 강화할 수 있는 사람을 찾되, 함께 일할 사람들이 선발에 능동적으로 참여할 수 있는 방식을 고안하자. 일반적으로 신규 채용의 가장 훌륭한 원천은 회사에 이미 근무하며 만족해하는 직원이다.

모든 사람이 최선을 다할 수 있는 시스템을 구축하라

모든 사람들이 기업에 필요한 정보가 무엇이고 그 정보를 어디에서 얻을 수 있는지 명확히 알아야 한다. 기업의 각 영역에서 일하는 사람들이 그 정보를 잘 찾고 활용할 수 있도록 해야 한다. 그리고 기업 전략에 부합하는 의사결정 기준을 지속적으로 공유해야 한다. 현장의 사람들이 기준을 알고 그 기준에 맞춰 결정할 수 있을 때 생산성이 배가된다.

기업의 성과를 어떤 방식으로 공정하게 배분할 것인가도 연구해야 한다. 직원들이 무조건 많은 돈을 원한다고 생각하는 것은 오해다. 인격적인 대우, 소속감과 성취감, 진심이 담긴 인정 등 돈으로 얻을 수 없는 보상은 다양하다.

좋은 회사는 흥미진진한 문젯거리를 가지고 있다. 반면에 좋지 못한 회사는 따분한 문젯거리를 제공한다. 좋은 문제는 의욕을 북돋워 주지만 나쁜 문제는 의욕을 잃게 한다. 사장은 문제를 흥미 있게 하고 그 결과를 쓸모 있게 해서 모든 사람의 참여를 유도하는 기술을 배워가야 한다. 그것이 시스템을 구축하고 운영하는 사장의 핵심 역할이다.

혼자서 모든 문제를 해결하려고 하기보다는 함께하는 사람들이 문제 해결에 적극적으로 동참할 수 있도록 흥미 있는 문제를 제공하면 된다. 문제를 좋은 문제로 변환하는 것이다. 사장을 포함한 회사의 모든 사람이 최선을 다해서 일할 수 있는 방식과 구조에 관한 지속적인 연구와 노력이 필요하다.

창업에서 경영으로의 전환

1~8단계가 창업의 영역이라면 9단계부터는 경영의 영역에 해당된다. 9단계 진입의 가장 큰 의미는 기업의 운영 기준이 '효과'에서 '효율'로 옮겨 간다는 데 있다. 수차례 강조했듯 비즈니스는

효율의 게임이기 때문이다. 그에 따라 기업 내에서 부서별 역할이 조정되고 의사결정 기준이 달라질 수 있다는 것을 조직원들이 알 수 있게끔 변화의 초점을 공유해야 한다. 특히 사장은 자신의 태생적인 강점을 활용하는 생존의 리더십을 넘어서 관계 리더십과 조직 리더십을 능동적으로 학습하고 발전시켜야 한다(『사장학 수업 Ⅱ』 '사장의 리더십' 참조). 사장의 성장 없이 기업의 성장을 기대하기 어렵기 때문이다.

비즈니스 프로세스 9단계에 진입한 사장은 이제 '생존'을 기준으로 세팅된 기업 조직이 점차 장거리 경주를 할 수 있는 조직으로 변화하도록 도모해야 한다. 그 과정에서 '효과'의 시기를 함께 지나온 사람들, 일명 개국 공신들과의 관계를 재정돈하는 것에 특별히 신경을 써야 한다. 함께 고생했던 사람들의 회사에 대한 '기대'가 사장의 생각과 다른 방향으로 진행되는 경우가 종종 발생하기 때문이다.

자신의 기업에 적합한 시스템은 파일럿 비즈니스(2단계) 시기부터 구상하기 시작해야 한다. 평가(8단계)까지 주로 기업 외부와의 관계성을 중심으로 생각하고 판단했다면, 시스템 정립(9단계)은 자기 기업의 특성을 온전히 인정하고 반영하는 방식으로 진행하는 것이 좋다. 단, 어떤 경우에도 객관적인 관점을 놓치지 않도록 유의해야 한다. 그리고 기업이 시스템을 정립하는 시기부터 기업의 색깔과 사장의 철학이 드러남을 염두에 두고, 자신이 기업을 운영하는 이유와 나아갈 방향성 등에 대한 생각과 의지를 가다듬어야 한다.

27 10단계: 현재의 사업을 기반으로 새로운 기회 찾기

총 10단계의 비즈니스 프로세스는 자신의 상황에 따라 다섯 부분으로 나누어서 생각을 집중하는 것이 효과적이다.

1. 현재 직장을 다니면서 자기 사업을 구상하거나 사업 시작 전 단계에 있는 경우: 1단계 '시장 기회의 발견', 2단계 '파일럿 비즈니스', 3단계 '비즈니스 모델 정립'에 초점을 두고 생각하는 것이 우선이다.
2. 기한을 두고 사업을 준비하는 경우: 3단계 '비즈니스 모델

정립', 4단계 '사업 계획 작성', 5단계 '자원 확보'에 대해 깊이 생각할 필요가 있다.

3. 어느 정도 준비를 마친 뒤 실행 단계에 있는 경우: 6단계 '사업 세팅'과 7단계 '프로모션' 과정에 집중해야 한다.
4. 이미 사업을 진행 중인 경우: 8단계 '평가'의 관점으로 시장에서 자신의 기업이 어떻게 받아들여지는지, 어떤 부분을 보완해야 좀 더 시장 친화적인 기업으로 개선할 수 있는지 생각해야 한다.
5. 충분한 수익모델을 갖고 사업을 하는 경우: 9단계 '시스템 정립'과 10단계 '애프터 마켓 탐색'에 관심을 기울여야 한다.

애프터 마켓after market 탐색이란 현재의 시장 지위를 활용해서 새롭게 접근할 시장을 모색하는 것이다. 이것은 비즈니스 프로세스 첫 단계인 '시장 기회 발견'과 똑같은 개념이다. 차이가 있다면 1단계의 시장 기회 발견이 아무런 사업 기반이 없는 상태에서 자신이 직관으로 본 기회라면, 10단계 애프터 마켓 탐색은 이미 확보한 시장 지위를 가지고 그 기반을 활용해서 새롭게 거래를 만들어낼 기회를 찾는 것이다. 비즈니스 프로세스 마지막 단계가 첫 단계와 연결되어 순환 구조를 이룬다고 생각하면 쉽다.

STEP 10 애프터 마켓 탐색
이미 구축된 사업 기반을 바탕으로 새로운 시장 기회 찾기

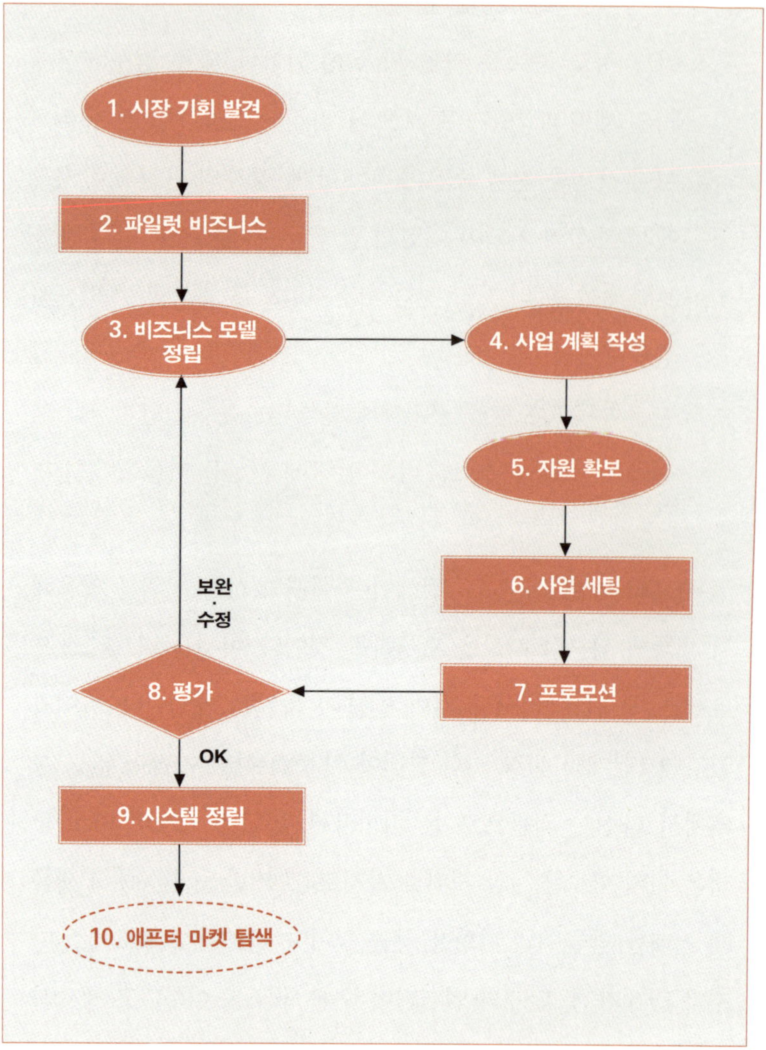

기업 경영의 단순한 이해

10단계 비즈니스 프로세스를 통해 본 기업 경영은 두 가지로 요약할 수 있다. 좀 더 시장 친화적인 기업이 될 수 있도록 개선하고 보완해 가는 것과 기존의 사업을 기반으로 새로운 시장 기회를 탐색하는 것이다. 애프터 마켓 탐색을 통해 기업은 한 단계 점핑하는 계기를 마련할 수 있다. 이 두 가지 활동이 어우러져서 기업은 강화되고 확장된다.

처음 시장 기회를 발견하는 것에서 시작하여 파일럿 비즈니스 과정을 거쳐 자신에게 적합한 비즈니스 모델을 만들고, 그것을 기반으로 구체적인 사업 계획과 자원 확보 과정을 거친다. 그리고 상품을 시장에 선보이고 알려서 고객의 반응과 시장의 냉정한 평가를 거친다.

그 과정을 통해 부족함을 보완하고 강점을 강화하면서 적정 수익 모델을 확보한 후에는 기업 효율성을 극대화하기 위한 시스템 정립 과정을 거친다. 그리고 다시 새로운 시장 기회를 찾는 노력을 한다.

이런 순환 구조를 통해 기업은 성장한다. 그 과정에서 사장은 처음에는 장사꾼이었다가 마케터로 발전하고, 마지막은 다른 사람을 통해 일하는 경영자로 스스로를 탈바꿈한다. 기업의 성장과 함께 사장도 성장해 간다.

일단 사업을 시작하면 멈출 수 없다고 생각해야 한다. 어느 정도 성과만 나오면 멈추겠다고 생각하는 것은 사업에 대한 몰이해에서 나온 것이다. 사업을 하는 것은 자전거를 타는 것과 비슷하다. 계속해서 페달을 밟지 않으면 넘어진다. 멈춤이 아니라 움직임에 익숙해지고, 그 움직임을 즐기는 편이 훨씬 쉽고 현실적이다.

그런 면에서 애프터 마켓을 탐색하는 활동은 누가 가르쳐주지 않아도 자연스럽게 진행된다. 다만 조직적으로 쌓은 사업적 기반과 무관하거나 욕심을 내세운 확장 계획은 위험하다. 자신이 성공적으로 진행하고 있는 사업의 키워드를 중심으로 다음 시장을 찾는 것이 현실적이고 전략적이다.

비즈니스 프로세스 10단계를 '3+5+2=10'으로 구분하기

창업자의 관점에서는 10단계 프로세스를 3+5+2=10단계로 구분해서 이해하면 쉽다. 특히 앞의 1~3단계가 중요하다. 사업 성패의 70~80퍼센트를 차지하는 'Before' 단계지만 사업 경험이 없는 사람에게는 포착되지 않는 부분이다. 그래서 사업 초심자들은 4단계 '사업 계획 작성'을 사업의 시작점이라고 생각하는 오류를 범한다.

또한 4~8단계에서도 실행의 몸통이 되는 4~6단계 외에 7단계 '프로모션'의 중요성을 간과하지 않도록 주의하자. 그리고 9단계부터 창업의 영역을 벗어나서 경영의 영역에 진입하게 됨을 알아두자.

3부

경험 없는 사업에서 성과 만들기

A BUSINESS ADMINISTRATION CLASS

6장

첫 사업에서 유의할 사항 열 가지

1부의 비즈니스 패러다임을 적극적으로 학습하고
2부의 비즈니스 프로세스 10단계를 충실히 따르면
경험 없이 시작한 사업에서 시행착오를 줄일 수 있다.

내가 두 개의 B.P.(비즈니스 패러다임 & 비즈니스 프로세스)를
정리정돈 하기까지 총 21년이 걸렸다.
첫 5년은 다른 이들에게 배움으로써
그리고 다음 5년은 나를 돌봐주는 울타리가 있는 곳에서
다양한 시도를 하면서였다.
그리고 9년 동안은 초안으로 정리된 내용을 구체적으로 확인하기 위해서
직접 사업을 준비하고 진행하며 필요한 세부 내용을 확인했고,
마지막 2년은 다른 이들과 공유할 수 있는 단어와 방식으로 정돈했다.

나의 지난 30여 년의 경험과 정돈의 내용이
새롭게 비즈니스 게임에 참여하고자 나선 이들에게
작은 도움이 되길 바란다.

28 자신이 가진 '진실의 꼬투리'를 확인하라

한 사람이 오랫동안 일해온 성당에서 해고를 당했다. 새로 부임한 신부가 글을 모르는 사람은 좌석 안내원이 될 수 없다는 이유로 그를 해고한 것이다. 그는 앞으로 무엇을 해야 할지 몰라 암담한 심정으로, 배운 것 없는 자신의 신세를 한탄하며 도시의 골목길을 걸었다. 담배가 떨어져서 담배 가게를 찾았으나 찾을 수 없었다. 다음 블록에서도 담배 파는 곳을 찾을 수 없었다. 다시 오던 길을 되돌아와서 전 블록을 살폈으나 여전히 담배 가게를 찾을 수 없었다.

'이곳에 담배 가게를 차리면 나 같은 사람에게 담배를 팔 수 있겠군' 하고 생각한 그는 모퉁이에 작은 담배 가게를 차렸다. 가게는 번창했다. 그래서 다음 블록에도 담배 가게를 차렸다. 그곳도 번창했다. 이전 블록에도 담배 가게를 차렸다. 이렇게 해서 도시의 곳곳에 그 사람 소유의 담배 가게가 생겼다. 돈을 쓸 줄 몰랐던 그는 버는 대로 은행에 저금했다.

특별해 보이지 않는 사람이 계속해서 통장 잔고를 늘리는 모습에 주목하던 한 은행 직원이 물었다. "선생님은 어떻게 해서 그렇게 돈을 많이 벌게 되셨나요?" "글쎄요, 저는 제 이름밖에 쓸 줄 모르는 무식쟁이인데요." "아니, 글도 모르시면서 이렇게 성공하셨는데 만약 글을 쓰실 줄 아셨다면 어떠셨을까요?" "아마 성당 좌석 안내원이 되어 있었을 겁니다."

이 소설 속의 이야기는 비즈니스가 결코 삶과 유리될 수 없음을 보여준다. 부자가 되고 싶은 은행 직원이 과거 전직 좌석 안내원의 절박한 상황을 이해하고, 그것을 현재의 자기 상황에 적용한다면 또 다른 성공 스토리가 만들어질 것이다.

맥도날드를 만든 사람과 키운 사람

다목적 믹서의 미국 내 판매권을 가지고 있던 세일즈맨 레이 A. 크록은 미국 서부의 범상치 않은 한 가게에 주목했다. 보통의 햄버거 가게는 한두 대의 믹서면 충분한데 그 가게는 늘 서너 대를 쓰고 있었기 때문이다. 특히 1954년에 들어서자 예비로 열 대의 믹서를 주문해서 놀라게 했다.

호기심을 참지 못한 그는 맥도날드 형제의 샌버너디노의 가게를 방문했다. 그가 매장을 방문했을 때 가장 놀란 점은 속도였다. 15초 만에 주문에 응하는 재빠른 동작은 매우 놀랄 만한 것이었다. 가게를 찾는 손님들은 싼 가격에 맛도 좋고 서비스도 좋은 그 가게를 좋아했다. 특히 3명 중 1명은 자신이 납품한 믹서로 만든 밀크셰이크를 주문하고 있었다. 왜 이 가게에서 그렇게 많은 여분의 믹서기를 가지고 있어야 했는지 이해할 수 있었다.

크록은 어떤 방식으로라도 이 사업에 참여해야겠다고 마음먹었다. 처음에는 자신의 상품인 다목적 믹서를 팔려는 의도로 프랜차이즈 대리인 자격을 요청했으나, 나중에는 사업 자체를 자신이 직접 운영하기로 마음을 바꾼다.

우리에게 익숙한 패스트푸드 체인 '맥도날드'의 창업자는 맥도날드 형제였다. 그러나 맥도날드를 미국을 넘어 전 세계에 체인점을 가진 기업으로 키운 것은 레이 크록이다. 풍부한 사업 경험을 가진 그는 단순히 새롭다는 이유만으로 패스트푸드 사업을 벌인 맥도날드 형제와 달리, 그 착상이 얼마나 중요한가를 금방 알아차렸다.

특히 미국 전역을 돌면서 세일즈를 하고 있었기 때문에 각 도시에 맥도날드 가게를 차리면 어떻게 될지 쉽게 상상할 수 있었다. 이미 성공이 입증된 방법을 반복하면서 공정하고 균형 잡힌 프랜차이즈 시스템만 구성하면 충분히 승산이 있다고 생각했다. 오랜 시간 다른 사람이 만든 상품을 판매하는 세일즈맨으로 활동한 그에게 그것은 어려운 일이 아니었다.

자신의 현재 위치에서 시작하라

자기 사업을 하고자 한다면 바로 현재의 위치에서 시작해야 한다. 먼저 현재의 일에 집중하면서 그곳에서 자신의 시각으로 시장 기회를 찾아야 한다. 그 후에는 그 기회를 실현하는 데 필요한 요소와 영역을 정리하고, 각 요소와 영역에 필요한 노하우를 찾아 준비해야 한다. '진실의 꼬투리'를 만드는 것이다.

미국 플로리다주에는 방울뱀 마을이라 불리는 관광지가 있다. 이곳의 토양은 워낙 거칠어서 과수를 재배할 수도 없고 돼지를 사육하는 일도 불가능했다. 이곳에서 번식하는 것은 작은 가시나무와 방울뱀뿐이었다. 그런데 한 농부가 기발한 생각을 했다. 방울뱀 고기로 통조림을 만들기 시작한 것이다.

시간이 많이 지난 지금은 방울뱀 농장을 구경하러 오는 사람이 수십만 명에 달한다고 한다. 독사의 이에서 뽑은 독은 항독용 독소로 각지의 연구소로 보내지고, 가죽은 구두나 핸드백 재료로 비싼 값에 팔리고 있으며, 뱀고기 통조림도 전 세계의 식도락가들에게 인기를 얻고 있다. 이제 이 마을은 더 이상 척박한 마을이 아니라 특색 있고 풍요로운 '방울뱀 마을'이 되었다. 사람들이 기적이라고 평가하는 행동의 중심에 있었던 농부는 자기가 가장 많이 가진 것에 주목했다. 다른 사람은 방울뱀을 장애물로 여겼으나 농부는 돈이 될 만한 재료로 생각했다. 그리고 그것을 활용할 방법을 찾아냈다.

효과적인 사업은 '진실의 꼬투리'에서 비롯된다

효과적인 사업은 자신이 이미 가지고 있는 '진실의 꼬투리'에서 시작된다. 그것이 비참한 현실이든, 다른 사람이 탐내는 재주든, 아니면 쓸모없어 보이는 어떤 것이든 다른 사람이 가진 것만 부러워해서는 아무 일도 하지 못한다. 자기가 가진 것에서 시작해야 한다.

다른 사람이 인정하는 자신의 강점들을 살펴보라. 오랜 시간 지속해 온 일이 있다면 그 일에서 기회를 찾아보라. 그리고 삶에서 정말 중요하게 생각하는 가치가 무엇인지 생각하라. 다른 사람들이 달려간다고 생각 없이 함께 뛰어서는 원하는 것을 얻을 수 없다. 자기 자신으로부터 시작해야 한다.

만약 스스로 가진 것이 너무 적다고 생각되면 이미 성공한 사람들이 시작한 시점으로 거슬러 올라가서 무엇을 해야 하는지 생각하라. 기본을 준비하고 씨를 뿌리는 데 시간을 투자하라. 성공의 답은 자기 안에 있다.

29 부족한 자금은 창의력으로 보완할 수 있다

"인간의 다리는 얼마나 길어야 할까?" 이 질문에 링컨은 "땅에 닿을 정도면 충분할 것입니다"라고 대답했다고 한다. 사업하는 데는 얼마나 많은 돈이 필요할까? 시장에 도달할 수 있는 정도의 돈이면 충분할 것이다.

창업을 위해서는 얼마의 돈이 필요한가?

사업을 하기 위해서는 반드시 돈이 필요하다. 그러나 얼마만큼의 돈이 필요한지는 자신의 창의력과 아이디어에 달려 있다. 자신의 상품이 시장에서 고객들에게 쉽고 빠르게 수용될 수 있다면, 필요한 자금의 크기는 그만큼 줄어들 것이다. 반대로 시장에서 자신의 상품을 받아들이지 않는다면 아무리 많은 자금을 쏟아부어도 부족할 것이다. 돈의 문제는 돈 자체가 아니라는 뜻이다. 돈은 그 자체로는 아무런 부가가치를 만들어내지 못한다. 그래서 돈은 아이디어나 창의력과 같은 질적인 요소들이 갖추어진 곳을 찾는다.

돈은 무엇을 이끄는 것이 아니라 무엇을 따라가는 성격을 가진 자원이다. 그러나 중소기업의 실패에 관한 사례 연구를 보면 운전 자금 부족이 핵심 이유인 것처럼 기록되어 있는 경우가 많나. 이것은 마치 이혼하는 부부 대부분이 성격 차이나 갈등 때문에 이혼한다고 말하는 것과 같다. 문제는 왜 운전 자금이 부족하게 되었는가에 있다.

영국의 원예 용구를 수입하여 미국 내에서 판매하려는 한 회사가 신문에 1단짜리 광고를 냈다. '영국제 원예 용구 카탈로그를 원하시는 분은 연락 주세요'라는 문구와 함께 자신이 취급할 갈퀴 사진 하나를 실었다. 그 광고는 넉 달 동안 계속됐는데 카탈로그에 대한 의뢰가 약 500건이나 들어왔다.

그러나 광고를 시작하는 시점에는 카탈로그는 물론이고 상품 자체도 준비되어 있지 않은 상황이었다. 영국의 원예 용구 회사에 컨테이너 한 대 분량의 상품을 주문하면서 광고를 했기 때문이다. 상품과 사무실, 홍보물을 완벽하게 준비하고 시작한 것이 아니라 고객을 먼저 확보하고 사업을 시작한 것이다. 사무실에 간판을 단 것은 처음 사업을 시작한 후 사업 전망에 대해서 확신을 가진 1년 후였고, 그것도 우연히 차를 태워준 적이 있던 미술을 전공한 학생이 만들어준 것이었다. 이 회사가 사업을 시작하기까지 필요한 자금은 컨테이너 한 대 분량의 용구 수입 계약금과 넉 달 동안의 1단짜리 광고 비용이 전부였다.

준비에 따라 필요한 자금의 크기가 달라진다

군대에서 휴가를 나온 20대 청년이 서울 동대문의 안경점에서 고가의 명품 선글라스를 구입하다가 안경 판매의 마진율이 높다는 사실을 알게 되었다. 이후 군 복무를 하면서 틈날 때마다 사업을 구상했고 제대 후 본격적으로 선글라스 판매업에 뛰어들었다. 가지고 있던 100만 원과 현금 서비스로 받은 140만 원을 합하여 240만 원으로 사업을 시작했다.

그는 안경협회가 발행한 주소록을 얻어 총판 도매업자를 찾아가 설득했다. 처음엔 10개의 명품 선글라스를 구입해서 옥션을 통해 팔았다. 수입은 모두 재투자했고 사업은 조금씩 커졌다. 그런데 인터넷에서 자신이 구입한 가격보다 더 싸게 파는 사람을 발견했다. 총판에서 대량으로 물건을 구매하는 사람이었다.

자본력이 부족한 그는 같은 방식을 취할 수 없었다. 그래서 자신만의 방식으로 총판업자를 설득했고 결국은 외상으로 대량의 물건을 받을 수 있게 되었다. 물론 대금결제 날짜나 약속은 어김없이 지켰다. 집요함과 신용으로 부족한 자금을 대신한 것이다. 그렇게 사업을 시작한 청년은 사업 시작 1년 만에 10억 원 이상의 매출을 올리게 되었고, 이후에는 명품 핸드백을 취급하고 직접 선글라스를 디자인해서 시장에 내놓기 위한 준비에 들어갔다.

처음 사업을 시작한 사람은 자신이 가진 돈의 크기에 맞는 사업을 찾으려고 한다. 그러나 순서를 바꾸어야 한다. 자신이 계획하고 있는 사업의 핵심 변수들을 얼마나 정확히 알고 있으며, 그 변수들을 해결할 방법과 아이디어가 얼마나 구체적으로 준비되어 있느냐를 먼저 물어야 한다. 그에 따라서 필요한 사업 자금은 달라진다. 사업 자금의 규모는 자신이 의도하는 사업에 대해 어떤 아이디어를 가지고 있느냐와 그 아이디어를 실행하기 위한 준비에 달려 있다.

지금 사업을 계획하고 있는데 자금이 부족하다고 생각하는가? 그렇다면 먼저 자신의 상품이 시장에서 빨리 수용될 수 있는 아이디어를 찾기 위해서 노력하라. 부족한 자금은 창의력으로 얼마든지 보완할 수 있다.

30 고객 없는 비즈니스는 취미 생활일 뿐이다

사업을 준비하는 초기에 자신이 계획한 상품에 대해 주변 사람들에게 의견을 물을 때가 많다. 그러면 대부분의 사람들은 긍정적으로 평가해 준다. 뭔가 해보겠다는 사람에게 부정적으로 반응할 필요도 없고, 어차피 자기 돈을 쓸 것도 아닌데 심각하고 진지하게 고민할 필요도 없기 때문이다.

그리고 특정 아이템에 몰두하고 있을 때는 그것의 장점만 머릿속에 담고 있어서, 다른 사람에게 의견을 물을 때 긍정적이고 호의적인 반응을 기대하는 것이 보통이다. '그래, 내가 이 정도 하면 분명히 사람들이 줄을 서서 사줄 거야' '이렇게 괜찮은데

사람들이 몰라줄 리가 없지' '내가 직접 경험해서 이렇게 효험을 본 상품인데…'

사업을 계획하는 사람에게는 이런 자아도취의 단계가 꼭 있다. 이것은 마치 여섯 살짜리 딸이 유치원에 가기 전에 옷과 양말을 코디해서 입는 것을 보고, 다섯 살짜리 아들이 지나가는 자동차들의 이름을 줄줄이 읊는 것을 보고, 일곱 살짜리가 구구단을 술술 외우는 것을 보고 '내 아이가 천재가 아닐까?' 하고 생각하는 것과 같다.

초보 사장의 오해

초보 사장은 좋은 상품만 있으면 사업이 될 것이라고 오해하기 쉽다. 그러나 아무리 좋은 상품을 가지고 있더라도 그 상품을 돈을 주고 사주는 고객이 없으면 비즈니스는 성립되지 않는다. 오히려 자기 관점으로는 부족한 상품처럼 보여도 누군가 돈을 지불하고 사는 고객이 있으면 그곳에서 비즈니스가 이루어진다. 자신보다 훨씬 부족하다고 생각하는 친구가 도저히 어울리지 않는다고 생각되는 멋진 사람과 결혼하는 경우와 비슷하다. 그 친구가 그렇게 멋진 배우자를 만났다면 자신은 더 멋진 배우자를 만나는 것이 이치에 맞다고 생각하지만, 실제 현실은 자기 생각대로 이루어지지 않는다.

사업을 계획하는 초보 사장이 고민해야 할 첫 번째는 '고객'이다. 아무리 상품이 훌륭해도 돈을 지불하는 고객이 없으면 비즈니스는 취미 생활로 끝나버리고 만다. 반대로 객관적으로는 상품성이 떨어져도 돈을 지불하는 고객이 존재하면 그것은 비즈니스가 된다.

비즈니스의 성공은 상품이 아니라 돈을 지불하는 고객의 존재 유무에 달려 있다. 물론 훌륭한 상품은 고객의 관심을 모으고 거래를 이끌어내는 중요한 요소다. 그러나 상품 그 자체만으로는 부족하다. 자신의 상품을 고객의 구매와 연결할 수 있는 효과적인 접근 방법을 사전에 준비해야 한다. 좋은 상품을 준비했다면 이제 자신의 상품과 고객을 연결할 구체적인 아이디어를 찾아내야 한다.

X그룹에서 시작되는 비즈니스

비즈니스 관점에서 고객을 X그룹, Y그룹, Z그룹으로 구분하라. X그룹은 제안된 상품보다는 자신과의 기존 관계 때문에 거래하는 고객군이다. 처음 사업을 시작하면 어쩔 수 없이 X그룹을 중심으로 세일즈를 하게 된다. 그러나 아무리 넓은 인맥을 가졌다 해도 X그룹 고객에게는 시작점 그 이상의 의미를 부여하지 말아야 한다. X그룹의 역할은 상품에 대한 호의적인 이해와 경험을 다른 사람들에게 전파하는 데 그친다.

Y그룹은 X그룹을 통해서 상품을 알게 되었거나 기업의 적극적인 고지를 통해 방문 또는 구매 경험을 한 고객들이다. Y그룹은 상품 자체의 매력에 반응하기 때문에 사업 경쟁력을 가늠할 수 있다. 따라서 자신의 상품을 냉정하게 평가하고 반응해 줄 Y그룹을 확보하기 위한 아이디어와 홍보 방법을 사전에 준비해야 한다.

Z그룹은 Y그룹의 경험과 소개로 형성되는 고객군이다. Z그룹이 자신의 주 고객이 되었을 때 비로소 그 사업이 시장에서 자리를 잡은 것이다. 한번 구매한 고객이 다른 사람에게 자신의 상품을 추천하고 호의적인 입소문을 내는 것, 그리고 그 고객이 다시 자신을 찾아주는 것을 중요하게 생각하고 다루어야 한다.

실제로 사업의 성패는 고객의 첫 구매가 아닌 재구매에 달려 있다. 따라서 사업 초기의 고객 반응에 연연하지 말고 한 번 구매한 고객이 어떻게 하면 자신을 다시 찾을 수 있을지, 다른 사람에게 호의적인 입소문을 내줄 수 있을지에 관해 방법을 준비하고 시작해야 한다.

비즈니스가 취미 생활이 되지 않게 해야 한다

고객 없는 비즈니스는 존재하지 않는다. 아무리 뛰어난 상품이 있어도 고객을 만나지 못하면 사업으로 발전시킬 수 없다. 본인은 인정하기 싫어도 그 사업은 취미 생활로 끝나버린다. 자신의 사업이 비즈니스가 되느냐 취미 생활이 되느냐는 돈을 지불하는 고객이 있느냐 없느냐에 달려 있다.

31 프랜차이즈 성공의 핵심은 협업이다

오랫동안 직장 생활을 하다가 처음 자기 사업을 시작할 때 쉽게 고려하는 것이 프랜차이즈 창업이다. 기본적으로 프랜차이즈는 협업 시스템이다. 본사franchiser(가맹본부)가 시행착오를 거치면서 완성한 상품과 상호, 고객 응대 시스템을 가맹점franchisee이 일정한 비용(가맹비, 로열티)을 지불하고 사용하는 방식이다. 이때 유의할 것은 본사의 역할과 가맹점의 역할이 다르다는 것이다. 그 역할이 무엇인지 잘 구분해서 이해해야 한다.

본사의 역할과 가맹점의 역할은 다르다

본사는 경쟁력 있는 상품을 제안하고 공급할 수 있어야 한다. 효과적으로 고객을 모으고 관리하는 구체적인 방법도 알려주어야 한다. 그리고 그것이 일회성으로 끝나지 않고 지속적인 연구개발로 이어져야 한다. 이에 반해 가맹점이 해야 할 역할은 본사에서 제공하는 상품을 활용해서 고객을 모으고 유지하는 활동을 실행하는 것이다. '실행'에 초점을 두어서 이해하자.

가맹점은 실행 과정을 통해서 본사에서 제안한 상품과 고객 응대 시스템을 자기 매장에 맞게 적용해야 한다. 본사의 정책과 프로그램을 구체적으로 실행하고, 자기 매장에 맞게 적용하는 것은 철저하게 가맹점의 몫이다. 경쟁력 있는 상품과 효과적인 운영 시스템을 제공하는 본사, 제공된 상품과 시스템을 자기 매장에 맞게 적용하는 가맹점의 협업이 이루어질 때 프랜차이즈 창업에서 성공 확률이 높아진다.

사업 리더로서 본사의 역할

프랜차이즈 창업에서 본사는 리더의 역할을 한다. 따라서 믿고 따를 수 있는 본사를 선택해야 한다. 신뢰할 수 있는 본사를 선택하는 것이 프랜차이즈 사업 성패의 절반 이상을 좌우한다. 다른 조건이 아무리 좋아도 신뢰하기 어려운 본사와 사업을 시작해서는 안 된다. 그렇다면 어떻게 신뢰할 수 있는 프랜차이즈 본사를 구분할 수 있을까?

첫째, 고객들이 인정하고 경쟁자와 차별성을 유지할 수 있는 상품과 시스템을 구축한 회사인지 확인하자. 고객에게 어필하고 경쟁자와 차별성을 유지하는 것은 철저히 본사의 역할이다. 그것이 프랜차이즈 사업에서 성공의 80퍼센트를 좌우한다. 이것은 이미 운영되고 있는 기존의 가맹점들을 다니면서 쉽게 확인할 수 있다. 단, 본사의 강점을 자신이 제대로 활용할 수 있는지 살펴보고 평가해야 한다. 아무리 좋은 프로그램과 정책이라도 자신이 수용할 수 없으면 의미가 없다.

둘째, 새로운 고객을 모으고 기존 고객을 유지할 방법이 정립된 곳인지 확인하자. 모든 사업의 핵심은 신규 고객을 모을 수 있느냐와 한번 구매한 고객을 재방문으로 연결할 수 있느냐에 있다. 따라서 고객을 모으고 유지하는 데 있어서 검증된 방법을 보유한 본사를 만나면 큰 도움이 된다. 보통 가맹점이 입점한 지역에서 적정 고객들을 확보하고 안정적으로 자리 잡기까지 짧게는 3개월에서 1년 이상 걸리는데, 본사의 검증된 방식을 기반으로 하면 사업 초기에 그 기간을 단축할 수 있다.

셋째, 상품 경쟁력과 고객들의 반응 그리고 새로운 고객을 모으고 기존 고객을 유지할 수 있는 운영 시스템을 확인했다면, 추가로 '3년의 관점'을 확인해야 한다. 3년 후에도 현재의 경쟁력을 유지할 수 있느냐를 판단하는 것이다. 프랜차이즈로 사업을 시작하면 자기가 가진 예산의 90퍼센트 이상을 사업을 시작하는 시점에 사용한다.

그런데 사업에 들인 투자금을 회수하려면 아무리 장사를 잘해도 2~3년 이상이 걸린다. 따라서 이 아이템이 2~3년 이상 경쟁우위를 유지할 수 있을지 생각해야 한다. 지금 반짝 유행하는 아이템이어서는 곤란하다. "3년 뒤에도 이 상품과 비즈니스 모델이 돈이 될 것인가?"를 묻고 긍정적인 답을 낼 수 있어야 한다.

사업의 팔로워로서 20퍼센트 가맹점 역할에 충실하기

프랜차이즈 본사가 해줄 수 있는 것은 대략 80퍼센트 정도일 뿐이다. 그 80퍼센트를 믿고 따를 수 있다고 판단했다면, 나머지 20퍼센트는 자신의 매장에 맞게 적용하는 것에 달려 있다. 문제는 80퍼센트의 의미다. 본사 입장에서 80퍼센트는 전체 가맹점의 평균을 의미한다.

어떤 가맹점도 그 평균에 존재하지 않으며 평균보다 위 또는 아래에 있게 된다. 본사가 제안하는 평균과 자신의 매장이 가진 편차를 줄이는 20퍼센트는 가맹점 몫이다. 따라서 자신이 수행할 20퍼센트의 활동에 자신이 없으면 절대로 프랜차이즈로 사업을 시작해서는 안 된다. 아무리 좋은 아이템이어도, 아무리 경쟁우위를 가졌대도, 매장에서 그 초점을 놓치지 않고 구체적으로 실행할 때만 성과가 나타나기 때문이다.

프랜차이즈로 사업을 시작할 생각이라면 다음 여섯 가지를 실행해야 한다.

1. 프랜차이즈가 협업 시스템임을 알고, 믿고 따를 수 있는 본사를 선택하기 위해 시간과 노력을 투자해야 한다.
2. 본사의 80퍼센트 역할을 충분히 파악하고, 나머지 자신이 수행할 20퍼센트 역할이 무엇인지 분명히 알아야 한다.
3. 프랜차이즈 사업의 한계를 알아야 한다. 본사의 통제를 당연하게 생각하고 그 통제를 완성도를 높이는 모티브로 활용할 수 있어야 한다.
4. 홀로 사업을 시작할 때 자신이 준비해야 할 80퍼센트를 본사에서 제공해 주는 대신 수익성이 낮을 수밖에 없음을 받아들여야 한다.
5. 초기 투자 비용을 상쇄하기 위해 최소한 2~3년은 사업을 지속해야 한다. '3년의 관점'으로 판단하고 시작해야 한다.
6. 일단 프랜차이즈를 선택했다면 본사에 대한 신뢰를 바탕으로 모든 일을 진행해야 한다. 그렇게 하는 것이 가맹점

경영에 유익하다.

프랜차이즈 본사는 고객과 경쟁자에 관해 효과적으로 접근하는 방법을 알려주는 역할자일 뿐이다. 그것을 충분히 이해하고 활용하는 것은 철저히 가맹점의 몫이다.

프랜차이즈 가맹점으로 성공하기

프랜차이즈 가맹점으로 성공하기 위한 단순한 요령이 있다. 본사가 준비한 80퍼센트의 평균에 가장 근접한 모습으로 사업을 시작하는 것이다. 그러려면 본사가 가맹점에 제시하는 평균적인 모습이 무엇인지 명확히 알아야 한다. 그것은 이미 성공적으로 운영되고 있는 기존 가맹점을 통해서 찾아낼 수 있다.

성공한 가맹점 중에는 가맹점주의 적극적인 노력으로 좋은 결과를 낸 경우가 있고, 본사 아이템과 시스템에 적합한 입지나 형태를 가지고 있어서 성과를 내는 경우가 있다. 후자의 경우를 찾아내는 것이 핵심 요령이다. 2~3개의 성공 가맹점을 찾고 분석해서 자신이 어떤 위치에서 어떤 모양으로 시작하면 좋을지 파악한 후 프랜차이즈 창업을 진행하는 것이 좋다.

일반 창업과 프랜차이즈 창업의 차이

앞에서 설명했던 일반적인 창업의 준비 순서는 1. 기회 포착 2. 사업 전략 수립 3. 전술적 역량 확보 4. 기회-전략-역량의 한 방향 정렬 관리다. 이때 논리적으로는 '1 → 2 → 3 → 4' 순서로 진행하는 것이 맞지만, 현실에서는 '3 → 1 → 2 → 4' 순서로 진행되는 경우가 더 많다. 그 이유는 실행에 필요한 전술적 역량을 확보하는 3단계에 가장 긴 시간이 소요되기 때문이다.

프랜차이즈 창업은 준비에 긴 시간이 걸리는 3단계를 본사에 가맹비와 로열티를 지불함으로써 '1 → 2 → 3 → 4' 순서로 창업을 진행하는 것이다. 창업 준비 시간을 단축한다는 장점이 있으나 사업 전체의 진행에서 수익률이 낮아지고 본사의 통제를 받는 상태에서 사업을 진행해야 하는 번거로움이 있다. 따라서 자신의 현재 준비 상태와 역량의 정도를 확인하고 비교해서 자신에게 적합한 창업 방식을 선택하자.

32 효과의 기간을 단축할 자신만의 방법을 찾아라

사업에서 효과를 추구할 때와 효율을 추구할 때를 구분하는 것은 매우 중요하다. 비즈니스는 기본적으로 효율의 게임이지만 효과의 단계를 넘어야 비로소 효율을 추구할 수 있기 때문이다. 효과가 예선이라면 효율은 본선이다.

앞서 설명했듯 사업에서 효과를 추구하는 시기는 에너지가 많이 사용되나 돈은 벌리지 않는 시기다. 그저 생존할 수 있을 뿐이다. 그래서 많은 사람이 처음부터 효율을 얻으려는 욕심을 부린다. 효율을 추구하는 시기에 돈을 벌 수 있음을 본능적으로 알기 때문이다.

그러나 효과의 단계를 넘어야 비로소 효율을 추구할 수 있음을 꼭 기억하자! 즉 돈은 안 되지만 꼭 거쳐야 하는 사업의 단계가 있다는 의미다. 실제로 처음 시작한 사업에서 겪는 어려움은 대부분 효과의 단계에서 생긴다. 효과의 기간을 넘는 과정에 어려움이 많다는 뜻이다.

효과의 시기는 노력을 기울여도 거둘 수 있는 열매가 없거나 매우 적다. 그렇다고 효과의 기간을 건너뛸 방법은 없다. 우리가 할 수 있는 유일한 방법은 효과의 기간을 단축하는 것이다.

효과의 기간을 줄이는 방법 찾기

자신이 처음 하는 사업에서 집중적으로 고민할 것은 어떻게 하면 효과의 기간을 단축할 수 있을까 하는 것이다. 앞서 반복해서 강조했듯 비즈니스에서 처음부터 효율을 얻기란 거의 불가능하다. 유일한 예외는 이전에 자신이 해왔던 일을 연속적으로 진행할 경우다. 성과에 영향을 주는 변수들에 대한 지식을 갖추고 있기 때문이다. 자신이 오랫동안 해왔던 일에서 사업 기회를 찾을 때 실패를 줄일 수 있는 이유가 여기에 있다.

'파일럿 비즈니스'의 중요성 중 하나가 효과의 단계에서 유용하게 활용할 수 있는 지식을 갖추는 데 있다. 알아야 할 것을 모르면 쉽게 수렁에 빠지지만 파일럿 비즈니스 과정을 통해 적절한 지식을 갖추면 실패의 구멍을 피해 갈 수 있다. 보통은 효과의 기간을 통해 사업 성과에 영향을 주는 변수들에 대한 '지식'을 얻게 되고, 그 지식을 충분히 활용할 수 있을 때 '전문성'을 갖게 된다.

전문성이란 쉽고 능숙하게 더 저렴한 비용으로 사업을 진행하는 역량을 갖추는 것이다. 그래서 효과의 기간을 넘어서 효율을 추구하기 위한 기본 요건은 전문성을 갖추는 것이다. 사업에서 지식과 전문성을 확보해야 효과를 넘어서 효율을 추구하는 것이 가능하다.

성공하기 이전 모습을 벤치마킹하라

초보 사장이 다른 사람의 성공 경험을 배우고자 하다면 성공한 후의 모습이 아니라 그 이전의 모습을 벤치마킹해야 한다고 강조했다. 어떤 기업이 성공했다고 평가되고 책이나 강연 등을 통해 소개될 때 그 기업은 이미 효율의 단계에 진입해 있는 상태다. 그렇지 않다면 성공했다는 평가 자체를 들을 수 없다.

따라서 해당 기업에 관한 책을 보거나 강연을 들을 때는 가능한 한 창업자가 직접 말하고 쓴 것을 보는 것이 유용하다. 효과의 시기를 어떻게 지나왔는지 배울 수 있기 때문이다. 특히 그들의 이야기 속에서 효과의 기간을 단축할 수 있는 모티브를 찾는 관점으로 배움을 얻으려고 노력하라. 성공한 기업을 분석한 사람들의 이야기는 화려하긴 해도 초보 사장의 입장에서 배울 수 있는 것은 그다지 많지 않다.

사업에는 효과를 추구해야 할 시기와 효율을 추구해야 할 시기가 있다. 그 시기에 맞는 적절한 판단과 행동이 따라야 한다. 효과를 추구할 시기에 효율을 얻으려고 하면 사업 자체가 영위되기 어렵다. 반대로 효율을 추구할 시기에 효과면 충분하다는 생각을 하면 아쉬움이 생긴다. 보통의 경우 효과의 시기는 돌파의 시기인 경우가 많다. 이때는 성취감을 느낄 수 있다. 반대로 효율의 시기는 시스템적으로 안정된 경우여서 다소 지루할 수 있다. 그러나 효율의 단계에서 반복되는 지루함이 돈이 된다는 사실을 알아야 한다.

처음 하는 사업에서 효과의 기간을 단축하는 방법을 많이 알고 있을수록 실패를 줄이고 사업의 성공 확률을 높일 수 있다.

33 시작점을 최대한 높여라

처음 하는 사업에서 효과의 기간을 단축할 수 있는 가장 확실한 방법은 시작점을 높이는 것이다. 대부분 사업은 불연속적으로 성장하며 시작점과 점핑 포인트를 갖는다(1장 '연속 vs. 불연속' 참조). 보통 성장은 시간의 흐름에 비례한 형태로 나타나기보다는 일정 위치에서 다음 위치로 점핑하는 형태로 나타난다. 따라서 초점이 분명하다면 시작할 때 집중적으로 투자하는 것이 효과적이다.

초점이 분명하면 초기 투자가 효과적이다

처음 가게 문을 열 때 예상되는 방문 고객 숫자가 300명이라면 그 숫자를 500명으로 키울 방법을 찾아라. 사업을 시작한 첫해의 예상 매출이 10억 원이라면 적극적으로 아이디어를 찾아서 20억 원 매출 달성을 위해 노력하라. 세 번 평가받을 기회가 있다면 50점에서 시작하지 말고 80점에서 시작하라.

사람이든 조직이든 관성의 영향을 받는다. 오늘 그렇게 하면 내일은 오늘의 성과를 기준으로 반응하고 행동한다. 유리창에 물방울이 떨어졌을 때 처음 물길이 나면 다음 물방울이 그 길을 따라 흘러내리는 것과 유사하다. 일단 시작한 후에 조금씩 발전시키겠다는 생각은 현실적이지 않다. 오늘 10의 위치에서 시작했다면 당분간은 10이라는 수치를 넘어서기 어렵다. 따라서 조금 무리가 되더라도 15의 위치에서 시작한다면 훨씬 바람직한 결과를 얻을 수 있다.

불연속 형태로 진행되는 성장 방식에 유념하라

우리가 사는 세계에서의 성장은 대부분 불연속적인 형태로 나타난다. 시간의 흐름에 비례해서 꾸준하게 성장하지 않고 일정 시점에 한 번씩 점핑하는 형태로 성장한다. 비즈니스 역시 마찬가지다. 그것이 매출이든 손익이든 고객 수든 아니면 인지도든 모두 적절한 상황과 환경이 주어질 때 한순간 불쑥 솟아오르는 형태로 확장되며, 그렇게 확장된 후 일정 기간은 그 상태를 유지한다. 따라서 시작점을 최대한 높이는 것이 좋다. 그것이 사업에서 효과의 기간을 단축하는 가장 쉽고 확실한 방법이다.

시작점을 최대한 높여라

시작하는 시기에는 늘 기회가 있다. 시작점을 높게 잡을수록 다음 단계로의 진입이 쉬워진다. 지나치게 무리하지 않는 범위 내에서 시작점을 높이기 위한 투자는 몇 배 이상의 의미 있는 결과를 도출한다.

시작점을 높이라는 말이 경험 없는 일에 처음부터 올인하라는 것이 아니다. 그 일의 성과에 영향을 미치는 변수와 초점이 분명할 때 초기에 집중적으로 투자하는 것이 효과적이라는 뜻이다. 초점이 분명하지 않을 때는 탐색의 시간과 과정을 두어야 한다. 그러나 초점이 분명하다면 초기에 집중적으로 투자하는 것이 목표에 도달하는 훨씬 효과적인 방법이다.

34 손익분기점까지는 밀어붙여라

사업을 할 때 첫 번째 효과의 포인트는 대부분 손익분기점이 된다. 손익분기점을 넘기지 못하면 기업 운영을 위해서 자금을 추가로 차입해야 한다. 사업을 시작하고 일정 기간이 지난 후에도 손익분기점을 넘기지 못하면 그 사업을 접어야 하는 상황에 놓인다. 따라서 손익분기점에 도달하기까지는 효과의 기준으로 행동해야 한다. 다소 거칠고 비효율적인 면이 있다 해도 가능한 한 빨리 손익분기점을 넘기 위해 노력해야 한다.

손익분기점을 계산하는 공식

손익분기점을 계산하기 위해서는 지출 항목과 크기, 이익률과 객단가를 알아야 한다.

보증금 1억 원, 월세 400만 원의 가게를 임대해서 옷 가게를 시작했다고 해보자. 직원 2명의 인건비는 500만 원, 전기료 등 상가의 관리비는 80만 원, 기타 매장 운영 경비로 70만 원 정도 예상된다. 그렇다면 매월 지출이 1050만 원이며, 보증금에 대한 금융 이자(연 6퍼센트 기준 월 50만 원)까지 포함하면 시설 등에 대한 감가상각을 제외하고도 매월 1100만 원의 지출이 발생한다.

이제 이익률과 객단가를 알아보자. 같은 업종의 다른 가게를 통해 추정되는 이익률은 30퍼센트, 객단가는 5만 원이다. 따라서 손익분기점에 도달하기 위한 고객 수는 '1100만÷(5만×0.3)=733(명)'이 된다. 30일 영업을 기준으로 계산하면, 객단가 5만 원을 유지하면서 하루에 약 25명의 고객을 확보할 수 있어야 한다.

이제 가게를 열었을 때 하루 구매 고객 25명 이상을 어떻게 확보할 수 있을까에 대한 구체적인 방법을 마련해야 한다. 일정 기간 사람들의 관심을 끌 만한 기획 상품을 소개하는 전단을 만들어서 배포하고, 사은품 제공 등 판촉 활동을 통해 적극적인 방문을 유도할 수 있다. 가족과 친구 등을 통해 초기 매출을 확보할 수도 있다. 어떤 프로그램으로 고객을 확보할 것인가는 전적으로 사업자에게 달렸다. 핵심은 매일 25명 이상의 구매 고객을 확보하는 것이다.

월세를 낮추거나 직원 인건비를 줄이고 매장 운영 비용을 줄이면 손익분기점은 자연스럽게 낮아진다. 그러나 대부분의 사업에서 지출을 줄이는 것은 일정한 매출을 확보한 후에 고민할 부분이다. 지출이 수입을 만들어내는 역할을 하기 때문이다.

오랫동안 직장 생활을 했거나 전업주부로 지내다가 사업을 하게 되는 경우, 월급이나 생활비 등 일정한 수입을 가지고 지출을 조절함으로써 경제적 균형을 유지했던 경험 탓에 습관적으로 지출을 조절함으로써 부족한 수입을 만회하려 한다.

그러나 사업은 대개 나가는 돈은 일정하지만 들어오는 돈은 불규칙한 환경에서 진행된다. 따라서 지출을 줄이는 것에만 집중하면 오류를 범할 가능성이 크다. 사업을 할 때는 지출을 줄이기보다는 수입을 늘리는 것에 관심과 초점을 두어야 한다(『사장학 수업 II』 '생존의 리더십' 참조).

사업 초기에 손익분기점까지 밀어붙여라

사업 초기에 집중할 것은 고객 확보다. 객단가와 이익률은 그 다음 문제다. 초보 사장이 마케팅에 익숙해져야 하는 핵심 이유가 여기에 있다. 자신이 원하는 시기에 고객들이 자신을 찾아오게 하는 방법에 능숙해져야 한다. 그래서 '비즈니스 프로세스 10단계' 중 7단계 '프로모션'은 단순한 과정이 아니라 효과의 기간을 단축할 주요한 기회가 된다. 자신의 사업 특성과 상황에 맞는 구체적인 프로모션 방법에 관하여 사업 시작 전에 충분히 생각하고 준비해야 한다.

손익분기점을 계산하고, 손익분기점에 도달할 수 있는 구매고객 수를 산정해야 한다. 그리고 고객들이 적극적으로 자신을 찾아올 수 있는 마케팅 프로그램을 준비하고 실행함으로써 가능한 한 빨리 손익분기점을 넘길 수 있도록 해야 한다. 사업 경험의 유무, 상황의 유불리, 주변의 평가와 관계없이 손익분기점까지는 무조건 밀어붙여야 한다.

35 씨 뿌릴 곳과 열매 거둘 곳을 구분하라

씨를 뿌려야 열매를 거둘 수 있다는 진리는 사업에서도 그대로 통용된다. 그러나 사업에서는 씨 뿌리는 곳과 열매 거두는 곳이 다를 때가 많다. 씨를 뿌린 바로 그곳에서 열매를 거두기도 하지만 전혀 다른 곳에서 열매를 거두는 경우가 더 많다. 대부분의 성공한 사업들은 씨를 뿌린 그 자리에서 직접 열매를 거두는 것 외에 경쟁자가 쉽게 파악하기 어려운 제3의 장소에서 열매를 거둔다.

씨 뿌릴 곳과 열매 거두는 곳이 다르다

앞서 강조했듯이 유명 호텔 상당수가 객실 운영과 호텔 브랜드 관리에 씨를 뿌리고 면세점에서 열매를 딴다. 중고차 비즈니스에서는 명의 변경이라는 길목을 차지한 업주가 소소한 수익을 모아서 큰 수익을 만든다. 사람들이 북적거리는 백화점 지하의 에스컬레이터 앞 한 평짜리 아이스크림 가게를 백화점 오너의 친인척이 운영하고 있다는 신문 기사도 낯설지 않다. 은행에서는 예대금리 차이로 얻는 수익 외에 현금인출 수수료 등의 낙전수입이 차지하는 비율이 높다. 이처럼 비즈니스에서는 재주를 부리는 사람과 돈을 버는 사람이 다른 경우가 의외로 많다.

초보 사장이 자기 사업을 하는 데 반드시 이해해야 할 비즈니스의 두 가지 특성이 있다. 하나는 효과의 기간을 지나야 효율을 추구할 수 있다는 것이다. 또 하나는 씨를 뿌리는 곳과 열매를 거두는 곳이 다를 때가 더 많다는 것이다. 효과의 기간을 지나서 효율의 시기에 돈을 벌 수 있다는 '시간적 개념'과 씨를 뿌린 곳이 아닌 제3의 장소에서 열매를 거두는 경우가 더 많다는 '공간적 개념'에 대한 명확한 이해를 바탕으로 사업을 전개해야 한다.

비즈니스 프로세스에서 '비즈니스 모델 정립'이 중요한 이유가 여기에 있다. 씨를 뿌릴 곳과 열매를 거둘 곳을 구분하고, 더 많이 노력할 때와 성과를 거둘 때를 알고 행동해야 하기 때문이다. 사업을 한다는 것은 열매를 거두면서 씨를 뿌리는 행동을 반복하는 것이다. 첫 사업의 어려움은 거둘 열매가 없는 상태에서 불확실한 미래를 기대하면서 씨를 뿌리기만 해야 한다는 것, 즉 긴 효과의 기간을 보내야 한다는 데 있다.

그래서 자신의 비즈니스 모델을 정립할 때 효과의 기간을 가능한 한 줄여야 하고, 어디에 씨를 뿌리고 어디에서 열매를 거둘 것인가에 대해 여러 번의 수정과 보완을 거쳐야 한다. 또한 열매를 따기까지의 시간을 계산하고, 그 기간을 버틸 수 있는 준비를 해야 한다. 업종의 특성에 따라서는 3개월에서 6개월, 어떤 것은 5년 이상의 투자를 계속해야 비로소 열매를 맺기도 한다.

사장은 씨를 뿌릴 곳과 열매를 맺을 곳을 구분할 줄 알아야 한다. 파일럿 비즈니스 과정을 통해 성과에 영향을 주는 변수를 확인하면서, 비즈니스의 시간적 개념과 공간적 개념에 대한 비밀을 찾아낼 수 있다면 금상첨화다. 그러나 대부분 본 비즈니스를 일정 기간 진행한 후에야 이런 비즈니스의 비밀을 깨닫고 대처 방안을 찾게 된다. 비즈니스 프로세스에서 '평가'의 과정을 통해 자신의 사업 모델을 수정, 보완해야 하는 이유가 거기에 있다. 씨 뿌릴 곳과 열매 맺을 곳을 알고 구분하는 사람은 이미 비즈니스 프로라고 말할 수 있다.

36 세 번은 망할 각오로 시작하라

내가 사업 경험이 없는 전업주부를 대상으로 강의를 할 때마다 강조하는 것이 있다.

"가게를 시작하거나 사업을 시작하기 전에 시댁 식구들과 친정 식구들을 함께 초대하세요. 그리고 공개적으로 이렇게 말하세요. 먼저 남편에게 '일을 시작하면 옛날처럼 내가 모든 것을 챙겨줄 수 없으니까 당신이 더 힘들어질 거야. 그리고 애들이랑 집안일도 당신이 많이 도와줘야 해.' 다음은 아이들에게 '엄마가 밖에서 보내는 시간이 많으니까 너희들이 집안일을 나누어서 해야 할 것 같다. 엄마가 일하려면 너희들의 도움이 꼭 필요

하다.'

그리고 시어머니에게 '어머니, 제가 일을 시작하면 제사나 집안 행사에 전처럼 참여하기 어려울 것 같아요. 그렇다고 바로 돈을 많이 버는 것도 아니어서 금전적으로 큰 도움이 안 될 거예요. 그럴 때마다 노여워 마시고 격려해 주세요.' 다음은 친정어머니에게 '엄마, 내가 일을 시작하면 엄마가 가장 마음 아파할지 몰라요. 그냥 애들이나 잘 키우지, 뭐 대단한 사업을 한다고 난리 치느냐고 몰아붙이지 마세요. 제가 마음먹고 시작한 거니까 좋은 결과가 나올 때까지 많이 응원해 주세요.'

마지막으로 가족 모두에게 '저, 세 번은 망할 각오로 사업을 시작합니다. 처음부터 좋은 결과가 나오면 좋겠지만 그렇지 못해도 책망하지 마시고, 실패할 때마다 다시 일어설 수 있도록 물심양면으로 도와주세요'라고 말하세요."

강의에 참석한 주부들은 "그러면 당연히 못 하게 말리죠"라고 한목소리로 대답한다. 이때 나는 단호하게 말한다. "그렇다면 시작하지 마세요! 조그만 가게든지 아니면 큰 자본을 가지고 시작하는 사업이든지, 첫 사업은 대부분 실패로 끝나게 되니까요."

처음부터 성공하는 사람은 드물다

첫 사업에서 바로 성공하는 사람은 드물다. 성공에 다가선 듯하다가도 다시 어려움을 겪는다. 그리고 실패라고 생각한 바로 그곳에서 새로운 시작의 기회를 포착하기도 한다. 실제로 사업은 성공과 실패를 반복하는 게임이다. 적합한 순환 구조 속으로 스스로 들어갈 때까지 그렇다.

이 책에서 강조한 '비즈니스 프로세스' 10단계가 바로 그것이다. 그 흐름을 이해하고 자기 것으로 소화할 때까지 성공과 실패는 반복된다. 사업에 대한 경험과 지식을 쌓지 않고 처음부터 성공할 수 없다고 말하는 것은 이런 이유에서다. 처음 사업을 시작하는 사람에게 작게 시작하라고 강조하는 이유도 그렇다. 준비하고 시작해야 한다. 우연히 오는 성공은 없다. 그리고 실패에 당당해질 필요가 있다. 실패는 자신이 원하는 성공에 접근하는 하나의 과정이기 때문이다.

나는 10단계 프로세스를 처음 고안하고 마무리 정돈을 하기까지 21년이 걸렸다. 그중 처음 5년은 다른 사람들에게 배움으로써, 5년은 나를 돌봐줄 울타리가 있는 곳에서 다양한 시도를 하면서, 9년은 초안으로 정리된 비즈니스 프로세스의 구석구석을 확인하기 위해 사업을 준비하고 진행하면서 보냈다. 마지막 2년은 주변의 성공과 실패를 이해하고 담아낼 수 있는 그릇을 만드는 시간이었다.

사업 경험이 없는 초보 사장을 만나면 나는 늘 '파일럿 비즈니스'의 중요성을 강조한다. 자신이 본 사업 기회가 정말 시장과 고객에게 통용되는 것인지, 그 아이템을 사업으로 만들기 위해 영향을 미치는 변수에는 어떤 것이 있는지, 그 기회를 자신의 핵심 역량과 연결하여 어떤 비즈니스 모델로 만들지 확인해 볼 수 있기 때문이다. 이에 따라 사업의 방향과 성패가 크게 달라진다. 구체적인 사업 경험이 없어도 파일럿 비즈니스 과정을 충실히 이행하면 실패를 크게 줄일 수 있다(그러나 조언을 들은 사람이 실행으로 옮기는 경우는 그다지 많지 않다).

다시 강조하지만 파일럿 비즈니스 과정을 생략하면 대부분 첫 사업이 파일럿 비즈니스가 된다.

37 살아남는 사람이 강한 사람이다

사업을 하는 것은 흘러내리는 물을 거슬러 올라가는 나룻배를 탄 것과 같다. 현재의 위치를 유지하는 것은 물론이고 앞으로 나가기 위해서는 물의 흐름을 넘어서는 노젓기가 필요하다. 이것은 일정 근육 없이는 불가능한 일이다. 그래서 쉬운 사업은 없다. 긴장감도 풀 수 없다. 이때 성공이라는 모습 뒤에 숨겨진 실패들은 노 젓는 근육을 만드는 토대가 된다.

'되게 하는 방식'에 대한 고민과 노력을 계속하자

돈과 다른 사람의 성공만을 좇아서는 자신의 성공을 얻지 못한다. 다른 사람의 성공이라는 현상 속에 숨겨진 실패를 알고 극복할 수 있어야 한다. 그래서 처음 사업을 시작할 때는 가능한 한 작게 시작하는 것이 좋다. 실패를 관리해야 하기 때문이다.

그리고 일단 시작한 후에는 포기하지 않아야 한다. 처음의 실패는 다음 도전의 밑거름이 되기 때문이다. 자신이 이미 가진 강점을 활용하는 것, 추구하는 삶의 방향(소명, 즐거움, 욕구)과 일치하는 것을 사업 아이템으로 정하는 것이 좋다. 자기 강점을 발휘할 수 있고 욕구를 충족시키는 일인 경우, 장애물은 오히려 자신을 강하게 만들어주는 계기가 된다.

초보 사장에게 사업이란 미로 게임과 같다. 진지한 태도와 열정을 가지고 출구(성공)를 찾기 위해 노력하지만, 그 과정에서 여러 번의 실패와 좌절을 경험한다. 그러나 분명한 사실은 고민과 노력을 멈추지 않고 지속하면 시간의 문제일 뿐 어느 순간 출구를 찾아낸다는 것이다. 첫 성공을 경험한 후에 긴장감만 잃지 않는다면 성공을 반복하는 것도 그다지 어려운 일이 아니다.

누구나 시작은 한다. 중요한 것은 끝까지 가느냐다. 나에게 힘든 것은 다른 사람에게도 힘들며 나에게 쉬운 것은 다른 사람에게도 쉽다. 나에게만 특별히 주어지는 기회도 장애물도 없다. 내가 쉽게 접근하는 기회는 다른 사람에게도 쉽게 접근할 수 있으며, 내게 장애물인 것은 다른 사람에게도 똑같이 장애물이다. 대부분의 기회는 부정적이고 보잘것없는 형태로 나타난다. 내가 그것에 집중하고 희망을 불어넣어야 비로소 매력적인 모습을 드러낸다.

우리가 사는 현실 세계에서는 '비즈니스 밤 까기'와 '비즈니스 숨 참기'의 과정을 반복하면서 달콤한 성공을 경험한다. 그래서 그 과정을 당연한 것으로 여기고 그에 맞는 정신적, 물질적, 관계적 준비를 마치고 시작해야 한다. 그리고 자신의 시도와 노력이 양질전환으로 나타날 때까지 버티고 견뎌야 한다.

시장에서 최대한 살아남아야 한다. 강한 사람이 살아남는 것이 아니라 살아남는 사람이 강한 사람이다.

7장

사장이 꼭 알고 학습해야 할 두 개의 B.P.

1부의 내용을 한 문장으로 요약하면 다음과 같다.
"먼저 '비즈니스 패러다임' 정립 후에
'만족을 Give하되 사실화하라' 공식으로 무장하라!"

그리고 2부와 3부에서 강조하는 내용의 초점은
"'비즈니스 프로세스 10단계'를 충실히 이행하고
효과의 때에 걸맞은 행동 양식을 갖추어라!"

자신의 사업과 비즈니스에서 성과를 얻으려는 사장은
"비즈니스 패러다임을 학습하고
비즈니스 프로세스 실행에 능숙해야 한다".

38 비즈니스 패러다임 & 비즈니스 프로세스

원숭이 한 마리가 길을 가다가 땅에 떨어진 토마토를 발견했다. 불그스레한 것이 맛있어 보였다. 한 입 먹어보니 달콤한 물이 배어 나오는 것이 여간 맛 좋은 것이 아니었다. 흐뭇한 마음으로 계속 길을 가던 원숭이는 또다시 땅에 떨어진 붉은 열매를 발견했다. 고추였다.

달콤한 토마토 맛을 경험한 원숭이는 이것저것 따져볼 것도 없이 덥석 입에 넣고 씹기 시작했다. 그러나 토마토하고는 영 다른 맛이었다. 너무 매웠다. 뱃속에서 불이 나는 듯해서 원숭이는 온몸을 뒤틀면서 땅바닥을 데굴데굴 굴렀다. 색깔은 둘 다 붉은

색이었으나 하나는 달콤했고 다른 하나는 몹시 매웠다.

현상 속에 숨겨진 본질이 있다

자동차 안전벨트 착용과 사망률의 상관관계를 밝힌 보고서가 있다. 100건의 자동차 추돌사고를 조사해 보니 안전벨트를 착용한 경우는 50번의 사고 중 10명이 사망했는데, 안전벨트를 매지 않았던 경우는 50번의 사고 중 20명이 사망했다는 결과가 나왔다. 즉 안전벨트를 매지 않은 사람의 사망률이 두 배나 높았던 것이다.

그러나 이런 결과 뒤에는 드러나지 않은 제3의 요인이 있었다. 바로 '속도'였다. 안전벨트를 매는 사람은 저속주행이 습관화되어 있었고, 안전벨트를 매지 않은 사람은 고속주행이 습관화되어 있었다. 즉 안전벨트의 착용 여부가 사망률에 영향을 미쳤다기보다는 추돌 시의 자동차 속도가 사망률에 직접적인 영향을 끼친 것이다.

한 농부가 자기 밭에서 무를 수확하다가 어른 키만큼 큰 무 하나를 얻게 되었다. 농부는 선정을 베푸는 고을 사또의 은덕이라 생각하고 그 무를 사또에게 감사의 뜻으로 바쳤다. 그러자 사또는 최근에 들어온 선물 중 가장 큰 황소 한 마리를 농부에게 답례로 주었다.

이 소식을 들은 이웃집 농부는 자기 집에서 키우던 황소 한 마리를 사또에게 가져가기로 마음먹었다. '무를 바쳤는데 황소를 받았다면, 황소를 바치는 나는…!'이라고 생각하고, 그는 황홀한 기대를 하면서 황소를 몰고 사또가 있는 곳으로 향했다. 황소를 선물받은 사또는 흐뭇한 마음으로 물었다. "여봐라! 최근에 들어온 선물 중 귀한 것이 무엇이 있느냐?" 곧 이방이 대답하였다. "예, 아랫마을의 농부가 수확한 어른 키만큼 큰 무가 있습니다." 사또는 그 농부를 바라보며 말했다. "그 무를 이 기특한 백성에게 선물로 주어라!"

이웃집 농부는 단단히 착각한 것이다. 무를 선물했던 농부와 그 답례로 황소를 선물한 사또는 물건이 아니라 '존경과 감사'를 주고받은 것인데, 욕심에 눈이 먼 농부는 그것을 '무와 황소'라는 물건으로 이해한 것이다. 현상 뒤에 숨어 있는 본질을 제대로 보지 못한 이웃집 농부는 황소 한 마리만 고스란히 날리고 말았다.

비즈니스는 미로 게임이다

처음 음식점을 시작하려는 사람이 관련 분야의 컨설턴트를 찾아가서 조언을 구했다. 한 시간 넘는 대화를 통해 '음식 원가가 판매가의 35퍼센트를 넘어서는 안 된다'라는 기준을 배웠다.

그는 적당한 가게 자리를 찾아 10평 규모의 음식점을 개업했고, 배운 대로 35퍼센트 원가를 유지했다. 그러나 개업 후 간간이 오던 손님들의 발길이 점차 뜸해졌고, 가게는 이내 파리만 날리게 되었다. 더 이상 가게를 유지하기 힘들겠다고 판단한 식당 주인은 남은 식자재를 처리할 요량으로 식당을 찾아오는 사람들에게 푸짐하게 먹을거리를 제공했다.

그런데 희한한 일이 벌어졌다. 가게를 찾는 손님의 수가 점점 늘어나는 것이다. 이유는 분명했다. 가격에 비해서 음식의 양이 푸짐했기 때문이다. 점점 사람들이 늘어나더니 점심시간에는 가게 앞으로 긴 줄이 늘어서기까지 했다. 주인은 한 달 만에 지옥과 천국을 오가는 경험을 한 셈이다. 6개월 후에 정산을 해보니 컨설턴트가 얘기한 대로 전체 매출 중 원가 비율은 35퍼센트에 맞추어져 있었다. '원가 35퍼센트'는 충분한 고객이 확보된 후에야 의미 있는 수치임을 그는 뒤늦게 깨달았다.

월 70억 원에서 100억 원의 매출을 올리고 있는 지하 3층, 지상 8층의 쇼핑몰이 있다. 이 쇼핑몰을 만드는 데 수십억 원의 투자비와 1년 반 이상의 준비 기간이 소요되었다. 일반적으로 대형 할인점의 이익률이 1~3퍼센트를 넘지 못하는 현실을 생각하면 비용을 모두 계산한 후의 월 이익은 3억 원 이하로 추정된다.

그런데 매출을 현재보다 13퍼센트만 더 올리면 별도의 추가 투자 없이도 똑같은 쇼핑몰 하나를 더 운영하는 것과 같은 수익이 생긴다는 재미있는 분석이 제기됐다. 이 쇼핑몰의 마케팅 책임자는 이 점에 착안하여, 기존 고객들의 방문 횟수와 객단가를 조금씩 높일 방안을 연구했다. 그리고 상품 정보의 흐름을 재정립하고 고객에게 전달되는 전단의 모양을 조금만 수정하면 15~20퍼센트 정도의 추가 매출을 만들어낼 수 있다는 확신을 얻게 되었다.

실제로 3개월 후에 평균 17.7퍼센트의 추가 매출이 발생했다. 한 사람의 노력으로 똑같은 쇼핑몰 하나를 새로 만든 것 이상의 성과를 이루어낸 것이다. 수백 명이 1년 반 이상 노력하고 수십억 원의 투자를 통해 얻는 수익보다 한 사람의 아이디어와 시도로 얻는 수익이 더 클 수도 있는 것이 비즈니스다.

플라스틱 용기를 제조하여 세계적인 회사로 자리 잡은 A사 사장은 요즘 큰 고민에 빠졌다. 플라스틱 용기에서 환경 호르몬이 나온다는 기사가 대두되면서 플라스틱 용기를 사용하던 소비자들이 갑자기 등을 돌리기 시작했기 때문이다. 제품을 수정하거나 경쟁자보다 나은 서비스를 제공하는 것으로는 해결할 수 없는 문제였다. 자칫하면 지금까지 성공적으로 영위해 온 사업의 근간이 흔들릴 수도 있었다.

그는 지난 20여 년간 사업을 해오면서 형태는 다르지만 이와 유사한 어려움을 여러 번 겪었다. 사업에는 늘 장애물이 생기기 마련이다. 그는 마음을 다잡고 이 상황을 기회로 활용할 방법을 찾기로 했다. 물론 향후 수년간은 경영상의 어려움을 감내해야 할 것이다. 그러나 그 시간이 지난 후에는 더 강한 회사로 거듭날 것이다.

똑같은 아이템을 가지고 사업을 해도 어떤 사람은 성공하고 어떤 사람은 실패한다. 똑같은 사업을 시도하고 있는데 3년 전에는 별 반응을 보이지 않던 사람들이 지금은 투자하기 위해 줄을 서서 기다린다. 어제는 성공의 축배를 들었는데 오늘은 어려움에 봉착해 있다. 반응을 보일 것이라고 예상했던 곳에서는 연락이 없는데 전혀 생각하지 못한 다른 곳에서 적극적인 반응을 보인다. 이제 안심이다 싶은 순간 예상하지 못한 돌발변수가 생겨서 사업에 타격을 입는다. 모든 것을 접어야겠다고 생각한 순간 새로운 돌파구가 생긴다. 비즈니스를 알 만하다 싶은 순간 다시 혼돈에 빠진다.

몰라서 실패하는 사람, 강점으로 이기는 사람

비즈니스의 성공과 실패는 어떤 변수에 의해서 좌우되는 걸까? 실패의 단계 없이 바로 성공에 접근할 수는 없을까? 같은 노력으로 더 많은 성과와 수익을 낼 수는 없을까? 이와 같은 질문에 대한 답을 정돈해서 도움을 제공하는 것이 이 책의 목표다. 그리고 나는 두 개의 B.P.(비즈니스 패러다임과 비즈니스 프로세스)를 내 답과 의견으로 소개한다.

사업자가 B.P.를 모르고 자기 생각대로 사업하면 거의 예외 없이 어려움을 겪는다. 알아야 할 것을 몰라서 실패하는 것이다. 반면 B.P.를 알고 실행하면 대부분의 실패를 피할 수 있다. 거기에 자신의 특기와 강점을 더하면 사업 진행이 쉬워지고, 이기는 게임이 될 가능성이 크게 높아진다. 이 두 개의 포괄 공식을 이해하고 적용하는 것만으로도 몰라서 실패하는 상황에서 벗어날 수 있다.

'비즈니스 패러다임'과 '비즈니스 프로세스'는 성공 비즈니스를 도출하는 효과적인 접근 방법이다. 그리고 비즈니스가 진행되는 세상에서의 상호 관계를 그려낸 전문적인 지도다. 나는 인간이 자연의 법칙을 바꿀 수 있는 존재라고 생각하지 않는다. 그래서 가능한 한 자연의 법칙을 이해하고 적극적으로 수용하려고 노력한다. 여기서 제시하는 원칙(패러다임)들이 반영구적인 생명력을 지닌다고 생각하는 것도 우리가 속한 세상이 운용되는 원리를 설명하고 있기 때문이다.

패러다임은 '지도'를 의미한다. 어떤 것 자체가 아니라 그것에 관한 의견과 해석이며, 모양을 지각할 수 있도록 돕는 모델에 해당한다. 실제 존재하고 있는 것을 자세히 설명해 주는 것이다. 올바른 지도를 가지고 있으면 이미 경험한 것이든 그러지 않은 것이든 그다지 문제가 되지 않는다. 지도를 읽을 수 있는 능력과 그대로 행동할 수 있는 부지런함만 있으면 된다.

자연에 중력 같은 법칙이 있는 것처럼 비즈니스 세계에도 현실적이고 논쟁의 여지가 없는 불변의 법칙들이 있다. 이러한 법칙은 비즈니스 영역을 넘어서 효과적인 인생을 사는 요령과 방식으로까지 확대해서 응용할 수 있다. 이제 두 눈을 활짝 열고 그 법칙을 탐구해서 자신의 사업과 비즈니스에서 벌어지는 일들에 관한 상황을 인식하고 문제를 해결하는 시작점으로 삼아보자.

39 사장은 자신의 성공 공식이 있어야 한다

모든 일의 시작은 '자기 의견' 또는 '자기 생각'을 갖는 것이다. 그런데 그 생각이 '객관적 관점'을 기초로 하지 않으면 본인은 물론 다른 사람의 지지를 받을 수 없다. 그래서 실패하지 않으려면 먼저 객관적 관점을 학습해야 한다.

그러나 다른 사람에게 배우고 그를 흉내 내는 것에는 한계가 있다. 밑바탕에 자기 생각이 있어야 한다. '자기 의견 → 객관적 관점으로 정돈 → 객관적 신념(객관적 관점+주관적 신념=객관적 신념)'으로 발전하는 것이 자연스럽다. 그리고 객관적 관점을 바탕으로 한 주관적 신념은 실전을 통해서 확인되고 확장된다. 그 과정에서 자신에게 적합한 방식을 찾아 실행하는 것은 철저히 사장 자신의 몫이다.

객관적 관점을 학습하고 확인하는 것에서 시작하지만 거기에 주관적 신념으로 추동력을 더해야 한다. 결국 자신이 의도한 구체적인 성과와 성공적인 결과를 만드는 밑바탕에는 주관적 신념이 깔려 있다. 그래서 객관적 관점이 필요조건이라면 주관적 신념은 충분조건이다. 단, 주관적 신념이 아집이나 고집이 되지 않으려면 객관적 관점을 바탕으로 한 알맞은 역량을 갖추어야 한다.

실제로 존재하지만 간과하기 쉬운 것들

경영 현장에는 실제로 존재하고 작용하지만 쉽게 지각되지 않기에 중요성이 간과되는 것들이 있다. 첫 번째, 'Before'로서 양의 축적이 선행되지 않으면 의도했던 'Do'가 진행되기 어렵기 때문에 순서의 본질을 명확히 알아야 한다.

두 번째, 몰라서 못 하는 것과 알아도 못 하는 것이 혼재된 현실의 상황을 '진실truth-사실fact-지각perception'으로 구분해서 이해하고 활용할 수 있어야 한다.

세 번째, 겉으로 드러난 필요 가운데서 '진짜 필요'를 구분하고, 가용할 수 있는 힘을 모아서 방향과 초점을 정리정돈 함으로

써 진도를 뽑아내는 것이 사장의 핵심 역할이다.

사장의 위치는 고유의 사고 체계와 전문성이 필요한 자리다

사장에게 필요한 지식은 세상에 널려 있다. 그러나 그것을 선별해서 자신의 지식으로 만드는 것은 오롯이 사장 자신의 몫이다. 그 방식도 천차만별이다. 그래서 배움을 위해서 노력하는 사장에게는 '구분'의 지혜가 필요하다. 일의 내용이나 성격에 무관하게 '시작과 끝'을 알기 위해서 노력하는 것은 늘 의미가 있다.

그리고 우리가 사는 세상이 '순환'의 원리에 있음을 알고, 형태와 현상 속에 숨겨진 본질과 핵심을 알기 위해 묻고 확인하는 것은 좋은 태도다. 좋은 것을 좋다고 인정하고 받아들여서 자기 것으로 만들고, 끈기와 근성을 가지고 연습하고 노력해서 솔직하게 평가받는 사장의 자세는 참 귀하다.

시작을 알고 끝을 알고 그 과정에서 피해 갈 수 없는 초점들을 알면, 보통 이상으로 그 일을 아는 것이라고 말할 수 있다. 그러한 과정을 경험하면서 사장에게는 사업을 진행하는 자기 공식이 만들어진다. 그것들을 대大공식, 중中공식, 소小공식으로 지속해서 정돈하는 부지런함이 필요하다. 그리고 사장이 자신의 사업을 통해서 어떤 공식을 남겼는가가 사장의 삶을 대변하고 설명해 준다.

사장에게 필요한 습관 일곱 가지

사장은 사업을 시작하고 일구는 과정을 거치면서 한 가지 습관을 갖게 된다. 일반 지식을 자신의 회사에 맞게 적용하려는 노력이다. 적절한 지식을 찾아내서 자기 기업에 적합하게 적용하는 것은 사장이 해내야 하는 일이다.

조직원들이 자신의 기업에 필요한 지식이 무엇인지 의논하고, 알게 된 지식을 적용하기 위해 함께 노력하는 분위기를 만들 수 있으면 좋다. 그리고 그것을 실행에 옮기기 위한 초점이 무엇인지 토론하고, 실행의 구체적인 방법과 역량을 갖추려는 노력을 소중히 여기고 서로에게 박수쳐주는 문화를 만들 수 있다면 더욱 좋다. 비즈니스는 결국 실행의 게임이기 때문이다.

『사장학 수업』에 나온 사장이 습관으로 만들면 좋을 일곱 가지를 간단하게 정리하면 다음과 같다.

첫째, 자기 영향력의 영역에 집중하는 습관

둘째, 정리-정돈-청결의 습관

셋째, 필요에 집중하는 습관

넷째, 되는 방법을 찾는 습관

다섯째, 윈-윈의 관계 정립을 위해 노력하는 습관

여섯째, 옳은 것, 효과적인 것, 돈 되는 것을 구분하는 습관

일곱째, 방향이 맞다면 마주한 절벽에서 뛰어내리기

사장이 공부해야 할 초점 두 가지

사장이 공부해야 하는 초점 두 가지가 있다. 하나는 변하지 않는 것에 대한 이해다. 그 이해가 사장이 자신의 사업을 진행하는 구심력이 된다. 다른 하나는 변하는 것에 대한 이해다. 변화의 필요성과 자극들 그리고 관계의 부딪침이 원심력으로 작용한다. 그 과정에서 큰 구심력을 가져야 큰 원심력을 감당하고 수용할 수 있다. 그것이 사장이 끊임없이 학습하고 성장을 위해서 노력해야 하는 이유다.

변하지 않는 것과 변하는 것을 구분해서 이해하고, 자기 사업을 통해서 시행착오와 깨달음을 반복하면서 때와 상황에 맞는 자신만의 사업 공식을 정리 정돈한다. 그 공식을 지속해서 수정함으로써 사장도 성장하고 기업도 성장한다. 그래서 기업의 성장은 사장의 성장과 궤를 같이한다. 실제로 사장의 성장 없이 기업의 성장도 없다. 그래서 나는 사장을 정의할 때 '끊임없이 학습하는 사람'이라고 표현하기도 한다.

사장은 바른 사명을 세우고 합당한 목표를 설정하며, 목표를 현실화할 수 있는 전략을 짜고 그 전략을 실행할 수 있는 구체적인 역량들을 쌓아가야 한다. 목표 고객을 찾고 그들의 욕구가 무엇인지 파악하며, 시대의 흐름과 경쟁 상황을 고려해 적절한 상품을 제공할 수 있어야 한다. 우연한 성공을 꽉 붙잡을 수 있는 구조를 만들고, 오늘의 성공을 내일로 이어갈 수 있는 시스템을 갖추어야 한다.

사장이 사업의 과정에서 습득한 효과적인 접근 방식을 자기 기업의 상황에 맞게 적용할 수 있으면 모든 비즈니스적 시도의 성공 확률을 높일 수 있다. 그리고 자신의 상황에 적용하려는 노력을 통해 사장의 내공 쌓기가 자연스레 이루어진다. 특히 실행자가 능숙하게 사용할 수 있는 무기(강점과 도구)가 무엇이며, 상황에 따라 적절하게 그 무기를 적용하는 방식과 순서를 알면 대부분의 일을 자기 뜻대로 이끌 수 있다.

사장의 공부 4단계

사장이 습득해야 할 첫 번째 단계의 지식은 비즈니스 자체에 대한 객관적 이해와 관점에 관한 것(비즈니스 패러다임)이다. 초보 사장이 사업에서 실패하는 이유는 대부분 자신의 경험과 상식, 상상력만으로 사업을 시작하기 때문이다. 이것은 마치 사전 준비 없이 평상복 차림으로 맹수가 득실거리는 밀림에 들어가는 것과 같다.

비즈니스의 성장 형태는 우리의 상식과 다르다. 비즈니스에서 성과를 얻는 방식도 우리가 상상하는 것과 다르다. 모든 것이 다 준비되어야 거래가 시작되는 것도 아니다. 겉으로 드러난 성공의 모습 뒤에 숨겨진 노력과 투자, 땀과 눈물은 수면 아래의 빙산처럼 모습을 잘 드러내지 않는다. 따라서 비즈니스의 성공과 실패가 어떤 변수에 의해서 좌우되며, 자신이 원하는 성과를 얻기 위해서 어느 시기에 어떤 노력을 기울여야 하는지에 대한 지식을 꼭 습득해야 한다.

두 번째 단계의 지식 중 일부는 앞서 강조한 비즈니스에 대한 객관적 관점이 형성되는 과정에서 자연스레 습득된다. 그러나 그것만으로는 부족하다. 거기에 사업을 계획하고 실행하기까지 비즈니스 프로세스 10단계를 아는 것이 더해져야 한다. 본 사업을 시작하기 전에 준비할 것이 무엇이며, 자신의 사업 계획을 다른 사람들과 공유하고 그들의 도움과 참여를 얻기 위해서 어떤 접근 방식을 가져야 하는지, 어느 부분을 스스로 해결하고 어느 부분에서 도움을 받아야 하는지, 그리고 사업을 시작한 후에 언제까지 쉬지 않고 달려야 하는지 알아야 한다.

비즈니스에 대한 객관적 관점을 갖고 효과적인 접근 방식을 아는 것 외에 추가할 것이 있다. 주어진 환경과 자신의 강점을 바탕으로 어떻게 자기 사업에 적용할지 고민해야 한다. 이것이 세 번째 단계다. 2002년 한일 월드컵에서 전 국민이 경험했던 히딩크 감독의 노력과 성과를 기억하자. 세계 축구의 흐름과 공격적으로 주도하는 축구를 위해서 어떤 준비를 해야 하는지 명확히 알고 있던 히딩크 감독이 대한민국 축구대표팀의 장단점을 분석하고 외국 강팀을 어떻게 상대할 것인가에 대해서 전략을 짜는 과정이 바로 세 번째 단계의 지식을 가동한 것이다.

마지막으로 실행의 단계가 남아 있다. 이 단계에서 사장의 리더십leadership이 필요하다. 같이 일하는 사람들이 한마음으로 움직여 주어야 하기 때문이다. 만약 사장의 리더십에 더해서 직원의 팔로워십followership을 고양할 수 있다면 비즈니스 조직은 훨씬 강력해진다(『사장학 수업 Ⅱ』 '사장의 리더십과 직원의 팔로워십' 참조).

비즈니스 프로들은 처음부터 명확한 전략을 짜고 자신의 시나리오대로 현실을 만들어간다. 그러나 초보 사장들은 그럴 만한 역량과 자원이 축적되어 있지 않다. 따라서 실행의 단계는 적용의 단계와 연계해서 수시로 수정과 보완이 이루어져야 한다. 그렇게 일정 기간 반복하면서 자기 나름의 전문적인 노하우를 쌓아가는 것이다. 그 과정에서 사장의 '자기 성공 공식'이 완성된다.

40 자신의 삶을 사는 진짜 사장이 되자

직장인이나 자기 사업을 하는 사람이든 부모에게 물려받은 유산으로 사는 사람이든 관계없이, 경제적으로 안정된 삶을 위한 첫 번째 조건은 '들어오는 돈이 나가는 돈보다 많은 상태를 유지하는 것'이다. 만약 들어오는 돈이 적으면 나가는 돈을 줄여서라도 그렇게 해야 한다. 나가는 돈을 줄일 수 없다면 들어오는 돈의 크기를 키울 방법을 적극적으로 찾아야 한다. 대부분 비즈니스 조직이 파산하는 이유는 한 가지다. 들어오는 돈이 나가는 돈보다 적기 때문이다.

들어오는 돈이 나가는 돈보다 많아야 한다

오랫동안 직장 생활을 한 사람이나 집안 살림에 전념했던 전업주부들이 자기 사업(창업)을 시작할 때 유의할 사항이 있다. 월급이나 생활비 등 일정한 수입을 가지고 지출을 조절함으로써 경제적 균형을 유지했던 경험 탓에, 들어오는 돈이 나가는 돈보다 적은 상황이 되면 습관적으로 지출을 조절함으로써 균형을 유지하려고 한다.

그러나 대부분의 사업 환경은 나가는 돈은 일정하지만 들어오는 돈은 불규칙하다. 따라서 지출을 줄이는 것에 집중하면 사업에서 오류를 범할 가능성이 크다. 사업을 할 때는 지출을 줄이기보다는 수입을 늘리는 것에 관심과 초점을 두어야 한다. 그래서 사업을 할 때 첫 번째로 생각할 것은 무엇으로 돈을 벌 것인가다. 즉, 수익 모델을 무엇으로 할 것인지 분명히 해야 한다.

사업 초기에는 가능한 한 많은 수익 모델을 갖는 것이 바람직하다. 돈이 들어오는 기존의 구멍을 넓히고 또 새로운 구멍을 만들어가야 한다. 한두 가지 구멍만 가지고는 어려움을 겪을 수 있다. 그래서 본업에서 벗어나지만 않는다면 수익 모델이 다양할수록 좋다.

기본적으로 돈이 들어오는 구멍은 예측하기도 어렵고 통제하기도 힘들다. 그래서 항상 최선의 경우가 아닌 최악의 경우를 상상하면서 수익 모델을 유지해야 한다. 특히 수입과 지출이 같아지는 손익분기점까지는 더욱 그렇다. 손익분기점을 넘기지 못하면 들어오는 돈을 초과하는 지출만큼 자본금이 잠식되기 때문이다. 사업을 시작하고 일정 기간이 지난 후에도 손익분기점을 넘기지 못하면 사업을 접어야 할지도 모른다. 따라서 일단 사업을 시작했으면 최대한 빠른 기간 안에 손익분기점을 넘기기 위해 노력해야 한다.

돈이 들어오는 구멍에 대해 고민하는 동시에 돈이 나가는 구멍에 대해서도 잘 살펴야 한다. 돈이 나가는 구멍에는 두 가지 형태가 있다. 하나는 돈이 들어오는 구멍과 연결된 것이고, 또 하나는 그냥 돈이 나가는 구멍이다. 앞의 구멍은 적절한 방법으로 넓혀가야 한다. 나가는 구멍이 커질수록 돈이 들어오는 구멍도 커지기 때문이다. 일반적으로 상품의 연구 개발, 전략적 홍보, 유능한 인력 확보, 효과적 유통망 확보를 위한 투자 등이 그것이다. 그러나 그냥 돈 나가는 구멍은 순수한 비용일 뿐이다. 가능한 한 그 숫자와 크기를 줄여야 한다.

따라서 돈의 크기보다 돈의 성격에 주목해야 한다. 그 쓰임이 새로운 수익을 창출할 수 있는 것이라면 감당할 수 있는 범위 내에서 가능한 한 씀씀이를 키워야 한다. 그러나 단순히 현재를 유지하기 위해 지출하는 것이라면 적은 금액도 줄이기 위해 노력해야 한다.

자기 아이템의 특성을 잘 살펴서 수익을 만들어내는 지출 부문을 찾아냈다면 아무리 힘들어도 그 부문의 지출을 줄여서는 안 된다. 오히려 적극적으로 비용을 늘릴 수 있도록 정책을 개발하는 의사결정을 하도록 노력하고 힘써야 한다.

사업이 생존 이상의 상태가 되면, 즉 손익분기점을 넘은 상황에서는 핵심 수익 모델을 무엇으로 할지 고민해야 한다. 돈이 들어오는 구멍 중에서 가장 큰 것에 힘을 집중하는 것이다. 사업 초기에는 여러 개의 수익 모델을 갖는 것이 바람직할 수 있지만, 사업이 일정 궤도에 올라선 후에는 가장 효과적인 수익원을 선택하여 집중하는 것이 좋다. 비즈니스는 효율의 게임이며 선택과 집중을 통해 효율을 극대화할 수 있기 때문이다. 그리고 연구개발, 홍보 등 수익을 창출하는 지출과 관련된 구멍들은 전략적으로 확대해 나가야 한다.

자기 사업을 계획하는 사람이 먼저 생각하고 집중할 것이 무엇인지 분명히 하자. 어떻게 나가는 돈보다 들어오는 돈을 더 많게 만들지 현실적인 대안을 세우고 실행하는 것이다.

필요조건과 충분조건 구분하기

우리가 하는 모든 일을 '필요조건'과 '충분조건'으로 구분할 수 있다. 필요조건이란 무언가를 시작할 수 있는 최소한의 요건이다. 충분조건은 그것을 완성하는 요건이다. 필요조건은 '생존의 요건'이며 충분조건은 '완성의 요건'이다. 어떤 일을 할 때는 필요조건과 충분조건을 모두 충족해야 비로소 의미 있는 성공으로 평가할 수 있다.

따라서 자신에게 주어진 일의 필요조건과 충분조건이 무엇인지 알고, 그것을 어떻게 이룰 것인지 생각해야 한다. 2년에 걸쳐서 『사장학 수업』 시리즈를 집필하는 내게 적용하면, 의미 있고 가치 있는 내용의 원고를 쓰는 것이 필요조건이라면 만든 책을 최소한의 손익분기점을 넘겨서 팔리는 상황을 만드는 것이 충분조건이 될 수 있다.

모든 일은 필요조건을 갖춘 후에 시작할 수 있다. 그래야 실패하지 않는다. 그리고 일단 시작한 후에는 충분조건을 갖추기 위해 노력하고 투자(성공 확률을 높이는 접근)해야 한다. 이때 자기 일의 영역, 시기, 성공 개념의 정의에 따라서 필요조건과 충분조건은 달라진다. 그리고 자신의 현재 일에서 필요조건과 충분조건이 무엇인지 분명히 알아야 성공을 위해 투여할 에너지의 크기를 가늠할 수 있다.

성공을 위해 투여할 에너지의 크기를 가늠하라

만약 어떤 일을 진행하려는 상황에서 자기 자신이나 자신의 조직이 충분조건을 갖추고 있다면 필요조건을 갖춘 환경이나 사람을 찾는 것이 바람직하다. 스스로 필요조건까지 갖추려는 것은 오히려 전략적이지 못하다. 대중에게 널리 알려진 연예인이 사업을 계획할 때 이미 충분한 실무 역량을 갖춘 사람이나 기존 조직과의 연계를 통해 핵심 능력(핵심 역량+사업 능력=핵심 능력)을 키우는 경우가 대표적인 예다. 반대로 필요조건을 갖춘 사람에게 충분조건이 주어질 때는 인생의 기회라고 말할 수 있다. 보통의 경우 '기회'란 필요조건을 갖춘 사람에게 충분조건적인 환경이 주어진 경우를 말한다.

기업의 경영에서 사장의 주요 역할을 필요조건과 충분조건의 정의를 활용해서 설명할 수 있다. 필요조건을 갖춘 사람(환경)과 충분조건을 갖춘 사람(환경)을 잘 구분하고, 그들과 연합하여 지속적인 성과를 얻을 수 있는 시스템을 만들고 운영하는 것이 사장이다.

장사꾼 → 마케터 → 경영자로 발전하기

오늘의 성공을 일구어낸 사장에게는 물질적으로나 정신적으로 어느 정도 여유가 있다. 그러나 오늘 누리는 그 여유를 소진

해서는 안 된다. 오늘의 성공이 내일의 성공을 보장해 주지 않기 때문이다. 오늘 성공을 가능케 했던 외부 환경이 변화하고, 경쟁자들이 새롭게 도전하며, 어제의 고객들이 새로운 것을 요구한다. 따라서 끊임없는 노력을 통해 내일의 성공을 준비해야 한다.

장사꾼에서 마케터로 진화하고, 자신의 능력뿐 아니라 다른 사람의 능력까지 활용하는 경영자로 자신을 발전시켜야 한다. 그래서 사장은 '생존의 리더십' 외에 '개인 리더십'과 '관계 리더십' 그리고 '조직 리더십'을 습득하고 훈련해야 한다(『사장학 수업 II』 '사장의 리더십' 참조).

경영이란 변화하는 기업 외부 환경에 적절하게 대응해 가는 과정이다. 그리고 다른 사람들의 능력과 지식을 효과적으로 활용하는 기술이기도 하다. 자신에게 주어진 자원을 어떻게 분배할 것인가에 대해 전략적으로 생각하고 행동하는 게임이기도 하다.

앞서 책의 서문에서 언급한 '비즈니스 게임의 세 가지 규칙'과 관련해서 첫 번째 규칙을 실행하는 사장을 성공한 '장사꾼'이라 부른다. 들어오는 돈이 나가는 돈보다 많게 만드는 능력을 갖춘 사람이다.

그리고 두 번째 규칙을 이해하고 소화해 내는 사장을 역량 있는 '마케터'라고 부른다. 돈을 벌게 해주는 것이 상품이 아니라 고객임을 알고 실행하는 사장이다. 고객의 필요를 파악하고 그것을 자신의 상품과 연계하여 거래를 만들어내는 능력을 갖춘 사람이다.

첫 번째와 두 번째 규칙의 행동 주체는 자기 자신이다. 그러나 사장이 알고 수행해야 할 세 번째 규칙이 있다. 자기 조직의 다른 사람에게 앞의 두 규칙을 운영하게 하고, 그런 상황을 반복할 수 있는 시스템을 구축해야 한다. 즉 다른 사람을 통하여 성공을 반복할 수 있어야 한다는 의미다. 그런 사장을 우리는 성공한 '경영자'라고 부른다. 오늘의 성공을 내일도 반복할 수 있을 때 비로소 성공한 사장으로 자리매김한다.

바른 방향성 + 양질전환의 때까지 인내 = 사장의 근육 키우기

삶과 비즈니스에서 초보 사장이 알아야 할 비밀이 있다. 대부분의 사업 성과는 질적 요소가 충족된 곳에서 나오지만, 그러한 질적 요소는 양적 쌓음에 의해서 이루어진다는 사실이다. 양이 쌓이면 저절로 질적인 전환이 이루어진다. 질이 아닌 양에 초점을 두고 노력해야 한다는 뜻이다. 양적 쌓음이 임계치에 도달했을 때 자신이 원하는 질적 전환이 이루어진다. 이것은 자연계의 법칙이자 비즈니스에서도 그대로 적용된다. 돈이나 눈에 보이는 성공을 좇는 방식으로는 자신이 원하는 성공을 얻지 못하는 이유가 여기에 있다.

처음 사업을 시작할 때부터 근사한 결과를 얻을 수 있다고 생각하는 것은 착각이고 오해다. 아무리 많은 자본과 훌륭한 인력을 가지고 시작해도 마찬가지다. 일에 대한 양적 쌓음 없이 질적 전환이 이루어지는 경우는 없다. 그래서 모든 사업의 과정에는 효과의 기간이 존재하고, 씨를 뿌리는 노력이 필요하다.

효율의 시기, 열매를 맺는 장소의 발견은 충분히 축적된 양에 의해 저절로 질적 전환이 이루어지는 곳에서 나타난다. 그때까지 양을 쌓아가야 한다. 투자의 의미로 이해하자. 대부분 경우 질적 전환이 이루어진 후에야 비로소 자신이 원하는 성과를 얻을 수 있기 때문이다.

의도했든 의도하지 않았든 많은 양이 쌓인 곳에 기회가 있다. 양질전환까지의 시간을 단축할 수 있기 때문이다. 자신이 지금까지 해왔던 일에서 사업 기회를 발견하고 진행할 때 성공할 확률이 높아지는 것도 같은 맥락이다. 본인은 지각하지 못해도 이미 그 일에 관한 양적 쌓음이 이루어진 상태라 질적 전환의 기간, 즉 효과의 기간을 단축할 수 있다.

반대로 경험과 지식 없이 새로운 분야에서 객관적인 시장 기회만을 가지고 사업을 시작할 때는 곱절 이상으로 고생해야 하고, 양적 쌓음의 기간이 훨씬 길어질 수 있음을 당연하게 생각하

자. 이미 많은 양을 쌓은 곳에 기회가 있다. 양을 얼마나 쌓았느냐가 답이다.

사업을 통해 자신의 삶을 사는 사장이 되자

삶에서 중요한 가치를 부여하는 일, 스스로 재미있어하고 좋아하는 일을 할 수 있으면 좋다. 성과가 가시적으로 드러나는 질적 전환의 시기까지 양을 축적하는 과정에서 피로감을 덜 느끼고 더 오래 인내하기 때문이다. 그 과정에서 사장이 되고자 하는 사람은 자신의 비즈니스와 사업에서 양질전환 때까지 견딜 수 있는 '사장의 근육'을 키울 수 있다.

사업이 삶과 분리되어서는 안 된다. 단순히 돈을 벌기 위한 수단으로서의 사업은 생명력이 짧다. 실제로 사업을 한다는 것은 자신의 삶을 살아가는 것이다. 성공의 순환 구조에 진입한 기업에는 일관성과 공정성, 진실함이 담겨 있다. 그리고 배우고 적용하고 노력하는 사업의 전 과정을 통해 자신의 삶도 성숙하고 성장한다.

나가는 글

'김형곤의 기초 사장학' 시리즈를 마치며

김형곤의 『사장학 수업』 세 권은 내가 30여 년 동안 비즈니스 영역에서 활동하면서 경험하고 깨달은, 다음 세 개의 질문에 대한 내 생각을 요약한 것이다.

첫째 질문, '사장이 되려면 무엇을 어디까지 알아야 할까?'

나는 준비 없이 사장의 길에 들어섰다가 곤핍한 삶을 사는 사람들을 너무 많이 봐왔다. 게다가 사업에 성공했다고 평가받는 사람도 지나온 삶을 조명할 때는 성공한 인생이라고 평가하기엔 아쉬움이 남는 경우가 많았다. 이에 무엇을 초점으로 준비하고 실행하며 수확해야 하는가에 관한 기준을 정립하고 싶은 욕구와 필요가 강했다.

첫 질문에 대한 답을 정리하는 과정에서 '사장이 넘어야 할 다섯 개의 산'이 존재함을 알게 되었고, 사업을 준비하고 실행하는 과정에 'Before-Do-After'의 메커니즘이 폭넓게 작용함을 깨닫게 되었다. 그리고 기존의 경영학 교과서에서는 배울 수 없는, 어려움과 실패를 극복하고 성공한 사장들의 사업 과정에는 예외 없이 생존의 산을 넘는 과정에서 만들어지는 '사장의 근육'이 존재함을 알게 되었다.

무엇보다 큰 수확은 사업에서 성공했으나 인생에서는 실패했다고 말하는 사장이 지나온 사업 궤적을 통해 사장이 넘어야 할 첫 번째 산인 '생존의 산'과 마지막 다섯 번째 산인 '자기 자신의 산'이 보이지 않는 연결을 통해 작동하는 원리를 설명할 수 있게 된 것이다.

그런데 모든 기업의 시작점이 되는 '생존의 산'을 효과적으로 넘는 구체적인 방식에 대해서는 배울 곳도 없고 가르치는 곳도 없다. 생존의 산에서 벌어지고 진행되는 일들을 경영학자나 경영 컨설턴트들은 명확히 알지 못하기 때문이다. 생존을 위해서 노력하고 발버둥 치는 기간은 객관화하기가 어렵고, 실제로 생존의 산을 성공적으로 넘는 방식은 그 산을 넘은 사장들의 숫자만큼 존재한다. 그래서 구체적인 실행 경험이 없으면 알기 어렵고 설명하기는 더더욱 어렵다.

게다가 '효율'을 비즈니스의 핵심으로 다루는 기존의 경영학에는 생존을 모색하는 것이 지상 과제인 '효과'의 시기를 진솔하게 담아낼 수 있는 방식이나 틀이 없다. 결국 마지막 다섯 번째 산을 잘 넘을 수 있는 핵심 열쇠가 첫 번째 산을 넘는 과정에서 만들어지는 관계성이라는 것을 배울 방법이 없다. 어쩔 수 없이 기존의 경영학에서는 기업의 시작과 끝을 다루는 1번 생존의 산과 5번 자기 자신의 산을 빼고 2번 고객의 산, 3번 경쟁의 산, 4번 기업 내부의 산만 배우게 된다.

둘째 질문, '성과를 반복하는 사장이 되려면 어떻게 해야 하는가?'

이것은 기업의 경영에서 사장의 역할에 대한 것이다. 다른 말로 표현하면 사장의 리더십이 어떠해야 하는가에 대한 것이다. 이 부분은 『사장학 수업 Ⅱ』에서 자세하게 다루고 설명했다. 특히 사장의 리더십을 생존의 리더십-개인 리더십-관계 리더십-조직 리더십으로 구분하고, 상황에 적합한 리더십을 발휘하는 방식들을 설명한 것에 큰 의미와 가치가 있다. 기업의 규모와 성장 단계에 따라 사장이 갖춰야 할 '필요 리더십flexible leadership'이 다르기 때문이다. 알 → 애벌레 → 번데기 → 나비의 우화로 이어지는 자연의 원리와 유사하다. 특히 첫 번째 책에서 강조했던 '생존의 산'을 넘는 방식으로서 '생존의 리더십'을 체계적으로 설명하고 있어서 그 가치가 더욱 크다.

기업이 성과를 반복하려면 사장의 리더십에 직원의 팔로워십이 더해져야 한다. 이 부분이 현재 대한민국의 현실에서 경험이 많이 부족한 부분이다. 그래서 기업의 성과에 작용하는 두 개의 날개(역할) 중 사장의 날개는 강조하면서 직원의 날개는 폄하하고 무시하는 경향이 있다.

그러나 그렇지 않다. 사장의 리더십과 직원의 팔로워십이 어우러져 작용할 때 기업의 성과를 극대화하는 과정이 훨씬 쉽다. 상황에 적합한 리더십을 발휘하는 사장과 생산적으로 사장을 리드하는 직원의 팔로워십을 경험할 수 있으면, 갑과 을의 상호 배타적인 관계를 벗어나서 기업의 성과를 극대화하는 창의적인 접근 방식을 모색하기가 쉬워진다. 사장의 리더십과 직원의 팔로워십은 입장과 위치의 차이가 있을 뿐 초점이 같기 때문이다.

사장의 리더십과 직원의 팔로워십은 '성과'라는 같은 초점을 가진 활동으로서, 그 관계성을 정돈하면 다음의 공식으로 설명할 수 있다.

Leadership = f(성과, 팔로워)

Followership = f(성과, 리더)

사장의 리더십은 팔로워가 누구이며 어떤 상태인가에 따라서 달라져야 하고, 직원들의 팔로워십은 리더가 어떤 사람이냐에 따라서 달라져야 한다. 리더십과 팔로워십을 결정하는 본질이 자신이 아니라 기업의 목표와 상대에게 있음을 아는 것이 핵심이다.

실제로 리더십과 팔로워십의 차이는 딱 한 가지다. 리더는 한 명이고 팔로워는 다수多數라는 것이다. 그런데 그 한 가지 차이가 실행의 과정에서는 천변만화千變萬化의 형태로 나타난다.

사장과 직원이 상호의존적 관계자로서 각각 어떤 역할을 해야 하는지 지식과 배움이 필요하다. 이 두 주체가 기업에서 성과를 반복해 내는 핵심 역할자이기 때문이다. 그래서 사장에게는 리더십의 학습과 훈련이 필요하고 직원들에게는 팔로워십의 관점과 태도 정립이 필요하다.

특히 사장에게는 자신의 기업 상황에 적합한 리더십이 무엇인지 알고 실행하는 '구분'의 지혜가 필요하다. 그리고 직원들은 회사 생활에서 자신의 가치를 높이는 방식으로서 팔로워십의 개념을 알고 실행할 것을 권한다.

셋째 질문, '사업에서 성공하고 인생에서도 성공하려면 어떻게 해야 하는가?'

기업이라는 조직에서 사장의 역할에 대해서 오랜 기간 생각하고 경험하고 시행착오를 겪으면서 내 생각의 밑바탕에 새겨진 두 단어가 있다. 하나는 '객관적 관점'이고 또 하나는 '주관적 신념'이다. 나는 이 두 단어를 합쳐서 '객관적 관점+주관적 신념=객관적 신념'으로 표현하고, 내가 하는 모든 비즈니스 활동의 기본 철학으로 삼는다.

그리고 그 구체적인 내용을 '비즈니스 패러다임'과 '비즈니스 프로세스'로 정돈해서 비즈니스 초심자들에게 실패를 피하고 성공을 강화하기 위한 필요조건으로서 학습의 필요성을 강조한다. 이런 내용은 자연의 세계나 일반적인 사회생활에서 배울 수 없기 때문이다. 그래서 이 두 가지 주제를 중심으로 『사장학 수업 Ⅲ』의 내용을 구성했다.

사장이 비즈니스 자체의 고유 특성과 메커니즘에 대한 포괄적인 관점을 형성하면 성과를 얻을 수 있는 효과적인 접근 방식을 깨닫는 것은 그다지 어렵지 않다. 그리고 그 관점을 바탕으로 즉각적인 효과를 얻는 것은 물론이고 지속적인 효율 추구가 쉬워진다.

거기에 더해서 한 영역에서 성과를 내는 방식을 습득하면 새로운 영역에서 성과를 낼 가능성이 높아진다. 단, 단순히 형태를 반복하는 것을 넘어서 본질적인 접근 방식을 습득했을 때 반복과 확장을 꾀할 수 있다. 그래서 객관적 관점 형성 → 효과적 접근 방식 습득 → 자기 기업에 적용하기 → 실행과 시행착오를 통한 피드백 과정을 통해 자신의 무기가 되고 반복할 수 있는 습관이 되면 위력과 가치가 훨씬 커진다.

선생님은 언제까지 이 일을 하실 건가요?

어느 날 직장인을 대상으로 한 강의가 끝나고 질문 시간에 30대 중반의 남성이 내게 물었다. "선생님은 언제까지 이 일을 하실 건가요?" 아마도 그날 강의 내용이 나쁘지 않았고, 자신도 나중에 자신의 콘텐츠를 가지고 강의를 했으면 하는 바람이 있어 이런 질문을 한 것 같았다. 진지한 태도로 질문한 그에게 나도 진지한 자세로 대답했다. "내가 능동적으로 공부하는 것을 멈출 때까지 할 생각입니다."

말이 씨가 되었을까? 이후 나는 급작스럽게 뇌출혈로 쓰러져서 8년간 외부 활동을 하기 어려워졌다. 덕분에 비즈니스와 관련된 30여 년의 삶과 경험을 정돈해서 세 권의 책을 통해 사람들과 공유할 기회를 얻었다. 뇌를 여는 수술 후 4년간은 말을 잘할 수 없었고 그 후 2년간은 글씨를 이어서 문장을 만드는 연습을 했다. 그리고 지난 2년 동안 기존에 내가 정리하고 있던 내용을 『사장학 수업』이라는 제목으로 세 권 연속해서 출간했다. 이 책을 선보일 수 있음에 참 감사하다.

소중한 것을 삶의 우선순위에 두자

지금 나는 하루를 산다. 아침에 잠에서 깨면 밤새 몸 안에 쌓인 독소를 제거(디톡스)하는 방법의 하나인 오일풀링(기름으로 가글하는 것)을 위해 올리브유를 입에 물고, 매일 성경을 펴서 말씀을 묵상한다. 말과 글을 잃어버렸던 5년간 안타까움과 아쉬움을 한숨으로 드러내는 삶에서, 이제 하나님의 말씀으로 시작하고 마무리하는 습관을 갖게 된 삶이 참 감사하다. 그날의 본문 말씀을 묵상하고 그 내용을 휴대폰에 요약해서 정리하는 지난 3년간의 노력이 어쩌면 이 세 권의 책을 정리할 수 있었던 드러나지 않은 'Before' 과정이 아니었을까 싶다.

50대 초반의 나이에 한 번의 죽음을 경험한 나는 이제 잉여자剩餘者의 삶을 살면서 하나님의 말씀과 겸손의 태도로 무장할 것을 바라고 노력한다. 그리고 하나님이 내게 주신 태생적 강점들을 소명에 대한 자각 없이 낭비하며 살았던 삶을 깊이 반성한다. 그래서 내게 다시 주어진 기회의 시간을 무엇으로 채우며 살 것인가에 대하여 생각한다. 주님 뜻 가운데 필요한 일을, 옳은 방식으로, 돈 되게 하는 크리스천 비즈니스맨으로서 이기는 삶을 사는 자로 기능하고 나타날 것을 바라고 노력한다.

부족한 남편의 병시중을 하고 나를 대신해 긴 시간 가장 노릇을 해온 아내와 아들 종서에게 미안함과 감사를 전한다. 끝까지 나를 포기하지 않고 후원해 준 가족과 친구들에게도 감사의 말을 전한다.

즉각적인 실적이 없는 나를 믿어주고 응원하며 지원해 준 다산북스 김선식 사장께 감사하고, 탁월한 역량으로 실무 작업을 진행해 준 편집팀과 마케팅팀에도 감사한다.

사장학 수업 III

실패 없는 비즈니스 게임의 법칙

초판 1쇄 인쇄 2024년 11월 26일
초판 1쇄 발행 2024년 12월 04일

지은이 김형곤
펴낸이 김선식

부사장 김은영
콘텐츠사업2본부장 박현미
책임편집 여소연 **디자인** 마가림 **책임마케터** 문서희
콘텐츠사업5팀장 김현아 **콘텐츠사업5팀** 마가림, 남궁은, 최현지, 여소연
마케팅본부장 권장규 **마케팅1팀** 박태준, 오서영, 문서희 **채널팀** 권오권, 지석배
미디어홍보본부장 정명찬 **브랜드관리팀** 오수미, 김은지, 이소영, 박장미, 박주현, 서가을
뉴미디어팀 김민정, 고나연, 변승주, 홍수경
지식교양팀 이수인, 염아라, 석찬미, 김혜원, 이지연
편집관리팀 조세현, 김호주, 백설희 **저작권팀** 성민경, 이슬, 윤제희
재무관리팀 하미선, 임혜정, 이슬기, 김주영, 오지수
인사총무팀 강미숙, 이정환, 김혜진, 황종원
제작관리팀 이소현, 김소영, 김진경, 최완규, 이지우, 박예찬
물류관리팀 김형기, 김선민, 주정훈, 김선진, 한유현, 전태연, 양문현, 이민운

펴낸곳 다산북스 **출판등록** 2005년 12월 23일 제313-2005-00277호
주소 경기도 파주시 회동길 490 다산북스 파주사옥
전화 02-704-1724 **팩스** 02-703-2219 **이메일** dasanbooks@dasanbooks.com
홈페이지 www.dasan.group **블로그** blog.naver.com/dasan_books
용지 한솔피엔에스 **인쇄** 한국학술정보(주) **코팅·후가공** 평창피엔지 **제본** 다온바인텍

ISBN ISBN 979-11-306-6123-0 (04320)
ISBN 979-11-306-4972-6 (세트)